Interprofessionelle Spiritual Care

Interprofessionelle Spiritual Care

Renata Aebi, Pascal Mösli

Renata Aebi
Pascal Mösli

Interprofessionelle Spiritual Care

Im Buch des Lebens lesen

Geleitwort von Traugott Roser

Mit Beiträgen von

Daniel Büche
Katharina Fedier Schwitter
Irene Hardegger
Elisabeth Kollbrunner-Hergert
Noemi Lehmann
Nico Meier
Sandra Roth
Ruprecht Schmidt
Sandra Sieber
Andrea Simeon
Nicole Solèr
Andrea Franziska Thali
Miriam Wüst
Stefanie Zimmermann

hogrefe

Renata Aebi. Theologin und Spitalseelsorgerin mit Zusatzausbildung in Spezialseelsorge und Spiritual Care. Spitalseelsorgerin am Kantonsspital Graubünden in Chur, Sargans
E-Mail: aebirenata@gmail.com
www.spiritualcare-interprofessionell.ch

Pascal Mösli. Theologe, Coach, Dozent und Publizist, Verantwortlicher für Palliative Care und Spezialseelsorge der Reformierten Kirchen Bern-Jura-Solothurn, Bern
E-Mail: contact@pascalmoesli.ch
www.spiritualcare-interprofessionell.ch

Bibliografische Information der Deutschen Nationalbibliothek
Die Deutsche Nationalbibliothek verzeichnet diese Publikation in der Deutschen Nationalbibliografie; detaillierte bibliografische Daten sind im Internet über http://www.dnb.de abrufbar.

Anregungen und Zuschriften bitte an:
Hogrefe AG
Lektorat Pflege
z.Hd.: Jürgen Georg
Länggass-Strasse 76
3012 Bern
Schweiz
Tel. +41 31 300 45 00
verlag@hogrefe.ch
www.hogrefe.ch

Lektorat: Jürgen Georg, Evelyne Roth, Martina Kasper
Herstellung: Daniel Berger
Umschlagabbildung: Andrea Franziska Thali, Bülach
Umschlag: Claude Borer, Riehen
Illustration/Fotos (Innenteil): Andrea Franziska Thali, Bülach
Satz: Claudia Wild, Konstanz
Druck und buchbinderische Verarbeitung: Finidr s.r.o., Český Těšín
Printed in Czech Republic

1. Auflage 2020

(E-Book-ISBN_PDF 978-3-456-95857-6)
(E-Book-ISBN_EPUB 978-3-456-75857-2)
ISBN 978-3-456-85857-9
http://doi.org/10.1024/85857-000

Inhalt

Geleitwort von Traugott Roser

Miteinander

Spiritual Care ist gemeinsame Sorge für einen kranken Menschen. Gemeinsam heißt: im Miteinander mit dem an einer Krankheit leidenden, aber nicht durch sie definierten Menschen und im Miteinander aller Sorgenden – An- und Zugehörigen, freiwilligen und beruflich Begleitenden, Behandelnden und Betreuenden.

Renata Aebi und Pascal Mösli zeigen, wie dieses Miteinander aussehen und – wichtiger noch – gelingen kann. Wer dieses Buch liest, wird in den Narrationen aus der Praxis immer wieder feststellen, wer da alles zusammenarbeitet. Allen voran die Patientinnen und Bewohner selbst, die oft genug durch die Krankheit und ihre Symptomatik an aktiver Mitarbeit gehindert zu sein scheinen, bis durch das kluge und erfahrene professionelle Agieren der Berufsgruppen – von der Kunst- und Musiktherapie über die Sozialarbeit oder die Aktivierungstherapie bis hin zur Seelsorge – Kommunikationskanäle erschlossen werden, über die das Miteinander doch noch möglich wird. Es ist in jedem einzelnen der Fallberichte berührend, wie die geduldige und respektvolle Einbindung der Bewohnerinnen und Patienten in alle Prozesse deren Aktivität steigert und ihre Würde neu zur Geltung bringt, vielleicht zum ersten Mal im gesamten Krankheitsverlauf.

Das Miteinander bezieht sich natürlich auch auf das Vertrauen zwischen den Fachpersonen unterschiedlicher Berufsgruppen. Wer im Gesundheitswesen tätig ist, weiß, dass das alles andere als selbstverständlich ist. Es setzt Vertrautheit mit den Fähigkeiten und Arbeitsweisen der Kollegin oder des Kollegen der jeweils anderen Berufsgruppe voraus, die in einem Team oft über Jahre wächst und entsteht, aber auch kultiviert werden muss. Es setzt voraus, dass Zeit ist, nicht nur um sich in Teambesprechungen oder Gesprächen auf dem Flur gemeinsam auszutauschen, sondern auch um gemeinsam beim Patienten zu sein. In einer der Narrationen wird das ganz praktisch beschrieben: wie die Pflegefachfrau zur einen Seite des Patientenbetts sitzt, die Seelsorgerin zur anderen. Diese gemeinsame Präsenz braucht viel Zeit, immer wieder, bei mehrfachen Besuchen. Aber nur so wird das Miteinander möglich. Diesen Zeitaufwand müssen nicht nur die beteiligten Personen möglich machen, sondern auch die Einrichtung, in der sie tätig sind – und das Gesundheitswesen, das für den Zeitaufwand Geld aufbringen muss.

Das Autorenteam unterscheidet daher drei Ebenen: die interpersonale Ebene zwischen Fachperson und Patientin (Mikroebene), die Ebene des interprofessionell zusammengesetzten Teams (Mesoebene) und die Ebene von Einrichtung und Gesundheitswesen (Makroebene). Wenn das Miteinander am Pflegebett gelingen soll, braucht es ein Ineinander aller Ebenen.

Teilnahme und Teilhabe am Leben

Das Ziel von Spiritual Care als gemeinsamer Sorge ist die Ermöglichung von Teilhabe und Teilnahme an einem als subjektiv sinnvoll erfahrenen Leben.

Herzstück des Buches sind die Erzählungen vom wahren Leben, das immer nur als das Leben einzelner Menschen existiert. In allen Narrationen wird erkennbar, wie sehr die Menschen, die in der Einrichtung für Langzeitpflege oder im Hospiz aufgrund kognitiver, hirnorganischer, progredienter oder chronischer Beeinträchtigungen betreut werden, vom Leben ausgeschlossen sind. Mitunter ist es für die Leserin oder den Leser kaum auszuhalten, wie die Patienten aus ihrem eigenen Leben geworfen scheinen – nicht mehr ihren Beruf ausüben oder nicht mehr in den Bergen und der Natur wandern können. Manche müssen erleben, dass sie sich aus ihrer Familie ausgeschlossen fühlen, der Kontakt zu den Kindern wegbricht und die Ehepartnerin sich scheiden lässt. Und auch, wie sie sich mitunter den auf professioneller Zuwendung beruhenden Kontaktangeboten entziehen.

Es gehört zum Herzstück von Spiritual Care, dass Spiritualität als Verbundenheit verstanden wird, wie Aebi und Mösli unter Bezug auf Anton Bucher beschreiben. In allen Fallberichten gelingt es, die tragenden, zentralen Beziehungen – aber auch deren Verlust im Laufe der Krankheit – herauszuarbeiten, immer gemeinsam mit den Patientinnen und oft auch im Gespräch mit Nahestehenden. Sie zeigen, dass Verbundenheit, auch dann, wenn sie erinnert und ihr Fehlen betrauert wird, eine spirituelle Ressource ist. Dazu gehört auch die Verbundenheit mit Glauben, mit Gott, gerade auch dann, wenn sie in einem Piktogramm als Frage gestellt wird: Wo bist du, Gott? (Herr Kaufmann in Kapitel 3.1).

Tief berührend ist aber, dass und wie die Patientinnen und Bewohner in manchen der Narrationen ihr Leben wiedergewinnen, mit Hilfe der Seelsorge und Fachpersonen aus anderen Berufen, wenn ein Lebensbuch geschrieben wird, dessen Seiten der Patient trotz völliger Lähmung dank der Hilfe eines IT-Spezialisten über Augensteuerung am Computer-Bildschirm selbst umblättern kann. Unbegrenzt scheint die Kreativität der Teams, wenn es darum geht, wie mit den Patientinnen und Patienten ein Lebensbuch verfasst werden kann, dessen Protagonisten sie selbst sind und das sie – im Falle ihres Sterbens – als Vermächtnis hinterlassen. Mithilfe des Lebensbuches wird es anderen und neuen Mitgliedern im Betreuungsteam möglich, das bisweilen abweisende und irritierende Verhalten der Bewohnerinnen und Patienten zu verstehen, für das die Medizin den unschönen Begriff „non-compliance" verwendet. Mithilfe des Lebensbuches werden alle, auch wir Leserinnen und Leser zu Zeugen gelebten, echten Lebens, auch im Angesicht seiner Vergänglichkeit. Jeder Mensch hat Bedeutung – Bedeutung ist nicht umsonst ein Kernbegriff von Definitionen der Spiritualität.

Leben im umfassenden Sinn

Spiritual Care gilt der Teilhabe und Teilnahme am Leben in einem umfassenden Sinn – unter Einschluss des Lebens im Glauben und sogar des Lebens jenseits der Todesgrenze. Renata Aebi und Pascal Mösli beziehen die religiöse Dimension des Lebens in einer Weise in ihr Praxisbuch mit ein, die religiös Musikalischen und Unmusikalischen einleuchten kann. Man muss kein spiritueller Mensch sein, um aus diesem Buch Gewinn zu ziehen; aber auch tiefspirituelle und tiefgläubige Leser werden in diesem Buch viel über Spiritualität und ihre Bedeutung erfahren.

Theorie und Praxis

Zentrales Anliegen des Autorenteams ist es, den inzwischen beinahe unüberschaubaren Theoriediskurs über Spiritual Care in die Praxis zu übersetzen und Spiritual Care in die Praxis zu bringen. Aebi und Mösli nennen das einen

„phänomenologischen Zugang“: Dabei werden die Praxisbeispiele ausführlich erzählt und reflektiert. Es ist sehr hilfreich, dass dabei auf ganz unterschiedliche Theorien aus Seelsorge, Psychotherapie, Spiritual Care und Palliativmedizin zurückgegriffen wird. Auf diese Weise wird das Handbuch auch zu einem Lese- und Lernbuch, bei dem man sich en passant über würdebasierte Therapieansätze nach Chochinov, humanistische Psychologie nach Rogers, Traueraufgaben nach Worden oder über Seelsorge-Indikationen, wie sie von Aebi und Mösli vertreten werden, informieren kann. Die Fensterbeiträge geben kurze, konzentrierte Einblicke in das Verständnis von Spiritual Care in anderen als seelsorglichen Berufen – und auch hier bleibt kaum eine Berufsgruppe ungenannt. Sie sorgen auch zugleich dafür, dass das Buch bei aller Theoriefähigkeit immer auf die Praxis ausgerichtet ist und davon erzählen will, wie ein bisweilen hehres Konzept konkret operationalisiert werden kann.

Es ist ein Schlüsselsatz für den Umgang mit dem Band, wenn der Arzt Daniel Büche formuliert: „Als Arzt möchte ich lernen, die spirituelle Dimension immer mitzudenken.“ Für diesen Lernprozess, der allen Berufsgruppen (auch der Seelsorge) möglich ist, stellt das Buch eine große Hilfe dar.

Prof. Dr. Traugott Roser
Münster, im August 2019

Vorwort: Aus der Praxis für die Praxis

Das vorliegende Praxishandbuch versteht Spiritualität als eine Dimension menschlichen Lebens, welche dieses trägt, inspiriert und integriert.[1] Gegenwärtig gewinnt die spirituelle Dimension im Gesundheitswesen zunehmend an Aufmerksamkeit; dies entspricht dem erweiterten Gesundheitsverständnis der Weltgesundheitsorganisation (WHO) von 2005, das explizit spirituelle Aspekte integriert. Die WHO beschreibt Gesundheit als „a dynamic state of complete physical, mental, spiritual and social well-being and not just the absence of disease or infirmity" (einen dynamischen Zustand ganzheitlichen physischen, mentalen, spirituellen und sozialen Wohlbefindens und nicht nur als Fehlen von Krankheit oder Gebrechen [Übers. d. A.]). (Üstün & Jakob, 2005, S. 802).

Dabei wird Spiritualität als wichtige Ressource in der Krankheitsbewältigung und insbesondere am Lebensende gesehen. In besonderem Maße gilt dies für die Palliativversorgung, zu deren Grundauftrag gemäß WHO-Definition von Palliative Care die Wahrnehmung und Begleitung spiritueller Bedürfnisse und Anliegen gehört (WHO, 2002). Dieses Handbuch ist zunächst auf unterschiedliche Felder und Versorgungskontexte der Palliative Care fokussiert. Seine Aussagen lassen sich aber genauso auf andere Settings der Gesundheitsversorgung beziehen.

Sein Entstehen verdankt dieses Handbuch der beglückenden Erfahrung des Autorenteams, dass die Kraft der Spiritualität umso mehr zum Tragen kommt, als es gelingt, sie im Miteinander der behandelnden und begleitenden Fachpersonen aus Gesundheits- und Sozialberufen und der Seelsorge wahrzunehmen – ihr gemeinsam Raum zu geben und sie in die Betreuung und Begleitung zu integrieren. Es geht darum, Lebens- und Krankheitserfahrungen von PatientInnen – vergleichbar einem persönlichen Lebensbuch – gemeinsam daraufhin zu „lesen", wie sich die spirituelle Dimension darin zeigt. Und es geht darum, die für Patientinnen und Patienten bedeutsamen spirituellen Aspekte zu erschließen, ihnen Raum zu geben und sie in die Betreuung und Begleitung einzubeziehen.

Mit diesem Handbuch möchten wir dafür Anregungen und Impulse aus der Praxis geben. Wir beschreiben spirituelle Prozesse und Phänomene und entfalten ausgewählte Aspekte und theoretische Konzepte interprofessioneller Spiritual Care. Wir gehen jeweils von einer konkreten Situation aus der Praxis aus. Im Anschluss formulieren wir Impulse für die

1 Vgl. die Beschreibung in den Leitlinien zur Spiritual Care als interprofessioneller Praxis von palliative ch: „Spiritualität wird verstanden als Verbundenheit einer Person mit dem, was ihr Leben trägt, inspiriert und integriert, sowie die damit verbundenen existenziellen Überzeugungen, Werthaltungen, Erfahrungen und Praktiken, die religiöser oder nicht-religiöser Art sein können." (palliative ch, 2018, S. 5).

spirituelle Begleitung, die sich auf die geschilderten Erfahrungen beziehen. Dabei erheben wir keinen Anspruch auf eine umfassende Darstellung des Feldes der interprofessionellen Spiritual Care. Einem konsequent personenorientierten Ansatz folgend, haben wir uns von den spirituellen Erfahrungen in den Geschichten der porträtierten Menschen leiten lassen – beziehungsweise davon, wie die spirituelle Dimension aus unserer Sicht in der Begegnung mit ihnen zum Tragen gekommen ist. Die Praxisbeispiele sind einigen Aspekten von Spiritual Care zugeordnet, die wir als zentral erachten. Den beteiligten Patientinnen, Bewohnern und ihren Familien danken wir sehr, dass wir (mit veränderten Namen) von ihnen erzählen durften – ebenso bedanken wir uns bei den beteiligten Fachpersonen. Ein besonderer Dank geht schließlich an die Stiftung Scalottas in Scharans, die diese Publikation in vielerlei Hinsicht unterstützt hat.

Die Erfahrungsberichte entstammen der Berufspraxis der Autorin – mehrheitlich aus der Stiftung Scalottas, einer Langzeitpflegeinstitution für Menschen mit Handicap, mit chronisch fortschreitenden Erkrankungen, Hirnverletzungen und neurologischen Erkrankungen. Hier unternehmen es Fachpersonen unterschiedlicher Professionen seit einigen Jahren, Formen praktischer interprofessioneller Spiritual Care zu erproben und Erfahrungen damit zu sammeln. Hintergrund ist dabei eine in den Betreuungsalltag integrierte Kultur der Palliative Care, wie sie das Schweizerische Bundesamt für Gesundheit und die Gesundheitsdirektorenkonferenz als Grundeinstellung für das Gesundheitswesen überhaupt empfiehlt (BAG, GDK & palliative ch, 2016, S. 37).

Im genannten Praxisfeld ist die interprofessionelle Zusammenarbeit in der spirituellen Begleitung zusätzlich der Notwendigkeit geschuldet beziehungsweise dadurch entstanden, dass viele Bewohnerinnen und Bewohner dieses Hauses infolge ihrer Erkrankung oder ihres Handicaps nur erschwert oder gar nicht verbal kommunizieren können. Gerade die Erfahrung, dass es, wenn wir zusammenarbeiten, trotzdem gelingen kann, spirituellen Aspekten Sprache und Raum zu geben, hat uns ermutigt, diese Ansätze an Gesundheitsfachpersonen und Seelsorgende weiterzugeben: als Sammlung von ausgewählten Erfahrungsberichten, die für die Praxis interprofessioneller Spiritual Care inspirieren mögen.

In den gezeigten Praxisbeispielen fließen die unterschiedlichen professionsspezifischen Fachkompetenzen zusammen, die wiederum ganz unterschiedliche Zugänge und Gestaltungsmöglichkeiten in der spirituellen Dimension schaffen. Dadurch eröffnet sich ein großer Reichtum an Facetten und Möglichkeiten spiritueller Begleitung.

Berührt von der Tiefe, Schönheit und Kraft, welche die spirituelle Dimension dadurch entfalten kann, lassen wir in den „Fensterbeiträgen" Fachpersonen ganz unterschiedlicher Professionen, die in der Palliative Care tätig sind, auch selbst zu Worte kommen. Wir haben sie gebeten, zu beschreiben, welche Rolle Spiritualität in ihrem professionellen Handeln spielt, und wie sie darin der spirituellen Dimension Rechnung tragen beziehungsweise wie sie diese gestalten. Dabei ist eine vielfältige und spannende Palette von Sichtweisen, Zugängen und Erfahrungsberichten entstanden, wofür wir uns bei den Verfasserinnen und Verfassern herzlich bedanken.

Es freut uns schließlich sehr, dass wir unser Handbuch mit den wunderbaren „Schrift-Bildern" der Zürcher Künstlerin Andrea Franziska Thali illustrieren durften. Ihre Bilder fügen sich als eine weitere „Stimme" in die Thematik des Bandes ein und eröffnen nochmal einen neuen Zugang. Wir danken der Künstlerin herzlich für das Zur-Verfügung-Stellen ihrer Bilder und für ihren Kommentar zu ihnen.

Unser Buch verstehen wir als Beitrag zur Gestaltung des zumindest im schweizerischen Kontext noch relativ gestaltungsoffenen und wenig begangenen Praxisfeldes „Interprofessionelle Spiritual Care". Wir sind überzeugt, dass eine Vertiefung dieser Praxis in der Gesundheitsversorgung maßgeblich zu Wohlbefinden und Lebensqualität von Patientinnen und Patienten beitragen kann.

Renata Aebi und Pascal Mösli
Sargans und Bern, im Oktober 2019

Literatur

Bundesamt für Gesundheit, Schweizerische Konferenz der kantonalen Gesundheitsdirektorinnen und -direktoren & palliative ch. (2016). *Allgemeine Palliative Care. Empfehlungen und Instrumente für die Umsetzung.* Bern: BAG.

palliative ch. (2018). *Spiritual Care in Palliative Care. Leitlinien zur interprofessionellen Praxis.* Verfügbar unter https://www.palliative.ch/fileadmin/user_upload/palliative/fachwelt/C_Fachgesellschaft/Fachgruppe_seelsorge/Broschuere_Leitlinien_Spiritual_Care_in_Palliative_Care_de_RZ_low.pdf

World Health Organization. (2002). *WHO Definition of Palliative Care.* Zugriff am 15. Oktober unter http://www.who.int/cancer/palliative/definition/en/

Üstün, B. T. & Jakob, R. (2005). Re-defining ‚Health'. *Bulletin of the World Health Organization, 83,* 802–804.

1 Spiritualität entdecken: Gott kommt früher als der Missionar

Wir beide, Autorin und Autor dieses Praxishandbuches, sind Fachpersonen der Seelsorge. Aus eigener, langjähriger beruflicher Erfahrung kennen wir unterschiedliche Settings des Gesundheitswesens: große und kleine Spitäler, Langzeitpflegeinstitutionen, Palliativstationen und Hospizeinrichtungen.

Jede dieser Institutionen bildet eine eigene kleine Welt. Es riecht an jedem Ort ganz besonders, die Art des Umgangs der Menschen untereinander, die Kultur ist an jedem Ort eine andere. Die Sprache, die gesprochen wird, und die Stimmungen sind unterschiedlich. Die jeweilige Gestimmtheit dieser Orte wird geprägt durch die Menschen, die dort leben oder arbeiten, durch das Angebotsprofil der Einrichtung, durch die Architektur des Gebäudes, die Farbgebung in den Räumen, durch die Umgebungsgestaltung, die landschaftliche Einbettung und vieles mehr.

Unser Interesse als Seelsorgerinnen und spirituelle Begleiter gilt all dem und wie Menschen in der Institution den Alltag gestalten. Zugleich gilt es einer darin verborgenen Tiefendimension des Lebens, die nicht durch menschliche Aktivität entsteht: der Stille, dem unsichtbaren Vibrieren, der pulsierenden Lebendigkeit, all dem, was in der jeweiligen Lebenswelt einer Gesundheitsinstitution „auch noch" geschieht. Wir nennen es die spirituelle Dimension oder die Dimension der Tiefe, des Seins.

Diese Dimension bleibt im alltäglichen Handeln oft verborgen. Im Alltag der Betreuungsinstitution stehen die Anforderungen der Betreuung und die täglichen Handlungsabläufe im Vordergrund. Es geht darum, die Patientinnen und Bewohner möglichst gut zu unterstützen, ihre Anliegen zu berücksichtigen, eine professionelle Betreuung und Pflege zu gewährleisten. Auch die Bewohnerinnen und Patienten selbst haben ihre persönliche Agenda und ihre eigenen Wünsche, wie sie ihre Tage und die vor ihnen liegende Zeit gestalten möchten.

Doch unvermittelt können Dinge geschehen, die den geplanten Ablauf unterbrechen, in Frage stellen oder blockieren. Ein Patient, der sich durch seinen Krankheitsverlauf auf immer wieder neue, ihn existentiell herausfordernde Situationen einstellen musste, deutete seinen Weg so: „Manchmal will das Leben auch noch etwas dazu sagen, wie es gelebt werden will." Wir sind vielen Patientinnen und Patienten begegnet, die Ähnliches gesagt haben könnten, die durch ihre Krankheit oder ihren Sterbeprozess aus ihren Gewohnheiten herausgerissen und in ungekannte Lebensdimensionen geführt wurden, die sie fürchteten oder denen sie sich innerlich anvertrauten und in denen sie sowohl die Leere als auch die Fülle des Lebens ganz neu und intensiv kennenlernten.

Eine Pflegefachperson, die einen sterbenden Patienten in seiner letzten Nacht begleitete und am Morgen einige Minuten an seinem Bett saß, erlebte diese kurze Zeit „wie eine Ewigkeit, voller Kraft, Tiefe und Schönheit".

So erleben viele Fachpersonen im Gesundheitswesen überraschende und nicht alltägliche Momente der Begegnung mit den Menschen, um die sie sich kümmern: Momente, die sie zutiefst berühren und beglücken. Dabei tun sie gar nichts Besonderes, sie orientieren sich an keinem professionellen Schema oder Plan, sondern sie sind „einfach da". Sie sind offen für alles, was geschieht, und dadurch nehmen sie eher auf, was sich tatsächlich ereignet, als dass sie selbst beeinflussen wollen, was sich ereignen *sollte*. Oft sind es gerade solche intensiven Momente, die wesentlich dazu beitragen, dass Gesundheitsfachpersonen aus ihrer Arbeit Kraft schöpfen können, um innerlich lebendig und engagiert bleiben zu können.

In einem biblischen Gleichnis beschreibt Jesus die spirituelle Dimension des Lebens mit einem Bild aus der Natur: „[...] so, wie wenn einer Samen aufs Land wirft; er schläft und steht auf, Nacht und Tag. Und der Same sprosst und wächst empor, er weiß nicht wie. Von selbst bringt die Erde Frucht, zuerst den Halm, dann die Ähre, dann das volle Korn in der Ähre." (Die Zürcher Bibel, 2007, Mk. 4, 26b-28).

Es gibt zwei menschliche Aktivitäten in dieser Mini-Erzählung, die sich auf ein Geschehen beziehen, das sich der menschlichen Aktivität entzieht: das Säen und das erstaunte Wahrnehmen. Beides bezieht sich auf einen Vorgang, der sich aus sich selbst heraus und ohne menschliche Aktivität entfaltet.

Der Patient wie auch die Pflegefachfrau handeln insofern aktiv, als sie sich für das öffnen, was gerade geschieht. Dabei nehmen sie an einem Geschehen teil, das ihr Tun transzendiert (lateinisch transcendere = hinübersteigen, überschreiten). Und dieses Geschehen verbindet die Menschen, die es wahrnehmen: Es verbindet die Pflegefachperson und die sterbende Patientin. Diese Verbindung wird spürbar, ohne dass sie sich in exakten Worten beschreiben oder erklären ließe.

In der spirituellen Erfahrung lösen sich die Rollen auf, die wir üblicherweise einnehmen – hier die Expertin, der Fachmann und da die Patientin, der Ratsuchende. Die Herausforderung für Gesundheitsfachpersonen besteht darin, sich berühren zu lassen – nicht in Form eines professionellen Kniffs, um Nähe oder Vertrauen zu erzeugen, sondern aus absichtslosem Ergriffensein, hervorgerufen durch ein erstaunliches, berührendes Geschehen.

Wenn ein Mensch in einer kritischen Situation um seine Kraft und Hoffnung ringt, besteht Spiritual Care zuerst einmal nicht in Fachwissen und Fertigkeiten, sondern in der Offenheit, sich von den Ängsten und der Trauer, der Suche nach Bedeutung in einer chaotisch erlebten Situation betreffen zu lassen. Es geht zuerst einmal nicht um irgendwelche Lösungen oder Antworten, nicht darum, dass sich der oder die andere rasch besser fühlen sollte, sondern um das Dabeibleiben, um den Raum, der in dieser Situation erlebt werden kann. Um die Verbindung, die gerade dadurch entstehen kann, dass man keine Pläne für den anderen verfolgt, sondern nur da ist und wach wahrnimmt, was gerade geschieht.

Anstelle fachlicher Kompetenz sind andere Eigenschaften gefragt: Wachsamkeit, Offenheit, Mut, innerer Freiraum und Humor. Im Herzen der Spiritualität findet die Begegnung zwischen Menschen statt, die sich in diesem Augenblick vom Leben berühren lassen und dabei ihre Menschlichkeit teilen. Die zusammen fragen, staunen, etwas entdecken und die präsent und im Kontakt sind. Vielfach zeigt sich das Heilende und das Unterstützende gerade da, wo wir es nicht aktiv herstellen wollen, sondern offen für das sind, was geschieht. Joanna Macy beschreibt dies so: „It's that knife-edge of uncertainty where we come alive to our truest power." (https://gratefulness.org/word-for-the-day/its-that-knife-edge-of-uncertainty-where-we-come-alive-to-our-truest-power/).

Im Spital oder in der Palliativstation, oft an den Rändern des alltäglichen Lebens, entstehen viele berührende Begegnungen, kleine Dialoge nach dem Aufstehen oder schweigende Augenblicke in der Tiefe der Nacht. Oft spielen Tiere eine Rolle, ein Vogel vor dem Fenster, eine Katze im Haus oder ein Hund, der in einer Erzählung auftaucht. Es sind Augenblicke, in denen die Welt still zu stehen scheint, in denen man nichts muss, nichts will, nichts nicht will, in denen man einfach da ist, verbunden mit dem Leben, das sich aus sich selbst heraus entfaltet. In solchen Begegnungen leuchtet etwas von der spirituellen Tiefendimension des Lebens auf, die unsere alltäglichen Gewohnheiten und routinierten Wahrnehmungsmuster aufbrechen und die zugleich mitten im Alltäglichen gefunden werden kann.

Seelsorgende sind an dieser Tiefendimension menschlicher Erfahrung interessiert, sie ist sozusagen ihre berufliche Kernaufgabe. Aber zugleich teilen sie diese Dimension mit allen anderen Menschen, die in einer Institution leben und arbeiten. Wie es das Beispiel des Patienten und der Pflegefachperson zeigt, tragen Seelsorger und spirituelle Begleiterinnen die spirituelle Dimension nicht in die jeweiligen Welten hinein – nein, sie ist längst da. Der Priester und Schriftsteller Leonardo Boff bringt es im Titel seines Buches auf den Punkt: „Gott kommt früher als der Missionar" (Boff, 1991).

Für die spirituelle Begleitung gilt darum: Es braucht vor allem das konzentrierte Wahrnehmen und Hinhören, um Äußerungen von Spiritualität beim anderen zu erfassen und zu erkennen, in welcher „Sprache" sie vermittelt werden. Dies im Wissen darum, dass Spiritualität in unterschiedlichsten Weisen erlebt und beschrieben werden kann. Dabei brauchen die Begleitenden die persönliche Spiritualität der Begleiteten nicht zu teilen. Was es braucht, ist Offenheit und Hellhörigkeit für die jeweiligen Einstellungen und Erfahrungen des anderen und den unbedingten Respekt davor. Dies deckt sich mit der Grundhaltung professioneller Palliative Care: „Im Zentrum der Palliative Care steht der individuelle Mensch in seiner persönlichen Lebenswelt. In der Palliative Care wird jeder Mensch als einzigartiges Individuum anerkannt und respektiert." (BAG & GDK, 2010, S. 9).

Der Fokus der Seelsorge, ihre spezifische und besonders geschulte Kompetenz ist es, spirituelle Äußerungen in den Lebens- und Krankheitserfahrungen der Menschen wahrzunehmen, hellhörig für sie zu sein und die darin verborgene Tiefendimension zu erschließen. Die Rolle der Seelsorge in der Institution und in der interprofessionellen Zusammenarbeit besteht darin, auf spirituelle Phänomene und die spirituelle Dimension überhaupt hinzuweisen, dazu beizutragen, dass sie in der Behandlung, Pflege und Begleitung von Patientinnen und Bewohnern wahrgenommen und gewürdigt werden kann. Es gehört zu ihrer Professionalität, eine Sprache zu finden für die Phänomene, die in der Tiefe des Alltäglichen zu finden sind.

Dazu gehört es, Momente des Nichtwissens und der Stille anzusprechen und so zu erlauben, dass man sie gemeinsam erleben und sich ihnen öffnen kann – ohne sich überfordert zu fühlen oder sich zu schämen. Zu ihrer Aufgabe gehört es aber auch, das interprofessionelle Behandlungsteam im Wahrnehmen der spirituellen Dimension zu unterstützen, eine Kommunikation zu erleichtern, welche diese Dimension ins alltägliche Handeln integriert. Spirituelle Begleitung ist also nicht nur Aufgabe der Seelsorge, sondern genauso der anderen Professionen in der Institution. Mehr noch: Die verschiedenen Professionen sind aufeinander angewiesen.

Die meisten der in unserem Buch dargestellten Erfahrungsberichte aus einer Langzeitpflegeinstitution führen die Notwendigkeit und den Reichtum des interprofessionellen Arbeitens in einer besonderen Zuspitzung vor Augen: In der Stiftung Scalottas nämlich haben viele der betreuten Menschen keine Verbalsprache zur Verfügung und zeigen kognitive Einschränkungen aufgrund von Hirnverletzungen, chronischen fortschreitenden Erkrankungen oder aufgrund eines Handicaps.

In den im Praxisteil gezeigten Begleitungen wäre es nicht möglich gewesen, die spirituellen Bedürfnisse, Nöte, aber auch Ressourcen der Bewohnerinnen und Patienten wahrzunehmen, mit ihnen überhaupt in Kontakt zu kommen und erst recht nicht, sie in ihren verschiedenen Dimensionen zu begleiten, wären nicht die unterschiedlichen Zugänge, Blickwinkel und Handlungskompetenzen der verschiedenen Professionen zusammengeflossen. Dieses in diesem Handbuch aufgezeigte Zusammenspiel von Fachpersonen unterschiedlicher Berufsgruppen ist unseres Erachtens eine grundlegende Voraussetzung für die spirituelle Begleitung überhaupt.

Bildhaft ausgedrückt, könnte spirituelle Begleitung heißen: Miteinander im einmaligen Lebensbuch eines Menschen zu lesen, sorgsam darauf achtend, wieweit es jemand für sich selbst und für uns öffnen mag, welche Seiten jemand aufzuschlagen und uns zu zeigen bereit ist. Dabei offen zu sein für die Vielschichtigkeit des Beschriebenen, für die aufs erste vielleicht verborgen bleibenden, überdeckten Geschichten und Erfahrungen dahinter: die spirituelle Tiefendimension des Lebens.

Literatur

Boff, L. (1991). *Gott kommt früher als der Missionar. Neuevangelisierung für eine Kultur des Lebens und der Freiheit*. Düsseldorf: Patmos.

Bundesamt für Gesundheit & Schweizerische Konferenz der kantonalen Gesundheitsdirektorinnen und -direktoren (Hrsg.). (2010). *Nationale Leitlinien Palliative Care. Bern.* Verfügbar unter https://www.palliative.ch/fileadmin/user_upload/palliative/fachwelt/H_%20Downloads/Nationale_Leitlinien_PC_de.pdf

Die Zürcher Bibel. (2007). Zürich: Theologischer Verlag Zürich.

Macy, J. (n. d.). *Word for the Day.* Zugriff am 15. Oktober 2019 unter https://gratefulness.org/word-for-the-day/its-that-knife-edge-of-uncertainty-where-we-come-alive-to-our-truest-power/

Fensterbeitrag Freiwillige Begleiterin: „Tiefe Ergriffenheit“

Elisabeth Kollbrunner-Hergert

Manchmal, wenn ich mit meinen Händen im Garten die warme Erde berühre, Blumen setzend oder jätend, wird es in mir drin ganz ruhig und friedlich. Ich bin bei mir, Hektik und Druck fallen ab. Diese Ruhe erfahre ich auch in einem schönen Konzert. Ganz ähnliche Momente erlebe ich ab und zu in der Palliativstation, am Bett eines schwer kranken Menschen sitzend: Dann nämlich, wenn ich von unserem Zusammensein oder unserem Gespräch tief berührt bin und spüre, wie dem gegenseitigen Verständnis eine Kraft entspringt, die uns in eine tiefere Bedeutsamkeit führt, in eine spirituelle Dimension.

Viele Menschen finden Spiritualität im Glauben an Gott. Sie werden dadurch getröstet, und der Glaube, dass Gott in seiner Weisheit für die Menschen das Richtige tut, kann widerstandsfähiger machen, eine schwere Krankheit und auch der Tod können leichter angenommen werden. Ich glaube eher an eine große Kraft in uns Menschen und erlebe Spiritualität dort, wo zwischen Menschen ein tiefes Verständnis entsteht, ein Augenblick des gemeinsamen Spürens einer anderen Dimension, eine Begegnung.

Kürzlich sprach ein Mann – altersmäßig könnte er mein Sohn sein – von seinen Schwierigkeiten, seine schwere Krankheit anzunehmen. Er glaube nicht an einen Gott und er sehe wenig Sinn und keine Gerechtigkeit in diesen großen Schmerzen, der Schwäche und der Übelkeit. Ein bestimmtes Wort führte ihn dann in seine Kindheit zurück und er begann zu erzählen. Viel Schweres hatte er erlebt und wenig Liebe erfahren. Er redete und redete, zwischendurch entstanden Pausen, in denen wir beide schwiegen. Dann schilderte er den Verlauf seiner Krankheit und was er in den vergangenen zwei Jahren erlebt habe. Je länger er sprach, desto öfter redete er über positive Erlebnisse: Über wohltuende Pflege, aufmerksames Zuhören, und darüber, wie er ernst genommen worden sei und einen sehr guten Freund gefunden habe.

Vielleicht sei ja dies der Sinn der Krankheit, meinte er dann: Er habe sich selber viel besser kennen gelernt und Wichtiges über sich herausgefunden. Der Freund sei inzwischen erlöst worden. Erst nach einer Weile der Stille merkte ich, dass der Mann eingeschlafen war. Ich spürte eine tiefe Ergriffenheit und blieb sitzen. Später erhob ich mich leise, dennoch erwachte er, lächelte, nahm meine Hand und drückte sie fest. Zwei Tage später verstarb er. Solche Begegnungen sind ein Geschenk. Sie wirken im Alltag lange nach und bereichern mein Leben.

Zuweilen verlasse ich ein Krankenzimmer unzufrieden und fühle mich hilflos. Die Unzufriedenheit gilt meistens mir selber: Habe ich zu viel gesprochen? Nahm ich den Wunsch des Menschen, allein sein zu wollen, zu spät wahr? Kam deshalb kein wirklicher Kontakt zustande? Hilflos macht mich die Schwere der Schicksalsschläge (und die Verzweiflung darüber), die manche Menschen erleben.

Sicher ergeht es auch den Pflegefachpersonen auf der Palliativstation manchmal ähnlich. Mit Bewunderung erlebe ich, mit welch großer Aufmerksamkeit und Zugewandtheit sie ihre oft schwierige Arbeit verrichten, um den schwerkranken Menschen ein würdiges Dasein zu ermöglichen, und nicht selten auch ein würdiges Sterben. Für mich ist es ein Privileg, jede Woche für einige Stunden Teil dieses Teams sein zu dürfen. An anderen Tagen verbringe ich viel Zeit mit meinen Großkindern [Enkelkindern] und im Garten und erfahre so den Kreislauf von Leben und Tod sehr intensiv.

2 Grundlagen: Verständnis von Spiritualität und Spiritual Care

Spiritualität als Dimension von Gesundheit wird seit einigen Jahren in der Palliative Care immer deutlicher wahrgenommen. Gemäß der WHO-Definition von Palliative Care ist die Begleitung von Patientinnen und Patienten hinsichtlich spiritueller Probleme und Bedürfnisse wesentlich: „Palliative Care integrates the psychological and spiritual aspects of patient care." (Palliative Care integriert die psychologischen und spirituellen Aspekte der Sorge um den Patienten. [Übers. d. A.]) (http://www.who.int/cancer/palliative/definition/en/). Laut der Charta zur Betreuung schwerstkranker und sterbender Menschen in Deutschland besteht für jeden dieser Menschen ein Anspruch auf spirituelle Begleitung (https://www.charta-zur-betreuung-sterbender.de/die-charta.html). Auch das Schweizerische Bundesamt für Gesundheit hält fest: „Die Palliative Care beugt Leiden und Komplikationen vor. Sie schließt medizinische Behandlungen, pflegerische Interventionen sowie psychologische, soziale und spirituelle Unterstützung mit ein." (BAG & GDK, 2010, S. 8). Dabei zeigt sich ein spannendes Phänomen: Obwohl es vielerorts Konsens geworden ist, dass die spirituelle Dimension zur Gesundheit dazugehört und dass spirituelle Bedürfnisse im Gesundheitswesen berücksichtigt werden sollen, besteht kein Konsens darüber, was Spiritualität ist, beziehungsweise worin spirituelle Bedürfnisse genau bestehen.

2.1 Aspekte von Spiritualität

Wir werden im Folgenden unser Verständnis von Spiritualität und spirituellen Bedürfnissen erläutern und schlagen dabei vor, drei Aspekte von Spiritualität zu unterscheiden:

- Der **individuelle** Aspekt der Spiritualität: Damit sind einerseits die Spiritualität der Patientinnen und Patienten, das Verständnis und die Geschichte ihrer Spiritualität, ihre persönlichen Anliegen und Sehnsüchte, ihre Ressourcen und Bedürfnisse im Blick. Andererseits geht es um die Spiritualität der Gesundheitsfachperson, welche diese in die Begleitung einbringt.
- Der **interprofessionelle** Aspekt der Spiritualität: Dabei geht es um das gemeinsame Verständnis von Spiritualität im Team, was wiederum Voraussetzung dafür ist, gemeinsam, in interprofessionell abgesprochener und damit geklärter Zusammenarbeit, den Patienten in seiner Spiritualität unterstützen zu können.
- Der **Caring-Aspekt** der Spiritualität: Hier steht die Spiritualität im Zentrum, die Patientinnen und Fachleute der Gesundheit und der Seelsorge in der konkreten Caring-Begegnung erleben und die über die jeweilige individuell erfahrene und verstandene Spiritualität der Beteiligten hinausgehen und sie transformieren kann.

2.1.1 Der individuelle Aspekt von Spiritualität

Von Traugott Roser stammt die klinische Kurzdefinition von Spiritualität: „Spiritualität ist genau – und ausschließlich – das, was der Patient dafür hält." (Roser & Gratz, 2014, S. 61). Es gibt nicht *die* Spiritualität, denn Spiritualität ist ein Phänomen, das sich einer begrifflichen, allgemeingültigen Definition entzieht, weil sie als persönliche Erfahrung nicht verallgemeinerbar ist.

„Spirituality is perceived as a subjective experience that exists both within and outside traditional religious systems. It relates to the way in which people understand and live their lives in view of their sense of ultimate meaning and value." (Spiritualität wird als eine subjektive Erfahrung wahrgenommen, die sowohl innerhalb als auch außerhalb traditioneller religiöser Systeme existiert. Es geht darum, wie Menschen ihr Leben im Hinblick auf ihren Sinn für die ultimative Bedeutung und den Wert verstehen und leben. [Übers. d. A.]) (Swinton, 2012, S. 102). Man könnte dieser Beschreibung des englischen Theologen John Swinton hinzufügen: Spiritualität existiert innerhalb wie außerhalb von philosophischen und psychologischen Traditionen.

Wir verstehen Spiritualität zudem als ein Lebensphänomen, das sich auf vielfältigste Weise in der alltäglichen Lebenserfahrung und in der alltäglichen Kommunikation zeigen kann. Der Schweizer Professor für Spiritual Care, Simon Peng-Keller (2019), meint dazu: „Für Spiritual Care im Kontext von Palliative Care bedeutsam ist, dass sich die „großen" Sinnfragen und Sinnerfahrungen mit den „kleinen" des Alltags verflechten. Spirituelle Bedürfnisse, Nöte und Ressourcen sind nicht von anderen Lebensbereichen isolierbar. Sie weben sich ein in den Teppich des Lebens und verbinden sich mit Alltagserfahrungen aller Art. Anders herum formuliert: Alltägliche Erfahrung und Kommunikation kann transparent werden auf existenzielle und spirituelle Tiefendimensionen." (S. 36)

Spiritualität hat also zu tun mit den persönlichen Erfahrungen, Fragen und Bedürfnissen jedes Menschen. Diese Erfahrungen, Fragen und Bedürfnisse sind nicht statisch, sie verändern sich – besonders in Zeiten existentieller Herausforderungen. Es ist eine wiederkehrende Erfahrung, dass sich die Spiritualität von Menschen in einer Krisensituation wandelt, sich manchmal vertieft und manchmal selbst von der Krise infiziert wird und in der bisherigen Form verloren geht.

Mit dem individuellen Aspekt von Spiritualität hängt unmittelbar zusammen, dass nur die Person selbst wissen kann, was sie braucht. Spirituelle Begleitung oder Unterstützung, Spiritual Care also, muss sich radikal an der Person selbst orientieren, an ihrem Erleben und ihrer Deutung, ihren Anliegen und ihren Perspektiven. Ob Spiritual Care hilfreich und sinnvoll ist, entscheidet alleine die Bewohnerin oder der Patient selbst.

2.1.2 Der interprofessionelle Aspekt von Spiritualität

Zusammenarbeit braucht ein gemeinsames Verständnis dessen, was man gemeinsam tut. Das gilt auch für die spirituelle Begleitung. Nur: Wie kann man zu einer gemeinsamen, allgemein gültigen Definition von Spiritualität kommen, wenn diese im Kern gerade ganz persönlich von jedem Menschen geprägt ist?

Ein Weg aus diesem Dilemma wurde in sogenannten Konsenskonferenzen gefunden. In diesen Konferenzen ging man von den ganz verschiedenen, persönlich geprägten Definitionen der Teilnehmenden aus und entwickelte daraus gemeinsam eine Definition, welche diese unterschiedlichen Definitionen umfasst. Eine solche Konsensusdefinition wurde 2008 auch in der Schweiz – im Rahmen der jährlichen Palliative Care-Konferenz in Bigorio – gemeinsam von Fachleuten der Gesundheit und Seelsorge entwickelt: „Spiritualität durchdringt alle Dimensionen menschlichen Lebens. Sie betrifft die Identität des Menschen, seine Werte, alles, was seinem Leben Sinn, Hoffnung, Vertrauen und Würde verleiht. Spiritualität wird erlebt in der Beziehung zu sich selber, zu anderen und zum Transzendenten (Gott, höhere Macht, Geheimnis,...). Zur Spiritualität gehören die Fragen, die angesichts von Krankheit und Endlichkeit des Lebens aufkommen, ebenso wie die individuellen und gemeinschaftlichen Antworten, die dem erkrankten Menschen als Ressource zur Verfügung stehen.“ (Odier, Neuenschwander, Pétremand & Fuchs, 2010, S. 1)

Wir verwenden in unserem Handbuch diese Konsensusdefinition als Grundlage für das interprofessionelle Verständnis von Spiritualität. Wir verstehen eine Konsensusdefinition dabei bildlich gesprochen wie ein Netz, das hoffentlich groß genug ist, um für möglichst viele persönliche Spiritualitätsverständnisse Platz zu bieten. Damit dient sie Fachleuten der Gesundheit und Seelsorge dazu, sich über das Feld der Erfahrungen, Anliegen und Ressourcen der Patienten zu verständigen, um die es bei Spiritual Care geht.

Während wir es als eine Stärke der Bigorio-Definition ansehen, dass sie die verschiedenen Dimensionen ohne Wertung oder Gewichtung nebeneinander stellt, möchten wir noch eine zweite Grundlage für das interprofessionelle Verständnis von Spiritualität hinzufügen. Es ist das in Québec in Kanada entwickelte Modell „Repères pour l’évaluation en soins spirituels“ (Bélanger, Beauregard, Bélanger & Bergeron, 2019). Dieses Modell ist gerade deshalb spannend und aus unserer Sicht weiterführend, weil es die verschiedenen spirituellen Themen als Elemente eines dynamischen Prozesses versteht.

Das kanadische Modell wurde in den letzten Jahren von Fachpersonen der Seelsorge in einem mehrstufigen Prozess entwickelt. Ausgangspunkt für das Modell sind die verschiedenen spirituellen Themen beziehungsweise Schlüsselmarker (repères), denen Fachpersonen der Seelsorge in der Begleitung von Patientinnen und Patienten begegnen. Das kanadische Team fand sechs solcher Themen: Glaube/Praktiken, Hoffnungen, Beziehungen, Werte/Aktivitäten, Sinn und Transzendenz.

Die Themen der Bigorio-Definition tauchen also wieder auf. Sie werden nun aber in eine dynamische Beziehung zueinander gebracht. Ausgangspunkt ist die Beobachtung, dass die Sinnhaftigkeit des Lebens beziehungsweise einer konkreten Lebenssituation sehr unterschiedlich erlebt wird und dass die Sinnerfahrung keine losgelöste, abstrakte Erfahrung ist, sondern sich in verschiedenen Dimensionen unseres Lebens erschließt. Davon ausgehend ordnet das kanadische Team die Sinndimension als „transversales (übergeordnetes) Element“ den vier Dimensionen von Glaube/Praktiken, Hoffnungen, Beziehungen und Werte/Aktivitäten zu: „In fact, our clinical experience has led us to consider meaning as a series of questions and reflections which generally emerge in close connection with the four key markers.“ (Tatsächlich hat uns unsere klinische Erfahrung dazu veranlasst, Sinn als einen Zusammenhang von Fragen und Überlegungen zu betrachten, die in der Regel in enger Verbindung mit den vier Schlüsselmarkern entstehen. [Übers. d. A.]) (Bélanger et al., 2019, S. 102). Schließlich verorten sie die sechste Ebene der Erfahrung der Transzendenz als zentrale Dimension, um die herum sich die anderen Dimensionen gruppieren. In der **Abbildung 2-1** wird das Modell in einer grafischen Darstellung präsentiert.

Der im Zentrum liegende Kreis der „Expérience de transcendence“ (Erfahrung der Transzendenz) soll noch weiter erläutert werden. Das Begriffspaar zeigt ein Zweifaches an:

- „Erfahrung“ zielt einerseits auf die sehr unterschiedlichen und ganz konkreten Erfahrungen, die Patientinnen und Patienten machen. Es geht also nicht bloß um die kognitive Ebene, sondern um alle Ebenen, in denen Menschen in Kontakt zu sich selbst

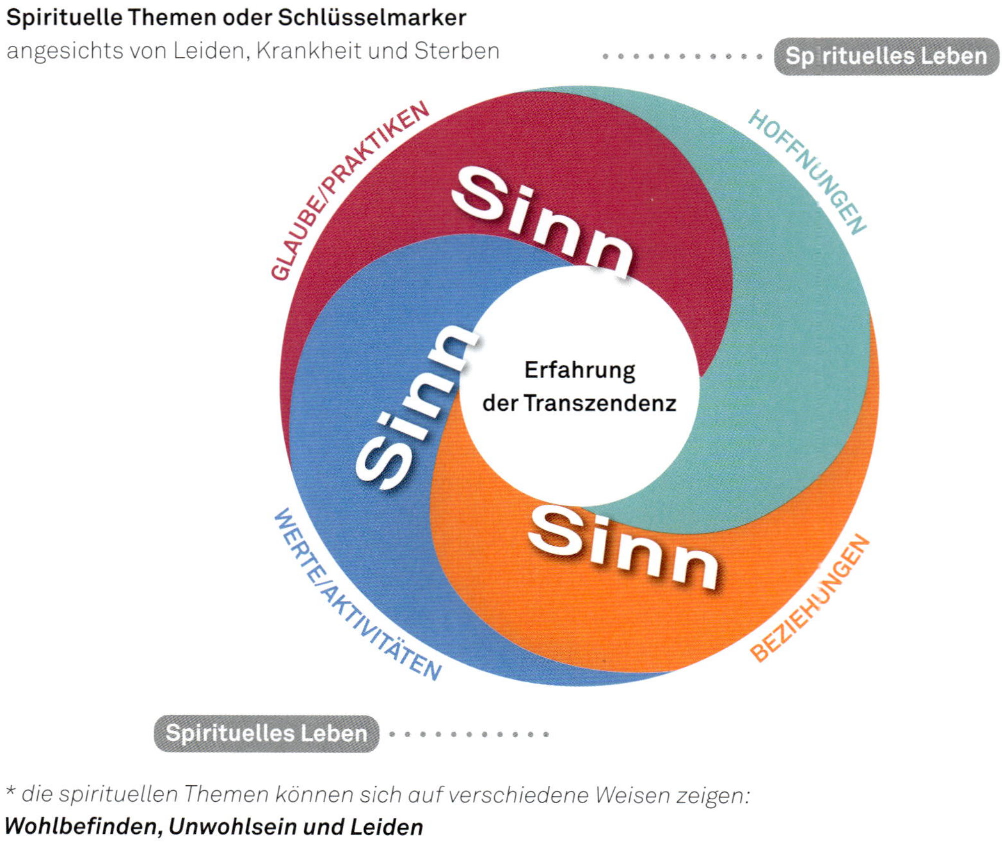

Abbildung 2-1: Das kanadische Spiritualitätsmodell „Repères pour l'évaluation en soins spirituels". (Quelle: Bélanger et al., 2020, S. 57)

und anderen kommen, um die Ebenen aller Sinneswahrnehmungen und des Spürens.

- „Transzendenz" meint andererseits, dass es sich um *besondere* Erfahrungen handelt, in denen eine Verbindung von sich selbst zu anderen/anderem erlebt wird, Erfahrungen, in denen Menschen über sich hinaus gehen und sich in dieser Verbindung verwurzelt und lebendig fühlen.

Das kanadische Team bezieht sich auf Louis Roy (2014) und dessen Werk „L'expérience de transcendance/phénoménologie et analyse critique". Mit Erfahrung der Transzendenz meint Roy:

„[...] une appréhension de l'infini véhiculée par un sentiment, dans une circonstance particulière. Il s'agit d'une appréhension – c'est-à-dire d'une sorte de conscience (awareness), de connaissance intuitive qui capte l'attention d'une personne ou d'un groupe parce qu'elle est véhiculée par une sorte de sentiment spécial. Le sentiment colore notre réponse à quelque chose qui apparaît immense. Lorsque nous prenons contact avec une quantité ou une qualité infinie, nous pouvons avoir l'impression que cette dimension déborde notre vie „normale", qu'elle ne saurait être contenue artificiellement dans les limites familières et qu'elle commande donc un respect profond." (... eine Ahnung des Unendlichen, das durch ein Gefühl, durch einen bestimmten Umstand vermittelt wird. Es ist eine Ahnung – das heißt eine Art Bewusstsein, ein intuitives Wissen, das die Aufmerksamkeit einer Person oder Gruppe erregt, weil es durch ein besonderes Gefühl vermittelt wird. Die Stimmung färbt unsere Reaktion auf etwas, was immens erscheint. Wenn wir mit einer unendlichen Größe oder Qualität in Kontakt kommen, haben wir vielleicht den Eindruck, dass diese Dimension über unser „normales" Leben hinausgeht, dass sie nicht künstlich in vertrauten Grenzen gehalten werden kann und dass sie daher tiefen Respekt erfordert. [Übers. d. A.]) (S. 15)

Der Schweizer Soziologe Stefan Vanistandael, der weltweit mit Kindern zum Thema der spirituellen Resilienz arbeitet und forscht, fasst diese Überlegungen in einem Satz zusammen: „Spiritualität ist die Verbindung zwischen meinem Leben mit seinen Höhen und Tiefen und dem größeren Leben um mich herum." (Vanistandael, 2007). Das ist keine wissenschaftliche, sondern eher eine praktische Definition, die Fachleuten hilft, existentielle Erfahrungen und Bedürfnisse von Patientinnen und Bewohnern in den Blick zu bekommen und sie in ihren Verbindungen zwischen „dem eigenen Leben" und „dem größeren Leben" zu unterstützen und zu stärken.

Zugleich lässt sich mit dieser Definition eine Verbindung zu den Erfahrungen und zur Weisheit vieler religiöser und philosophischer Traditionen herstellen.

Spiritualität als Erfahrung der Transzendenz bringt uns über die üblichen Beschränkungen hinaus, sie kann in jedem Lebensbereich erfahren werden, sie ist nicht etwas anderes als unsere „normalen" Lebenserfahrungen, sondern die Tiefe, Lebendigkeit, die wir darin erleben können. Sie ist darum nicht alltäglich, weil wir im Alltag oft zerstreut sind, voller Gedanken an Vergangenes und Zukünftiges, sie ist aber mitten im Alltäglichen zu finden. Sie hat etwas zu tun mit Präsenz und Hingabe an den gegenwärtigen Moment, an die Tätigkeit, die wir gerade ausführen, an das Geschehen, das uns gerade widerfährt.

2.1.3 Der Caring-Aspekt von Spiritualität

Während es in der individuellen Dimension von Spiritualität darum geht, wie der Einzelne Spiritualität, die Tiefendimension des Lebens, für sich persönlich erlebt und versteht, bei der interprofessionellen Dimension darum, wie das Betreuungsteam mit Blick auf das professionelle Handeln gemeinsam Spiritualität versteht, so geht es bei der Caring-Dimension von Spiritualität darum, welche Erfahrungen dieser Tiefendimension des Lebens Fachleute und Patienten in der Caring-Situation, also *in der Begegnung selbst,* machen.

Schon wenn die Fachperson das Zimmer betritt und ein erster Augenkontakt zwischen Patientin und Fachperson zustande kommt, ist diese Dimension mit im Spiel. Die Worte, die gewechselt werden, die Stille, die geteilt wird, die Präsenz, die gemeinsam gestaltet wird – die ganze gemeinsame Interaktion ist selbst ein Faktor des Spiritual Caring, das für den Patienten heilsam sein kann.

Die Caring-Dimension von Spiritualität macht deutlich, dass Spiritualität nicht etwas ist, das man geben oder nehmen kann, sondern etwas, was man als ganze Person erfährt, eine Dimension, in die man selbst auch involviert ist. Das gilt genauso für die Patientin wie auch für die Gesundheitsfachperson.

In der Begegnung zweier Menschen in der Caring-Situation ist das größere Leben, von dem Stefan Vanistandael spricht, in Gestalt des anderen Menschen präsent. Die Begegnung selbst ist Einladung und Herausforderung, sich dem größeren Leben zu öffnen. Weil es für beide gilt, transformiert sich die spirituelle Sorge *um den anderen* (Spiritual Care) in ein spirituelles Erleben *durch und mit dem anderem.*

Um die beschriebenen drei Aspekte zu veranschaulichen und zu vertiefen, erzählen wir im Folgenden von Herrn Merz und seiner Begleitung im interprofessionellen Miteinander.

Praxisbeispiel: Herr Merz – Bewegt sein

In Bewegung – so war der athletische junge Mann mit den Tätowierungen an Hals und Armen in seinem Element. Er hat viel trainiert, Fußball gespielt – früher, vor seinem Unfall, der alles verändert hat. Nun liegt er teilgelähmt auf einer Bodenmatte in seinem Zimmer in der Langzeitpflegeinstitution. Seine Kinaesthetics-Trainerin kauert neben ihm. Mit achtsamen Handgriffen bewegt sie behutsam Arme und Beine des Bewohners, der darüber unmittelbar in Tränen ausbricht. „Hat Ihnen das so gefehlt, dass ich Sie so bewege?", fragt ihn seine Trainerin. Es kostet Herrn Merz große Anstrengung, ein klares „Ja" zu formulieren.

Ein Blick zurück: Als junger Familienvater erleidet Herr Merz einen Arbeitsunfall und wird infolge einer Hirnverletzung vollständig und bleibend pflegeabhängig, er kann aufgrund von Lähmungen nicht mehr gehen oder frei sitzen. Auch hat er seine verbale Sprachfähigkeit anfangs vollständig verloren. Inzwischen gelingt bisweilen die Kommunikation mit einem Ja-/Nein-Sprachcode mit Hilfe der Finger, und gelegentlich äußert er ein klares „Ja" oder sogar einzelne Wörter. Gleichwohl strahlt Herr Merz etwas Kraftvolles aus über seine körperliche Präsenz, über die Hardrock-Rhythmen seiner Lieblingsband, die er täglich hört. Ebenso zeigt sich seine Kraft in seinem Verhalten. In der Langzeitpflegeinstitution verhält er sich bisweilen stark herausfordernd: Er beißt, verteilt Fußtritte, provoziert die Pflegenden, indem er beispielsweise gefüllte Tassen absichtlich umwirft, häufig zeigt er sich unzugänglich und abweisend. Oft reagiert er nicht auf Ansprache, öffnet kaum seine Augen, er verhält sich nicht kooperativ bei den Pflegehandlungen der Mitarbeitenden, lehnt Therapie- und Begleitangebote häufig ab.

Seine kleinen Kinder besuchen ihn nur selten, da ihr Vater ihnen fremd geworden ist und sein Verhalten sie verunsichert.

Die Bezugspflegerin von Herrn Merz hat in dem guten Jahr, seit dieser in der Institution wohnt, ein Stück weit eine Vertrauensbeziehung zu ihm aufbauen können. Sie reagiert auf seine Provokationen, indem auch sie ihn gelegentlich provoziert oder herausfordert und ihm damit auch manchmal ein Lächeln entlockt.

Auch ich als Seelsorgerin habe, in Absprache mit der Pflege, vorsichtig, tastend, Sprache suchend, einen Kontakt zum Patienten aufgebaut. Ich spüre aber, wie zerbrechlich das gewachsene Vertrauen des jungen Mannes zu mir ist; ich habe das Gefühl, mich in der Begegnung mit ihm auf dünnem Eis zu bewegen.

Vielleicht ist es gerade diese Wahrnehmung, die mich dazu bewegt, auf die Kinaesthetics-Trainerin zuzugehen, die Herrn Merz auch als Musiktherapeutin begleitet.

Ich weiß von ihr, dass sie den jungen Mann immer wieder gut ansprechen, ja, ihn richtiggehend abholen kann, indem sie mit ihm Stücke aus seiner Musiksammlung hört, entsprechende Songtexte recherchiert und sie mit ihm liest. Sie bemüht sich sogar, als nicht so geübte Gitarristin einige der Lieder begleiten zu lernen und für ihn zu singen. Dabei kommt es zu sehr präsenten und emotionalen Momenten. Doch auch sie bestätigt, dass Herr Merz zunehmend ablehnend auf ihre Besuche bei ihm reagiert und kein Interesse zeigt. Somit ist auch die Musiktherapeutin unsicher im Umgang mit ihm. Sie spiegelt mir im interprofessionellen Austausch ihre Wahrnehmung, dass sich der Bewohner mehr und mehr dem Leben verschließe.

Gleichzeitig sprechen mich mehrere weitere Therapeutinnen und Betreuer auf die Situation von Herrn Merz an und äußern ihre persönliche Betroffenheit darüber.

„Krankheit wird nicht nur in Gestalt von somatischen und psychischen Beschwerden erlebt, sondern – zumindest bei schweren Erkrankungen – auch und vor allem in Gestalt dieser das ganze Leben eines Menschen in Beschlag nehmenden und sein ganzes Erleben kontaminierenden Präsenz." (Fischer, 2017, S. 44). Diese Präsenz, die Fischer beschreibt, kann bei einer schweren Erkrankung oder nach einem einschneidenden Unfall das ganze Fühlen und Denken prägen, sie kann, wie es bei Herrn Merz der Fall zu sein scheint, dazu führen, dass Lebensfreude, Lebendigkeit und das Erleben von Sinnhaftigkeit verloren gehen.

Mit Blick auf die sechs Dimensionen (Glaube/Praktiken, Hoffnungen, Beziehungen, Werte/Aktivitäten, Sinn und Transzendenz) des oben beschriebenen kanadischen Modells „Repères pour l'évaluation en soins spirituels" scheinen bei Herrn Merz drei Dimensionen besonders betroffen zu sein:

- die **Dimension der Beziehung** zu anderen, ihm nahestehenden Menschen, weil er seine Verletzung manchmal so zum Ausdruck zu bringen scheint, dass er sich gerade von diesen aggressiv abwendet, auch von seinen Kindern, die sich nicht dagegen wehren können;
- die **Dimension der Werte/Aktivitäten**, weil er seine Lebendigkeit besonders intensiv und auch alltäglich in der Kraft der Bewegung erlebt hatte. Von dieser Quelle wurde er, und das hat seine Erfahrung wohl noch schwieriger gemacht, von einem Moment auf den anderen abgeschnitten;
- die **Dimension der Transzendenz**, weil er sich immer mehr in sich zurückzuziehen und kaum noch Erfahrungen zu machen scheint, die ihn Verbundenheit erleben lassen.

Das Behandlungsteam erkennt die Verletzung, die sich hinter den aggressiven Äußerungen von Herrn Merz verbirgt, es nimmt seine zunehmende Abkapselung wahr, die sich wie ein Teufelskreis auswirkt und sucht Wege, um ihn in seiner Situation zu unterstützen.

So fragen meine Kollegin und ich uns, ob wir es wagen könnten, gemeinsam eine Begegnung mit dem Bewohner zu gestalten, wie wir das in einer anderen Begleitsituation schon einmal gemacht hatten. Gespräche von uns beiden mit der Bezugspflegerin und Wohngruppenverantwortlichen von Herrn Merz zeigen, dass sie unsere Einschätzungen teilt und ebenfalls Begleitbedarf für Herrn Merz in den existentiellen Herausforderungen des Umgangs mit seiner Lebenssituation sieht. Ich frage sie, ob sie uns darin unterstützen würde. Sie ist gerne dazu bereit.

Wir treffen uns alle im Klangatelier der Stiftung, in dem angenehm gedämpftes Licht herrscht, Musikinstrumente und große Grünpflanzen für eine entspannte und freundliche Atmosphäre sorgen. Die Pflegefachfrau setzt sich dicht neben den Rollstuhl des jungen Mannes und sorgt für eine gute Sitzposition und Lagerung. Sie hat sich versichert, dass er einverstanden ist, uns hier zu begegnen, und hat ihn hierher begleitet.

Im Vorfeld überlegten die Musiktherapeutin und ich uns, welches Thema wir in das Gespräch mit Herrn Merz mitnehmen könnten. Bei dieser Gelegenheit erzählte sie mir von jener eingangs geschilderten Szene, in der so offensichtlich wurde, wie viel körperliche Bewegung dem Bewohner bedeutet. „Da knüpfen wir an", beschließen wir. Und so eröffnet meine Kollegin unser Gespräch, indem sie Herrn Merz nochmals von diesem Schlüsselmoment erzählt. „Das wäre doch jetzt ein schönes Thema für uns", nehme ich den Faden auf. „Bewegung war Ihnen offenbar immer wichtig – stimmen Sie uns zu?" Mit Hilfe seiner Bezugspflegerin kann Herr Merz nach mehreren Versuchen über das Ausstrecken eines Fingers ein „Ja" signalisieren. Unsere Kollegin führt den Faden weiter, indem sie aufnimmt, was sie aus dem Leben von Herrn Merz weiß: „Ich glaube, Sie haben Fußball gespielt, und sind auch ein großer Fan, nicht wahr? Und Sie haben auch sonst intensiv Sport betrieben." Über sorgfältige Nachfrage erfahren wir von Herrn Merz, dass er mehrmals die Woche trainiert hat, joggen und schwimmen ging.

Ich nehme diesen Faden auf: „Von daher kann ich gut verstehen, dass es Ihnen viel bedeutet, wenn Sie von Ihrer Trainerin bewegt werden. Bewegung hat ja mit Körpergefühl, mit ‚sich selber spüren' zu tun. Mit Präsenz und Kraft. Dass Sie sich über alle Veränderungen hindurch etwas Kraftvolles bewahrt haben, habe ich Ihnen schon mehrmals gesagt. Ich habe den Eindruck, Sie zeigen sehr wohl, dass Sie kraftvoll da sind." Schmunzelnd, mit einem Lachen gar, können die beiden Begleiterinnen dies bestätigen. Mit einem klaren Blick und einem schiefen Lächeln geht Herr Merz einen Moment in dieser Heiterkeit mit. „Wissen Sie", sage ich, „Bewegung und Kraft haben ja zu tun miteinander: Es braucht immer eine Kraft, die Bewegung hervorruft." Meine Kollegin fährt fort: „Ja, oder genauer gesagt, mit Impulsen. Während wir hier sitzen, sind Sie ja auch ständig in Bewegung, so wie Sie es oft tun: Sie strecken und beugen ständig Ihr bewegliches Bein", sagt sie und hält den pendelnden Fuß von Herrn Merz. „Und wenn ich Ihren Fuß mit-bewege, mit Ihren Bewegungen mitgehe, gebe ich einen Impuls. Und Sie reagieren wiederum darauf. So sind wir auch auf eine Art im Dialog miteinander."

Die Reihe ist wieder an mir. „Ich habe den Eindruck, wenn Sie sich bewegen können, sind Sie ganz bei sich selber – ja Bewegung gehört zu Ihnen", fahre ich fort. „Und Ihre Trainerin hat heute, mit Blick auf unser Treffen, in Ihrer CD-Sammlung gestöbert und nach einem Song gesucht, den wir miteinander hören könnten." Herr Merz reagiert mit Aufmerksamkeit und einem erfreuten Ausdruck, wir anderen mit einem Lachen, als die Kollegin das zu unserem Thema passende „Es lebe der Sport" einlegt und fragt, ob wir es hören wollen. Wir lassen uns von der Energie des Stücks mitreißen, spüren förmlich die Kraft der Bewegung, die Herr Merz nicht mehr aus eigener Kraft initiieren kann. Wir spüren auch alle die starke Betroffenheit darüber – der junge Mann im Rollstuhl wird einen Moment lang von heftigem Weinen übermannt. Dieser Moment ist für uns alle schwer auszuhalten. Als Herr Merz sich wieder fasst und das Stück ausklingt, fasse ich die Situation zusammen: „Ja", sage ich, „Ihre Tränen, die Emotionen, die gekommen sind, die zeigen doch, dass Sie auch in Ihrem Inneren bewegt sind. Dass Sie als Person bewegt, in Bewegung, lebendig sind." Der junge Mann im Rollstuhl schaut mich bestätigend und mit direktem Blick an.

„Nun nehme ich es doch noch hervor", sage ich, indem ich es zur Hand nehme: das große, bunte Windrad, das ich mitgebracht habe, ohne zu wissen, ob es passt. „Aber es scheint mir zu passen. Denn: Das Windrad ist ja nur in Bewegung, wenn es vom Wind, von einer Kraft von außen, angetrieben wird." Ich versetze es in Bewegung, und während wir den bunten Farben folgen, sage ich, meine Worte suchend, zu Herrn Merz: „Wissen Sie, ich möchte Ihnen gerne so eine Kraft wünschen und zusprechen. So eine Kraft außerhalb von uns selber, auf die auch ich hoffe in allem, was das Leben bringt. Eine starke Lebenskraft, die mich innerlich in Bewegung hält, die mich lebendig hält, die mich mich selber spüren lässt, die mich mich selber sein und bleiben lässt."

Herr Merz ist sichtlich berührt von diesem Gedanken und wird nochmals von Emotionen und Tränen überwältigt. Indem wir alle ein Stück weit mit diesen starken Gefühlen mitgehen, wird etwas von einem Kraftstrom spürbar, der uns alle trägt und mitnimmt.

Schließlich sage ich: „Wenn ich das recht wahrgenommen habe, hat mein Satz ‚bleiben, wer man ist', Sie sehr bewegt." Darauf

reagiert Herr Merz nochmals mit Tränen. „Die Tränen", interpretiere ich, „zeigen es: Sie sind innerlich bewegt, Sie sind da – Sie sind spürbar für uns. Für mich – ja, für uns – ist das immer sehr schön, wenn Sie spürbar da sind."
Als die Tränen schließlich versiegen, wirkt Herr Merz sehr klar und präsent, in sich ruhend, und wir haben alle den Eindruck, dass es ein guter Moment ist, um uns zu verabschieden.

2.2 Der Schmerz der Bewegungslosigkeit und der Spiritual Care-Prozess

Die eingangs erläuterten drei Aspekte der Spiritualität lassen sich aufgrund dieser Erzählung nochmals konkret und anschaulich darstellen:

Die Tiefe des Lebens, wie wir zu Beginn die spirituelle Dimension genannt haben, kann sich unter dem **individuellen Aspekt** bei jedem Menschen ganz anders zeigen und jeder Mensch hat seinen eigenen Zugang zu dieser Dimension. Welche Verbindung ihn trägt, inspiriert oder nährt, hat mit seiner persönlichen Geschichte zu tun, mit Schlüsselmomenten, die ihm einen Zugang zu dieser Dimension geöffnet haben, mit Menschen, die ihn inspiriert haben. Bei Herrn Merz hat diese Verbindung offenbar viel mit Bewegung, mit Körperlichkeit, mit Kraft zu tun.

Er hat viel trainiert, Fußball gespielt – früher, vor seinem Unfall, der alles verändert hat. Nun liegt er teilgelähmt auf einer Bodenmatte in seinem Zimmer in der Langzeitpflegeinstitution. […] Gleichwohl strahlt Herr Merz etwas Kraftvolles aus über seine körperliche Präsenz, über die Hardrock-Rhythmen seiner Lieblingsband, die er täglich hört. Ebenso zeigt sich seine Kraft in seinem Verhalten. In der Langzeitpflegeinstitution verhält er sich bisweilen stark herausfordernd: Er beißt, verteilt Fußtritte, provoziert die Pflegenden, indem er beispielsweise gefüllte Tassen absichtlich umwirft.

In Bewegung konnte er sich spüren, war er zugleich in Verbindung mit anderen Menschen. Die Bewegung hat seinen Alltag geprägt, hat seine Identität zu einem großen Teil ausgemacht. Durch den Unfall wurde sein „mit-der Welt-verbunden-sein" zutiefst verletzt, ja, in seiner Wahrnehmung vielleicht sogar zerstört. Aus dem Gefühl dieser Verletzung heraus konnte er wohl kaum anders, als selbst verletzend mit seiner Umwelt in Verbindung zu kommen. Wenn wirklich *seine* Spiritualität im Fokus sein soll, ist es wichtig, sie auch da zu erkennen und anzuerkennen, wo sie sich für seine Umgebung als schwierig und destruktiv auswirkt, in seinen Fußtritten und in seinen Störmanövern. Gerade am Umgang mit sogenannten schwierigen Verhaltensweisen zeigt sich, ob nur ganz bestimmte Bilder und Formen von Spiritualität erlaubt sind, Formen, die vielleicht mehr mit Harmonie, Frieden und Stille zu tun haben als mit Irritation, Aggression und unbändiger Kraft.

Schließlich sage ich: „Wenn ich das recht wahrgenommen habe, hat mein Satz ‚bleiben, wer man ist', Sie sehr bewegt." Darauf reagiert Herr Merz nochmals mit Tränen. „Die Tränen", interpretiere ich, „zeigen es: Sie sind innerlich bewegt, Sie sind da – Sie sind spürbar für uns. Für mich – ja, für uns – ist das immer sehr schön, wenn Sie spürbar da sind."

Offensichtlich hat die Aussage „bleiben, wer man ist" Herrn Merz auch in seiner Spiritualität berührt, eine Sehnsucht von ihm geweckt: Die Sehnsucht, wieder in Kontakt zu kommen mit der Dimension, die ihn früher seine Lebendigkeit, die Verbindung mit anderen spüren ließ. Die Zuwendung der Begleiterinnen, das Bewegen seiner Füße, das Anerkennen seiner Kraft auch in einer veränderten körperlichen Verfassung, ermöglichte es ihm, in einen bewussten Kontakt mit seiner Spiritualität zu kommen. Darauf reagierte er mit starken Emotionen. Darin zeigte sich die integrierende Seite von Spiritualität, die hier durch die Emotionen ihre Wirkung entfalten kann.

Unter dem **interprofessionellen Aspekt** ist für die spirituelle Begleitung das Gespräch unter den Fachleuten grundlegend. Dafür müssen sich die Fachleute zuerst auf die Situation des Gegenübers einlassen und ein Verständnis seiner Nöte suchen, das ihm entspricht: „[...] rather to help carers to recognize the uniqueness of the illness experience of patients." (... vor allem den Betreuern zu helfen, die Einzigartigkeit der Krankheitserfahrung der Patienten zu erkennen). So haben es die Expertinnen und Experten im Oxford Textbook of Spirituality in Healthcare formuliert. Und weiter: „You need to come close to understand me. Coming close and understanding is the essence of healthcare spirituality and good spiritual care." (Du musst näherkommen, um mich zu verstehen. Nähe und Verständnis ist die Essenz der Gesundheits-Spiritualität und guter spiritueller Betreuung. [Übers. d. A.]) (Swinton, 2012, S. 103).

Wenn Spiritualität „genau" und ausschließlich das ist, was der Patient dafür hält, wie Traugott Roser festhält (Roser et al., 2014), dann muss es in der Begleitung darum gehen, an seinem Verständnis, seiner Suche, seinen Anliegen anzuknüpfen.

Die Begleitpersonen müssen die Spiritualität der Patientin oder des Bewohners nicht unbedingt verstehen (das ist gar nicht immer möglich), aber sie sollten diese wahrnehmen und anerkennen. Die Begleiterinnen von Herrn Merz müssen Fußball oder Rockmusik weder lieben noch wirklich verstehen, aber sie sollen realisieren, wie wichtig *ihm* Fußball und Rockmusik sind. Manchmal ist diese Anerkennung gar nicht so einfach, wenn man beispielsweise mit Rockmusik, besonders wenn sie laut und „dreckig" ist, nichts anfangen kann oder sie einem sogar widerstrebt. Das ist genau einer der Gründe, warum der Austausch im Team so wichtig ist, weil sich vielleicht jemand findet, der die Rockmusik selbst schätzt und der von daher eine Brücke bauen kann, dass man die Rockmusik wirklich lieben *kann*.

Ich weiß von ihr [der Kinaesthetics-Trainerin], dass sie den jungen Mann immer wieder gut ansprechen, ja, ihn richtiggehend abholen kann, indem sie mit ihm Stücke aus seiner Musiksammlung hört, entsprechende Songtexte recherchiert und mit ihm liest. Sie bemüht sich sogar, als nicht so geübte Gitarristin einige der Lieder begleiten zu lernen und für ihn zu singen.

Im Fokus steht also die individuelle Spiritualität von Herrn Merz und damit verbunden das Anliegen, dass er *seine* Verbindung erleben, stärken oder auch weiter entwickeln kann, und zwar genau in dem Maß, wie er das selbst will.

Die Pflegefachfrau setzt sich dicht neben den Rollstuhl des jungen Mannes und sorgt für eine gute Sitzposition und Lagerung. Sie hat sich versichert, dass er einverstanden ist, uns hier zu begegnen, und hat ihn hierher begleitet.

Weil jede Fachperson besondere Erfahrungen mit Herrn Merz gemacht und verschiedene Facetten von ihm kennengelernt hat, ist es so wichtig, sich auszutauschen, gemeinsam ein detaillierteres, facettenreicheres Bild zu erhalten, als es jede oder jeder nur für sich selbst könnte. Aus diesem gemeinsamen Verständnis heraus lassen sich auch Wege der Unterstützung entwickeln.

Im Vorfeld überlegten die Musiktherapeutin und ich uns, welches Thema wir in das Gespräch mit Herrn Merz mitnehmen könnten. Bei dieser Gelegenheit erzählte sie mir von jener eingangs geschilderten Szene, in der so offensichtlich wurde, wie viel körperliche Bewegung dem Bewohner bedeutet. „Da knüpfen wir an", beschließen wir.

Anknüpfen bedeutet, mit dem in Kontakt zu sein, was für den Patienten im Moment wichtig ist. Was daraus geschieht, ist zunächst einmal offen. Die Spiritualität des anderen zu unterstützen setzt voraus, dass wir uns eingestehen, nicht zu wissen, wohin die Reise gehen wird. „Wanderer, da ist kein Weg, Wege entstehen im Gehen." („Caminante, no hay camino, se hace camino al andar." Machado, 2007, XXIX) Gemäß dieser Gedichtzeile von Antonio Machado ist der Weg nicht vorgegeben, sondern er kann, wie auch die Perspektive, wohin die Reise gehen könnte, nur mit dem Patienten zusammen entwickelt bzw. gefunden werden. Darin kommt zum Ausdruck: Aufgabe der Spiritual Care ist es, dass der Patient *selbst* seinen persönlichen Weg finden und gehen kann.

Unter dem **Caring Aspekt** schließlich ist folgende Szene der Geschichte besonders eindrücklich:

„Nun nehme ich es doch noch hervor", sage ich, indem ich es zur Hand nehme: das große bunte Windrad, das ich mitgebracht habe, ohne zu wissen, ob es passt. „Aber es scheint mir zu passen. Denn: Das Windrad ist ja nur in Bewegung, wenn es vom Wind, von einer Kraft von außen, angetrieben wird." Ich versetze es in Bewegung, und während wir den bunten Farben folgen, sage ich, meine Worte suchend, zu Herrn Merz: „Wissen Sie, ich möchte Ihnen gerne so eine Kraft wünschen und zusprechen. So eine Kraft außerhalb von mir selber, auf die auch ich hoffe in allem, was das Leben bringt. Eine starke Lebenskraft, die mich innerlich in Bewegung hält, die mich lebendig hält, die mich mich selber spüren lässt, die mich mich selber sein und bleiben lässt."
Herr Merz ist sichtlich berührt von diesem Gedanken und wird nochmals von Emotionen und Tränen überwältigt. Indem wir alle ein Stück weit mit diesen starken Gefühlen mitgehen, wird etwas von einem Kraftstrom spürbar, der uns alle trägt und mitnimmt."

Ein zentrales Thema in der Begleitung von Herrn Merz ist die Bewegung. Dabei geht es nicht nur um die Bewegung, die bei Herrn Merz verlorengegangen ist und die wiederzufinden, wenn auch in anderen Formen als bisher, ein wichtiges Thema des Weges zu sein scheint. Auch in den Begegnungen selbst zwischen den Fachleuten und Herrn Merz wird viel Bewegung sichtbar und spürbar.

Der Caring-Aspekt zeigt sich im Geschehen, das sich im Moment der Begegnung selbst vollzieht. Indem „etwas von einem Kraftstrom spürbar" wird, der „alle trägt und mitnimmt", realisiert sich die Bewegung, von der die Beteiligten sprechen im Geschehen, bei dem alle beteiligt sind. In gewisser Weise sind die Unterschiede von Care-Geberin und Care-Empfänger in dieser Bewegung aufgehoben, weil alle zu Empfängern eines gemeinsamen Geschehens werden. Weil die Fachleute selbst sich dieser Dimension gegenüber öffneten, wurde die zentrale Dimension der Spiritualität von Herrn Merz, die er in der bisherigen Form verloren hatte, auf eine andere Art in der Begegnung selbst erlebbar. Es braucht Mut und Hingabe von allen Beteiligten, damit dies geschehen kann, was der amerikanische Volksmund „you have to democratice the encounter" (du musst die Begegnung demokratisieren [Übers. d. A.]) nennt: eine zutiefst demokratische, gleichrangige, offene, eine wahrhaft menschliche Begegnung.

Literatur

Bélanger, B., Beauregard, L., Bélanger, M. & Bergeron, C. (2020). The Quebec model of recording Spiritual Care. Concepts and guidelines. In S. Peng-Keller & D. Neuhold (Eds.), *Charting Spiritual Care – The Emerging Role of Chaplaincy Records in Global Healthcare* (pp. 54–74). Berlin: Springer [in Vorbereitung zum Druck].

Bundesamt für Gesundheit & Schweizerische Konferenz der kantonalen Gesundheitsdirektorinnen und -direktoren (Hrsg.). (2010). *Nationale Leitlinien Palliative Care. Bern.* Verfügbar unter https://www.palliative.ch/fileadmin/user_upload/palliative/fachwelt/H_%20Downloads/Nationale_Leitlinien_PC_de.pdf

Deutsche Gesellschaft für Palliativmedizin, Deutscher Hospiz- und PalliativVerband & Bundesärztekammer. (2019). *Charta zur Betreuung schwerst-*

kranker und sterbender Menschen in Deutschland. Zugriff am 15. Oktober 2019 unter https://www.charta-zur-betreuung-sterbender.de/die-charta.html

Machado, A. (2007). *Campos de Castilla.* New York: Dover Publications.

Fischer, J. (2017). Über die spirituelle Dimension der Medizin. In I. Noth, G. Wenz & E. Schweizer (Hrsg.), *Pastoral and Spiritual Care Across Religions And Cultures. Seelsorge und Spiritual Care in interkultureller Perspektive* (S. 39–58). Göttingen: Vandenhoeck & Ruprecht.

Odier, C., Neuenschwander, H., Pétremand, D. & Fuchs, C. (2010). BIGORIO 2008. Empfehlungen zu Palliative Care und Spiritualität. Konsens zur „best practice" für Palliative Care in der Schweiz. *palliative.ch, Zeitschrift der Schweizerischen Gesellschaft für Palliative Medizin, Pflege und Begleitung, 1,* 1.

Peng-Keller, S. (2019). Interprofessionelle Spiritual Care im Kontext von Palliative Care - Erläuterungen zu den neuen Leitlinien von palliative ch. *palliative ch, Zeitschrift der Schweizerischen Gesellschaft für Palliative Medizin, Pflege und Begleitung, 2,* 36–39.

Roser, T. & Gratz, M. (2014). Spiritualität in der Sterbebegleitung. In S. Kränzle, U. Schmid & C. Seeger (Hrsg.), *Palliatitive Care: Handbuch für Pflege und Begleitung* (S. 57–63). Berlin/Heidelberg: Springer.

Roy, L. (2014). *L'expérience de transcendance/phénoménologie et analyse critique.* Paris: Editions Médiaspaul.

Swinton, J. (2012). Healthcare spirituality: a question of knowledge. In M. Cobb, C. M. Puchalski & B. Rumbold (Eds.), *Oxford Textbook of Spirituality in Healthcare.* (p. 102). Oxford: Oxford University Press.

Vanistandael, S. (2007). *Spirituality in Palliative Care. Resilience and the search for meaning.* Beitrag präsentiert in der Launde Abbey, Leicestershire.

World Health Organization. (2002). *WHO Definition of Palliative Care.* Zugriff am 15. Oktober unter http://www.who.int/cancer/palliative/definition/en/

Fensterbeitrag Begegnungsmimin und Pantomimin: „Achtsam und mit wachen Sinnen"

Katharina Fedier Schwitter

Als Begegnungsmimin „Aurikla" **(Abb. 2-2)** besuche ich seit vielen Jahren alte, kranke und insbesondere demenzbetroffene Menschen in verschiedenen Alters- und Pflegezentren in der Schweiz. Ein kleines Akkordeon ist mein stetiger Begleiter, mit dessen Klängen ich die zartheiteren Besuche untermale. Diese wiederkehrenden Begegnungen gestalte ich achtsam und mit wachen Sinnen. Stets bin ich darauf bedacht, mit meinem Spiel Ruhe und Geborgenheit auszustrahlen.

Ich begegne den Bewohnerinnen wertschätzend und achte stets darauf, was mein Handeln bei ihnen auslöst. Ich bin gegenwärtig. Es gibt kein Zuvor und Danach, nur ein Jetzt. Ein zeitloser Raum entsteht, der Platz bietet, um einfach sein zu können. So kann sich sanfte Heiterkeit verbreiten und das Wahre, Gefühlvolle und Spontane kann in natürlicher Weise daraus hervorgehen. Seelenschmerz verwandelt sich in friedvolle Ruhe, Gelassenheit und auch Gewissheit.

Abbildung 2-2: Achtsame Begegnung (Quelle: Alterssiedlung Bodmer, Chur)

Bei diesen Zusammentreffen sind viele berührende Geschichten entstanden. Herzergreifende Situationen, die den spirituellen Aspekt in seiner Schlichtheit zum Ausdruck bringen. Ich versuche also nicht nur, die Bewohner zu bewegen, auch mich berühren diese Begegnungen immer wieder. Spiritualität ist ein wechselseitiges Geschehen. Sie trifft den Kern des Lebens.

Schmetterling

Anlässlich eines Besuchs in einem kleinen Altersheim in den Bündner Bergen erlebte ich einen zartgliedrigen Mann. Er war sehr in sich zurückgezogen. Sein verschlossener Körperausdruck ließ erkennen, dass ihm kein Kontakt zur Außenwelt möglich war. Mit eingefallenem Brustkorb senkte er den Kopf Richtung Boden. Ein Gefühl von Trauer und Schwermut nahm ich bei ihm wahr. Während meines Besuchs beobachtete ich ihn von Weitem und versuchte, ihn anhand meiner vorgesungenen Lieder sorgfältig miteinzubeziehen. Es gelang mir nur teilweise. Beim Verabschieden kniete ich vor ihn hin und berührte sachte seine Hand. Dabei sagte ich: „Auf Wiedersehen." Kaum eine Reaktion war spürbar.

Bei den nachfolgenden Besuchen versuchte ich achtsam Nähe aufzubauen. Ich begrüßte ihn mit einem „Hallo" während ich meine Hand auf seine Hand legte. Und plötzlich fing er an, Regung zu zeigen. Er hob leicht den Kopf und schaute mir in die Augen. Auf meine Frage, wie er sich heute fühle, meinte er: „Ich bin traurig. Ich vermisse meine Frau, die vor kurzer Zeit gestorben ist." Ich fragte, ob er Musik möge und ich ihm ein Lied auf dem Akkordeon vorspielen und singen dürfe. Mit einer leicht apathischen Stimme meinte er: „Ja, wenn du willst." Ich setzte mich ihm gegenüber, sodass wir den Blickkontakt halten konnten, und sang für ihn ein ruhiges Schweizer Volkslied. Zwischendurch berührte ich sachte seine Hand. Er erwiderte meine Berührung mit einem kleinen Impuls. Daraus entstand ein feines Zusammenspiel unserer Hände und Arme zum Rhythmus der Musik. Sein Blick veränderte sich. Aus seinen Augen erstrahlte ein zarter Glanz.

Auch bei den darauffolgenden Besuchen war diese Veränderung wahrnehmbar. Bereits bei meinem Eintreten in den Wohnraum folgte er mir mit seinen Augen und bei der persönlichen Begrüßung schenkte er mir ein Lächeln. „Schön, dass Du wieder da bist!", meinte er zu mir. Nach wie vor war er eine stille Person mit eingefallener Körperhaltung. Mein Singen und Musizieren genoss er aber sichtlich und freute sich über die bunten Seifenblasen, die ich manchmal in die Luft blies. Lächelnd versuchte er sie mit seinen Händen einzufangen.

Eines Tages hielt er beim Verabschieden meine Hand länger als sonst und schaute mir dabei tief in die Augen. Er sagte: „Tschüss Schmetterling! Das nächste Mal, wenn du wiederkommst, werde ich nicht mehr da sein. Du wirst mich bald vergessen – aber ich werde immer an dich denken!"

Bei meinem nächsten Besuch war sein Stuhl leer.

Heilsame Tränen

Anlässlich eines Besuchs auf der Onkologie-Abteilung in einem großen städtischen Krankenhaus war ich mit dem Akkordeon auf den Korridoren der einzelnen Stationen unterwegs. Ich befand mich in einem langen, kahlen und menschenleeren Gang. Ich setzte mich auf eine Bank und spielte behutsam eine Musette, eine französische Melodie.

Plötzlich öffnete sich die Zimmertür neben mir und eine Patientin kam mit schwerfälligem Gang auf mich zu und schaute mich mit ihren ausdrucklosen Augen an. Sie setzte sich neben mich auf die Bank, ihren Blick richtete sie an die gegenüberliegende Wand. Unverhofft fing sie an zu weinen. Ich unterbrach mein Spiel und drehte mich zu ihr um.

„Spielen Sie weiter, bitte!", sagte sie flehend.

Die Tränen flossen über ihre Wangen, während ich wortlos weiterspielte. Ich spielte – sie weinte. Die zarten Töne umhüllten uns beide und wir waren ganz präsent in diesem einzigartigen Moment.

Nach einer Weile trocknete sich die Frau ihre Augen mit einem Taschentuch, während sie sich zu mir umdrehte. Ihre Augen strahlten Frieden aus. Mit einem Dankeschön stand sie auf, ging zurück in ihr Zimmer und schloss die Türe hinter sich zu.

Fensterbeitrag Aktivierungsfachfrau: „Unterwegs zu Sinnhaftigkeit und Hoffnung“

Sandra Roth

Als Aktivierungsfachfrau arbeite ich im Bereich der Langzeitpflege in einem Alters- und Pflegeheim in Basel. In meinem Berufsalltag erlebe ich täglich Momente, die ich als spirituell empfinde.

Der Begriff Spiritualität ist für mich schwer zu definieren und – mehr noch – einzugrenzen. Aus meiner Sicht ist sie etwas sehr Persönliches und Individuelles. Jeder Mensch lebt seine eigene Spiritualität, ob bewusst oder unbewusst. Sie trägt als Dimension zur menschlichen Ganzheit bei, ist dabei mit allen anderen Dimensionen verbunden und hat dementsprechend Einfluss auf diese. Wenn ich an mein Berufs- oder auch Privatleben denke, verbinde ich Spiritualität mit dem Gefühl von Hoffnung und Sinnhaftigkeit, sie stellt für mich eine Kraftquelle dar.

In meiner Arbeit als Aktivierungsfachfrau gehe ich mit einer therapeutischen Grundhaltung auf die Bewohnerinnen und Bewohner zu. Mit dieser Grundhaltung ermögliche ich meinem Gegenüber, selbst auf eine Lösung zu kommen, sich selbst als wirksam zu erleben und im besten Fall einen Sinn zu sehen, wenn auch nur für einen Moment. Erfahrungsgemäß sind es sehr kurze, aber intensive Momente. Zur Illustration möchte ich auf zwei konkrete Beispiele aus meiner Praxis eingehen.

Das erste Beispiel handelt von einer Bewohnerin, die Ende letzten Jahres gemeinsam mit ihrem Ehemann ins Alters- und Pflegeheim eintrat. Ich lernte sie kennen, als sie nach dem Tod ihres Ehemannes von einem Doppel- in ein Einzelzimmer auf die Abteilung zog, für die ich zuständig war.

Ich besuchte sie in ihrem Zimmer, mit dem Bewusstsein, dass sie sich aufgrund dieser Geschehnisse in einer Krisensituation befinden könnte. Und so schien es auch. Sie saß in ihrem Sessel und schaute zum Fenster hinaus. Sie bot mir an, mich auf ihr Bett zu setzen, da alles andere noch mit gepackten Kisten besetzt war. Auf die Frage, ob ich ihr in diesem Moment etwas Gutes tun könne, begann sie zu weinen. Sie wirkte sehr verzweifelt und gewährte mir Einblick in ihre momentane Gefühlswelt.

Sie erzählte, dass sie sich große Vorwürfe mache, weil sie ihrem Ehemann auf seinem letzten Weg nicht beistehen konnte. Ich sprach kein Wort, hörte aktiv zu und versuchte positiv behaftete Themen wahrzunehmen. Ihre Familie schien ein solches Thema zu sein. Ich zeigte Verständnis für ihre momentane schwierige Situation und sprach sie wiederholt auf ihre Familie an. Sie wusste sehr viel zu erzählen, sprach über ihre Kinder, Enkelkinder und Urenkel. Und wieder sah ich es als wichtig an, ihr einfach zuzuhören und ihr dabei genügend Raum für aufkommende Gefühle zu geben.

Je mehr sie von ihrer Familie sprach, desto mehr verschwanden ihre Sorgenfalten und in ihren Augen zeigte sich ein feines Lächeln. Aus diesem Lächeln wurde bald ein ansteckendes Lachen, woraus schnell ein gemeinsames Lachen entstand. Die Bewohnerin wirkte überrascht über sich selbst und war fähig, große

Freude über ihre Familie und deren Zusammenhalt auszusprechen.

Für mich war in diesem Moment Spiritualität erlebbar. Meine Grundhaltung, das aktive Zuhören und das Zurücknehmen meiner Person halfen der Bewohnerin, Zugang zu ihrer Spiritualität zu finden. In ihren Worten waren Hoffnung und Sinnhaftigkeit spürbar. Ich wusste sogleich: In Trauermomenten, die sie auch weiterhin begleiten würden, konnte sich die Bewohnerin mit dem Thema Familie wieder selbst Hoffnung schenken: Sie sah einen Sinn in ihrem Dasein als Mutter, Großmutter und Urgroßmutter.

Mein zweites Beispiel stammt aus einer geschützten Wohngruppe im selben Alters- und Pflegeheim. In dieser Wohngruppe wohnen Menschen mit einer weit fortgeschrittenen Demenz. Hoffnung und Sinnhaftigkeit zu spüren, fällt mir bei diesen Menschen besonders schwer. Durch längeres Ausprobieren und Reflektieren entstand ein festes Gruppenangebot namens „Sang und Klang" zum gemeinsamen Singen in Begleitung einer Veeh-Harfe. Die Musik bot sich für diese Bewohnerinnen und Bewohner an, da ich sie damit dort abholen konnte, wo sie sich in ihrer Welt gerade befanden. Die Musik machte es ihnen möglich, Momente des Gelingens und der Selbstwirksamkeit zu erleben.

Im Blick hatte ich eine bestimmte Bewohnerin. Sie saß im Rollstuhl, ihr Hör- und Sehvermögen war stark eingeschränkt und es schien, dass sie mit gewöhnlicher Kommunikation kaum mehr erreicht werden konnte. Weder beim gemeinsamen Singen noch zu den Klängen der Veeh-Harfe zeigte sie eine sichtbare Reaktion.

Eines Tages spielte ich zum Ausklang das Lied „Lueget vo Bärge und Tal", als ich plötzlich die Stimme dieser Bewohnerin hörte: Sie sang die erste Strophe mit, danach wandelte sich ihr Singen in ein leises Summen. Das Lied hatte offenbar eine besondere Wirkung auf sie. Von da an band ich es in das Gruppenangebot mit ein oder spielte es ihr an ihrem Bett vor. Jedes Mal, wenn sich ihre Lippen bewegten, sie wieder mitsang oder mitsummte, bekam ich Gänsehaut: Für einen Augenblick schien die Bewohnerin im Hier und Jetzt zu sein, sich darin als wirksam zu erleben und somit einen Sinn in ihrer Existenz zu verspüren.

Abgesehen von dem spirituellen Anteil, den musikalische Aktivitäten ohnehin in sich tragen, konnte ich in diesem Beispiel ein besonders hohes Maß an Spiritualität wahrnehmen. Ich war auf eine Möglichkeit gestoßen, mit der die spirituellen Anteile dieser Bewohnerin gestärkt werden konnten. Sie konnte ihr auch auf ihrem weiteren Lebensweg Hoffnung und Kraft schenken.

Es ist ein unglaublich schönes Gefühl, den Menschen bei ihrer Sinnfindung und dem Verspüren von Hoffnung Unterstützung bieten zu können.

3 Praktische Umsetzung interprofessioneller Spiritual Care

3.1 Spirituelle Anliegen und Bedürfnisse wahrnehmen

Die Frage, wie man spirituelle Bedürfnisse und Anliegen von Bewohnerinnen und Patienten wahrnehmen kann, um sie in der Begleitung berücksichtigen zu können, wurde in den letzten Jahren im Gesundheitswesen vieler Länder immer wichtiger (zu nennen sind insbesondere die USA, aber auch Kanada und Australien sowie in Europa Holland und Belgien). Das hat mit dem Verständnis von Spiritualität als Dimension von Gesundheit und Lebensqualität zu tun: Dieses wurde durch viele Forschungsarbeiten gefördert und wirkt sich auf das interprofessionelle Aufgabenverständnis von Spiritual Care aus.

Gerade dieses interprofessionelle Verständnis macht es nötig, eine Herangehensweise zu finden, welche die Zusammenarbeit der verschiedenen Berufsgruppen unterstützt. Weltweit die meisten Impulse zu einer interprofessionellen Vorgehensweise kommen aus den USA. Die dortige Entwicklung begann bereits vor rund 40 Jahren, als zuerst durch Fachpersonen der Seelsorge, zunehmend aber auch von anderen Fachleuten im Gesundheitswesen Instrumente entwickelt wurden, um die Spiritualität der Patientinnen und Bewohner als wichtigen Faktor für Krankheit und Gesundheit wahrzunehmen und in die Gesundheitsversorgung zu integrieren. Eine sehr gute Übersicht über die Entwicklung in den USA findet sich in einem Artikel der Soziologin Wendy Cadge (Cadge & Bandini, 2015).

In vielen amerikanischen Gesundheitseinrichtungen wurde ein dreistufiges Verfahren entwickelt mit den Schritten „Screening“, „Spiritual History“ und „Spiritual Assessment“ (Cadge et al., 2015, S. 6). Während es beim sehr kurzen Screening nur darum geht, festzustellen, ob Spiritualität für die betreffende Person in der gegenwärtigen Situation wichtig ist und ob es weitere Abklärungen braucht, geht es bei der Spiritual History in einem Interview darum, die Spiritualität des Patienten näher kennenzulernen und dabei insbesondere seine Bedürfnisse und Ressourcen zu eruieren. Das Spiritual Assesssment schließlich ist das Instrument der spirituellen Spezialistinnen, der Fachpersonen der Seelsorge (amerikanisch chaplaincy), das als methodische Grundlage für die vertiefte spirituelle Begleitung dient. Für die verschiedenen Stufen wurden bis heute mehr als 50 Instrumente mit einer großen methodischen Bandbreite entwickelt. Besonders wirksam wurden zwei Interviewfragebogen: der FICA-Fragebogen, der mit dem Akronym SPIR ins Deutsche übertragen wurde (Riedner & Hagen, 2011) sowie der HOPE-Fragebogen (Anandarajah & Hight, 2001).

Wenn man die Entwicklung in den USA mit europäischen Ländern vergleicht, ist es spannend zu sehen, wie sich in den unterschiedlichen regionalen Kontexten unterschiedliche

Herangehensweisen etabliert haben. Das hat mit dem unterschiedlichen kulturellen Verständnis von Spiritualität und den unterschiedlichen gesellschaftlich-religiösen Hintergründen zu tun. Beispielsweise lautet in den USA in einem der am meisten verbreiteten Assessmentinstrumente, dem erwähnten FICA, die erste Frage des strukturierten Interviews: „Würden Sie sich als spirituell oder religiös bezeichnen?" („Do you consider yourself spiritual or religious?") (Puchalski & Romer, 2000).

In Westeuropa hingegen wären viele Patienten wohl irritiert, wenn sie von Gesundheitsfachleuten so direkt über ihre Spiritualität befragt werden würden. Die Autoren einer Studie in England berichten, dass Patientinnen am Lebensende die offenere Frage des Arztes: „Sind Sie im Frieden?" als Frage nach der spirituellen Dimension verstanden und positiv darauf reagierten. Die Frage ermöglichte es den Patienten, differenziert über ihre spirituellen Bedürfnisse und auch Ressourcen ins Gespräch mit der Ärztin zu kommen (Steinhauser et al., 2006).

Und während in den USA das Assessment als wichtiges Instrument dazu dient, die spirituelle Dimension in den medizinischen Behandlungsplan zu integrieren (Puchalski, Ferell, Virani, Otis-Green & Baird, 2009), wird diese Form der Integration der spirituellen Dimension in die Prozesse der Gesundheitsversorgung in Westeuropa oft als zu einengend im Sinne von medikalisierend kritisiert. „Patientinnen und Patienten wünschen sich nicht noch eine zusätzliche religiös-spirituelle Diagnose. Vielmehr ist ihnen wichtig, vom Gesundheitswesen und den darin arbeitenden Personen primär als Menschen und nicht als Patienten wahrgenommen, das heißt, nicht auf ihre Krankheit und auf Symptome reduziert zu werden." (Pujol, Jobin & Beloucif, 2016, S. 737).

Entsprechend unterschiedlich ist auch die Integration der spirituellen Dimension innerhalb des Gesundheitswesens und in der interprofessionellen Zusammenarbeit. Während in den USA die Joint Commission on Accreditation of Healthcare (JCAHO), welche die meisten amerikanischen Spitäler und viele weitere Gesundheitseinrichtungen akkreditiert, seit 2001 das spirituelle Assessment auf der Basis der geforderten Integration der spirituellen Dimension in die Gesundheitsversorgung als wichtiges Instrument empfiehlt, fehlen ähnliche Vorgaben des Gesundheitswesens in Westeuropa weitestgehend.

Auch wenn wir in Europa vieles aus dem amerikanischen Kontext lernen können, was die Selbstverständlichkeit der Integration der spirituellen Dimension in die Unterstützung von Patientinnen und Bewohnern betrifft, und auch, was den professionellen Standard und die interprofessionelle Vorgehensweise anbelangt: Viele der in den USA üblichen Assessmentinstrumente sind wohl nicht direkt für den Schweizer Kontext geeignet. Dies, weil sie für Westeuropa unübliche Sprachcodes verwenden, aber auch, weil generell die Erhebung von spirituellen Bedürfnissen mit Hilfe eines Interviews nicht passend erscheint. Es sei an dieser Stelle aber auch darauf hingewiesen, dass in den USA neben den klassischen Interviewleitfäden auch ganz andere Assessmentinstrumente entwickelt wurden, die wiederum für den Schweizer Kontext sehr spannend sind (vgl. dazu die ausgezeichnete Zusammenstellung bei Hodge, 2004).

Wie also können Gesundheitsfachleute in Westeuropa mit Patientinnen und Patienten so über deren spirituelle Anliegen und Bedürfnisse sprechen, dass es sowohl für die Gesundheitsfachpersonen als auch für die Patienten passend ist? Welche Vorgehensweise, welche Sprache ist hilfreich? Und zuallererst: Wie können Gesundheitsfachleute spirituelle Anliegen und Bedürfnisse von Bewohnerinnen und Patienten überhaupt erkennen? Das sind die Fragen, denen wir in diesem Kapitel nachgehen.

Wir gehen davon aus, dass ein Ansatz, der bei der Wahrnehmung möglicher spiritueller Bedürfnisse ansetzt, oft besser geeignet ist, die Spiritualität von Patientinnen und Bewohnern in die Betreuung zu integrieren, als eine standartisierte Form des Befragens. Eine Befragung setzt voraus, dass die befragte Person ein Verständnis ihrer Spiritualität formulieren kann, was oft nicht der Fall ist. Zudem setzt sie auf einer kognitiven Ebene an, die manchmal gerade von den Bedürfnissen wegführen kann. Wir stellen deshalb ein Instrument vor, welches die Wahrnehmung der Gesundheitsfachleute bilden und vertiefen soll und an die sich dann, aber erst als zweiter Schritt des Vorgehens, ein klärendes Gespräch anschließt. Es ist das „Indikationen-Set für Spiritual Care und Seelsorge“ (Aebi et al., 2019), dessen Entwicklung wir initiiert haben. Das Indikationen-Set folgt einem phänomenologischen Ansatz, das heißt es werden Phänomene beschrieben, denen Gesundheitsfachleute in der Betreuung begegnen und die mit dem Indikationen-Set in einen Deutungsrahmen gestellt werden. Ein teilweise vergleichbarer Ansatz wurde mit dem Schweizer Assessmentinstrument NASCA gewählt, das, insbesondere für den Langzeitpflegebereich jene Wahrnehmungen beschreibt, die dem Betreuungsteam als Anlass dienen, um die spirituellen Bedürfnisse von Menschen zu evaluieren (Pilgram-Frühauf & Schmid, 2018).

Wichtig war uns, dieses Instrument im intensiven Austausch mit Gesundheitsfachleuten zu entwickeln. Es sollte ein Instrument entstehen, das für Gesundheitsfachleute leicht verständlich ist und zugleich ihre Wahrnehmung berücksichtigt. Anders als ein Fragenkatalog dienen Indikationen dazu, in eine offene Gesprächssituation eintreten zu können, welche die Wahrnehmung als Anlass nimmt, um sich mit Patientinnen und Patienten auf einen Weg mit offenem Ausgang einzulassen.

Wir werden im Folgenden zunächst die Situation von Herrn Kaufmann schildern und dabei die Bemühungen des Behandlungsteams ins Zentrum rücken, das versucht, seine spirituellen Bedürfnisse zu verstehen und ihn darin zu unterstützen. Daran anschließend stellen wir das eben erwähnte Indikationen-Set für Spiritual Care und Seelsorge vor, seine Entstehungsgeschichte sowie die Verwendung des Sets im Betreuungsalltag.

Wir kommen dann auf die Situation von Herrn Kaufmann zurück und zeigen, wie das Indikationen-Set die Wahrnehmung der Anliegen von Herrn Kaufmann und seine Begleitung unterstützen kann. Dabei bilden aus unserer Sicht zwei Schritte die Grundlage für die spirituelle Begleitung: Als erster Schritt erfolgt die genaue Wahrnehmung der Phänomene und ausgelöst dadurch als zweiter Schritt der Dialog mit dem Patienten, der in seine Welt hineinführt. Dies entspricht dem Vorgehensvorschlag, wie er in den Leitlinien Spiritual Care von palliative ch formuliert wurde:

„Um religiös-spirituelle Überzeugungen und Wünsche aktiv in die Palliative Care einzubeziehen und Entscheidungen treffen zu können, bieten sich für die verantwortlichen Fachpersonen zwei unterschiedliche, sich ergänzende Wege an: die achtsame Wahrnehmung und der Weg des direkten Ansprechens und Erfragens.“ (palliative ch, 2018, S. 11)

Damit dieses direkte Ansprechen und Erfragen und damit auch die vertiefte Klärung spiritueller Bedürfnisse gelingt, ist aus unserer Sicht die Vorgehensweise des Dialogs wesentlich. Der Dialog ist keine Expertenberatung, sondern das gemeinsame Unterwegssein von gleichgestellten Menschen angesichts einer Herausforderung, die beide betrifft – wenn auch auf unterschiedliche Weise. Wir werden einige Dimensionen des Dialogs näher darstellen, die wir in diesem Zusammenhang für wesentlich halten.

Praxisbeispiel: Herr Kaufmann – Lass uns reden

Es ist eine ganz besondere Form der Kommunikation, wenn der seit Geburt an Beinen und Armen gelähmte Herr Kaufmann mit seinem Gegenüber im Gespräch ist: Er tut dies mit seinem ungefähr 450 Piktogramme enthaltenden Kommunikationsordner. Gespannt verfolge ich, wie der 55-Jährige, der bis auf Ja- und Nein-Äußerungen nicht sprechen, aber einen Arm heben kann, mit seiner Gesprächspartnerin kommuniziert, indem er gezielt auf die einzelnen Piktogramme im Ordner zeigt. Über das Inhaltsverzeichnis navigiert er selbstständig durch die einzelnen Kapitel zu Orten, Zeiten, Bezugspersonen, Themen der Ernährung, Tagesgestaltung usw. Oder wie heute eben – im Gespräch mit mir als Seelsorgerin und Nicole Solèr, Sozialpädagogin und Fachfrau für Unterstützte Kommunikation – durch die Rubrik „Gefühle“ **(Abb. 3-1)**.

Wie meistens, wenn er nach seinem Befinden gefragt wird, wählt Herr Kaufmann die drei Aussagen „Lass uns reden“, „Ich fühle mich traurig“ und „Ich fühle mich ängstlich“ **(Abb. 3-2)**.

Das Pflegeteam seiner Wohngruppe im Kompetenzzentrum Stiftung Scalottas beobachtet seit langem – im Grunde seit Jahren –, dass Herr Kaufmann sich in einem inneren Tief befindet, aus dem er nicht mehr herauskommt. Im Alltag äußert sich diese emotionale Befindlichkeit in häufigem stundenlangem Schreien und in Phasen äußerster Niedergeschlagenheit – vor allem in den Wintermonaten. In der Begleitung sind sowohl das Betreuungsteam wie auch einzelne Therapeuten an eine Grenze gestoßen, und mir als beigezogener Seelsorgerin erging es nicht anders: In den Begegnungen mit Herrn Kaufmann traf auch ich auf eine grenzenlose Trauer, der ich hilflos gegenüberstand. So suchte ich die Zusammenarbeit mit der in der Stiftung tätigen Spezialistin für Unterstützte Kommunikation – in der Hoffnung, mit ihrer Fachkompetenz und ihren individuell angepassten Kommunikationsmöglichkeiten Herrn Kaufmann besser verstehen beziehungsweise ihm und seinem Befinden besser Sprache geben zu können.

So machen wir uns nun zusammen mit Herrn Kaufmann in vielen gemeinsamen Gesprächen auf eine Entdeckungsreise: auf die Suche nach Aspekten und Facetten seiner drei Hauptaussagen, nach Erfahrungen dahinter, nach möglichen Ursachen und impliziten Bedürfnissen. In einem wochenlangen Prozess des Suchens und Verstehens versuchen wir, das beobachtbare Verhalten von Herrn Kaufmann und seine entsprechenden Aussagen auf die spirituellen Aspekte darin zu „lesen“, das heißt wir versuchen, spirituelle Themen und Aspekte darin zu identifizieren. Praktisch geht das so vor sich, dass wir Herrn Kaufmann zu jeder der drei Hauptaussagen Vorschläge für Konkretisierungen machen.

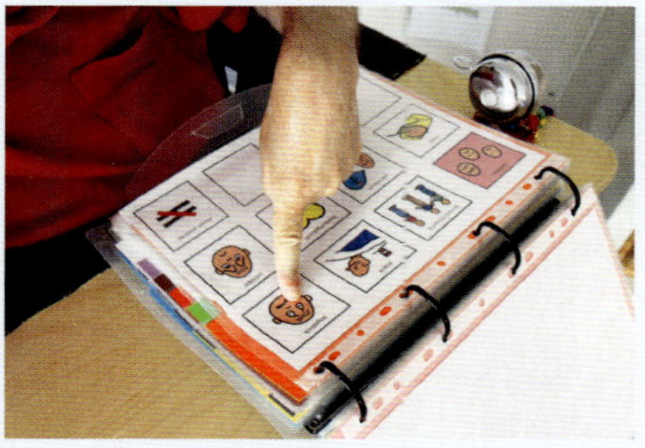

Abbildung 3-1: Herr Kaufmann kommuniziert mit Hilfe von Piktogrammen (Quelle: Stiftung Scalottas)

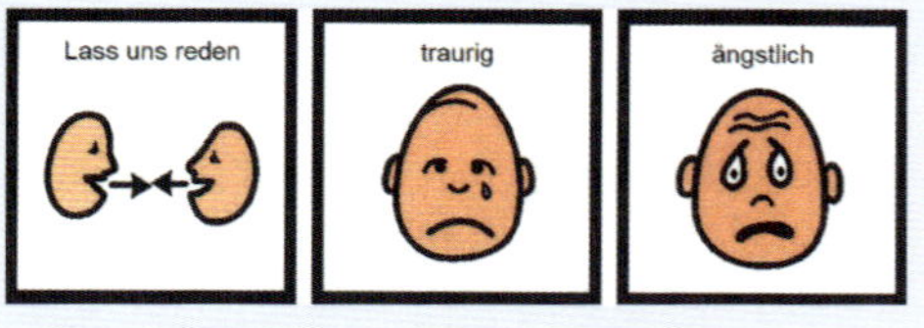

Abbildung 3-2: Die Piktogramme zu den Grundaussagen von Herrn Kaufmann (Quelle: Stiftung Scalottas)

Diese Vorschläge wiederum sind dadurch entstanden, dass ich mich in einem kreativen inneren Prozess in die Situation von Herrn Kaufmann hineingefühlt habe und daraus eine Liste von möglichen Themen, Fragestellungen und konkreten Situationen habe reifen lassen. Diese Liste bringe ich jeweils als Gesprächsgrundlage in das interprofessionelle Gespräch. Miteinander erstellen wir davon ausgehend eine Art Auslegeordnung, ergänzen sie mit Vorschlägen meiner Kollegin beziehungsweise mit Einsichten, die im Moment entstehen. Unsere Vorschläge kann Herr Kaufmann mit „Ja" oder „Nein" taxieren, je nachdem, ob sie für sein Empfinden zutreffen oder nicht. Frau Solèr entwirft daraufhin für die als stimmig ausgewählten Aussagen entsprechende neue Piktogramme, die sie wiederum mit Herrn Kaufmann – ähnlich wie man das mit Vokabeln macht – sorgfältig erlernt und einübt. So tut sich nach und nach hinter den drei Grundaussagen von Herrn Kaufmann etwas von seiner inneren Welt auf, und seine Gefühle finden sichtbaren Ausdruck **(Abb. 3-3 bis 3-5)**.

Parallel dazu mache ich den Vorschlag, dass wir miteinander den Blick auf Stärken von Herrn Kaufmann richten und auch für ihn stärkende Momente in den vier Dimensionen des ganzheitlichen palliativen Ansatzes und Menschenbildes suchen: die körperliche, psychische, soziale und spirituelle Dimension. Dabei stoßen wir im gemeinsamen, assoziativen Suchprozess auf eine ganze Fülle von Ressourcen und finden damit gleichzeitig auch Strategien und Möglichkeiten für Herrn Kaufmann wie für die ihn betreuende Wohngruppe, um mit der belastenden Situation besser umgehen zu können **(Abb. 3-6 bis 3-8)**. Die Ressourcenkraft dieses gemeinsamen, auf die stärkenden Momente orientierten Blicks, wird für uns aufs schönste sichtbar, als wir unsere Liste gemeinsam durchgehen und Herrn Kaufmanns wunderschöne blaue Augen – die wir ebenfalls genannt haben – dabei für einen Moment zu strahlen beginnen.

Bei den religiösen Ressourcen ist es Herrn Kaufmann wichtig festzuhalten, dass sein religiöser Hintergrund für ihn an Kraft verloren hat. Er ist erleichtert, solchen Gefühlen und den dazu gehörenden Fragen Ausdruck geben zu können und dies auch gegenüber den Teammitgliedern zu klären. Dabei passt beispielsweise das Piktogramm „Wo bist du Gott?", welches seine religiöse Krise in ein Bild

Abbildung 3-3: Ausdifferenzierung der Aussage „Lass uns reden" (Quelle: Stiftung Scalottas)

Abbildung 3-4: Ausdifferenzierung der Aussage „traurig“ (Quelle: Stiftung Scalottas)

Abbildung 3-5: Ausdifferenzierung der Aussage „ängstlich“ (Quelle: Stiftung Scalottas)

und in Sprache fasst und sie somit mitteilbar wird **(Abb. 3-9)**.

Auf diese Weise entsteht über Wochen und Monate der Begleitung ein ganzes Seelsorgebuch, das es Herrn Kaufmann ermöglicht, auch über existentielle und spirituelle Themen zu sprechen.

Während dem gesamten Prozess bleibe ich in engem Austausch mit dem Betreuungs- und Pflegeteam von Herrn Kaufmann: Immer wie-

Abbildung 3-6: Körperliche Ressourcen von Herrn Kaufmann (Quelle: Stiftung Scalottas)

Abbildung 3-7: Psychische Ressourcen von Herrn Kaufmann (Quelle: Stiftung Scalottas)

Abbildung 3-8: Soziale Ressourcen des Bewohners (Quelle: Stiftung Scalottas)

der einmal lade ich Mitarbeitende der Pflege und Betreuung ein, an den Gesprächen teilzunehmen, damit das Pflegeteam den Prozess miterleben und damit Herrn Kaufmann in seinen Anliegen besser verstehen kann. Frau Solèr führt das Team auch in den Umgang mit dem Seelsorgebuch ein.

Da sich bei mir im Verlauf der Begleitung der Eindruck verstärkt, es könnte bei Herrn Kaufmann auch eine psychische, möglicherweise depressive Belastung vorliegen, bespreche ich mit meiner Kollegin entsprechende Interventionsmöglichkeiten. Infolge eines Gesprächs mit der pflegerischen Bereichsleitung der Institution kann eine psychiatrische Fachperson beigezogen werden. Beim Erstkontakt von Herrn Kaufmann mit dem zuständigen Psychiater sind meine Kollegin und ich ebenfalls anwesend, um gemeinsam mit Herrn Kaufmann von unserem Prozess und von seinem inneren Befinden zu erzählen. Es finden in der Folge mehrere psychiatrische Konzilien statt. In diesen wird das Pflege- und Betreuungsteam vom Psychiater angeleitet, systematisch das Befinden von Herr Kaufmann zu erfragen und – als verhaltenstherapeutischer Ansatz – in festen Zeitfenstern im Tagesablauf persönliche Gespräche mit Herrn Kaufmann einzurichten. Des Weiteren regt er an, für Herrn Kaufmann eine spezielle Lampe für eine Lichttherapie einzusetzen, die sich – wie sich sehr bald herausstellt – positiv auf dessen emotionales Befinden auswirkt. Zudem vernetzt der Psychiater sich mit dem Hausarzt, sodass die Medikation dem Gesamtprozess angepasst werden kann.

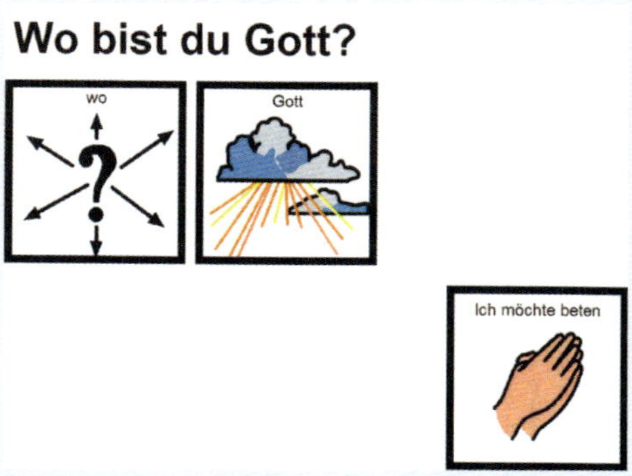

Abbildung 3-9: Ausdruck spiritueller Not (Quelle: Stiftung Scalottas)

Eine weitere Seelsorge-Begegnung mit Herrn Kaufmann gibt uns Gelegenheit, auf die explizite Glaubenskrise von Herrn Kaufmann einzugehen. Herr Kaufmann ist christlich-religiös verwurzelt, und so schlage ich vor, jetzt, in der Adventszeit, miteinander die biblische Weihnachtsgeschichte zu hören. Die Kommunikationsexpertin stellt wie immer sicher, dass wir Herrn Kaufmann richtig verstehen und dass er sich, auch mit Hilfe seines Kommunikationsordners, gut mitteilen kann. Der Bewohner nimmt den Vorschlag gerne auf und folgt konzentriert und interessiert der Erzählung. Ich habe eine mit Bildern illustrierte, einfache Nacherzählung dazu mitgebracht, die ich vorlese, und nehme im Anschluss zwei Abbildungen daraus hervor, um zwei Aspekte dieser Erzählung hervorzuheben: Das erste Bild zeigt einen schlichten Stall in der Wüste, ein Bild, das Leere, Heimatlosigkeit und die Einsamkeit eines jungen, soeben ganz alleine Eltern gewordenen Paares, ausdrückt. Auf dem zweiten Bild ist eine klassische Weihnachtsszene abgebildet: Derselbe Stall hat sich gefüllt mit Menschen, deren Gesichter Staunen und Freude zeigen. Es ist ein Bild, das Geborgenheit und Wärme ausstrahlt. „Manchmal kann sich das Leben anfühlen wie der leere, einsame Stall, nicht wahr?", frage ich. „Und dann wieder so, wie auf dem zweiten Bild." Herr Kaufmann bestätigt, beides zu kennen und kann meinem Gedanken zustimmen, dass beides zum Leben und – als Teil der Glaubensgeschichte – zum Glauben gehört.

Herr Kaufmann findet über die gemeinsame Wahrnehmung und Begleitung von existentiellen und spirituellen Aspekten zunehmend zu emotionaler Ausgeglichenheit. Momente von akuten Krisen wie auch längere Phasen innerer Niedergeschlagenheit sind seltener geworden.

Rückblickend können wir sagen, dass es gelungen ist, den existentiellen und religiös-spirituellen Ressourcen, Belastungen und Bedürfnissen von Herrn Kaufmann ganzheitlich Sprache zu geben, sie wahrzunehmen und im interprofessionellen Miteinander zu begleiten und zu unterstützen. Diese differenzierte spirituelle Wahrnehmung spiegelt sich im gewachsenen Wortschatz des Bewohners (Abb. 3-10).

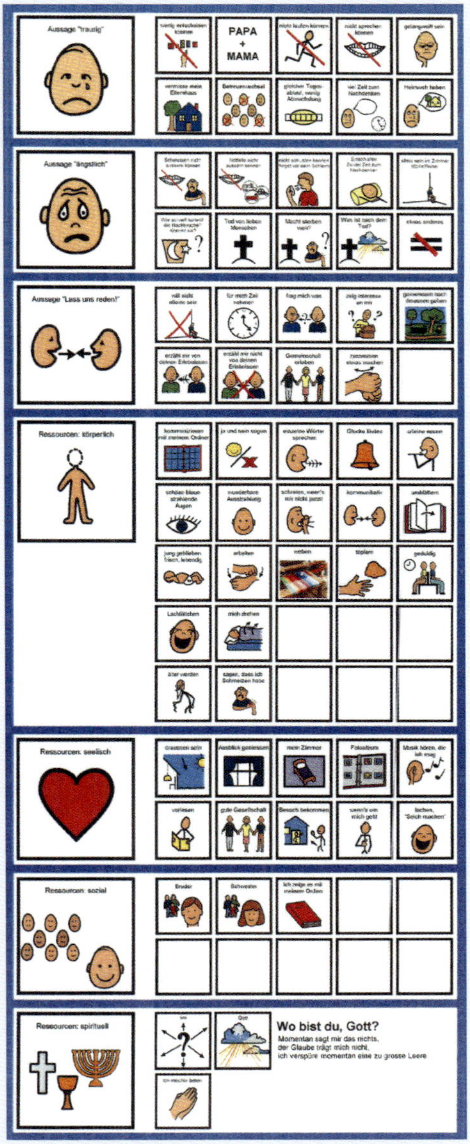

Abbildung 3-10: Ausdrucksmöglichkeiten für spirituelle Bedürfnisse und Ressourcen: Der ausdifferenzierte Wortschatz von Herrn Kaufmann (Quelle: Stiftung Scalottas)

3.1.1 Wahrnehmung und Dialog: Begleitung mit dem spirituellen Indikationen-Set

Ausgehend von der erzählten Fallgeschichte wollen wir nachfolgend die beiden genannten Aspekte von spiritueller Begleitung – die Wahrnehmung und den Dialog – vertiefen. Gleichzeitig soll sichtbar gemacht werden, wie das Indikationen-Set diesen Prozess unterstützen kann.

Der erste Schritt: Die spirituelle Wahrnehmung

Das Pflegeteam seiner Wohngruppe im Kompetenzzentrum Stiftung Scalottas beobachtet seit langem – im Grunde seit Jahren –, dass Herr Kaufmann sich in einem inneren Tief befindet, aus dem er nicht mehr herauskommt.

Am Anfang jeglicher Begleitung steht die Wahrnehmung. Genau wie im ärztlichen oder im pflegerischen Kontext steht auch bei der spirituellen Begleitung die genaue, sorgfältige Wahrnehmung an erster Stelle. Ohne dass wir unser Gegenüber genau wahrnehmen, wird jede Intervention letztlich wirkungslos ins Leere laufen.

Die Wahrnehmung allerdings ist nicht voraussetzungslos: Bisherige Erfahrungen und erlerntes Wissen steuern, was wir überhaupt wahrnehmen. Es geht deshalb in der spirituellen Wahrnehmung, wie in allen anderen Disziplinen auch, darum, diese zu bilden und zu vertiefen. Dies beinhaltet, dass das, was an Wahrnehmungsbildung bereits biographisch erlernt wurde, kritisch überprüft wird. Ziel ist es, eine möglichst offene und wertschätzende Sicht entwickeln zu können auf die große Vielfalt existentieller und spiritueller Bilder, Erfahrungen und Überzeugungen.

Um die spirituelle Wahrnehmung im interprofessionellen Kontext auszubilden, haben wir, zusammen mit Schweizer Fachleuten der institutionellen Seelsorge verschiedener ambulanter sowie stationärer Settings und unter der wissenschaftlichen Leitung des deutschen Theologen Traugott Roser, die Entwicklung eines Indikationen-Sets für Fachleute der Gesundheit angeregt. Roser war einer der beiden ersten deutschsprachigen Professoren für Spiritual Care am Klinikum der Universität München. Sein Grundlagenwerk zu Spiritual Care wurde kürzlich überarbeitet und neu aufgelegt (Roser, 2017). Es ging uns zunächst darum, eine Liste phänomenologisch orientierter Indikationen zu entwickeln. Laut Pschyrembel bezeichnet eine Indikation „ein[en] Grund zur Anwendung eines bestimmten diagnostischen oder therapeutischen Verfahrens in einem Krankheitsfall, der seine Anwendung hinreichend rechtfertigt, wobei grundsätzlich Aufklärungspflicht gegenüber dem Kranken besteht“ (Pschyrembel, 1998, S. 755). Diese sollen das Feld spiritueller Themen von Patientinnen erschließen und gleichzeitig die Wahrnehmung und Sprachfähigkeit der interprofessionellen Teams für die spirituelle Dimension erweitern.

Ausgangspunkt für die Entwicklung des Indikationen-Sets war die Beobachtung, dass Gesundheitsfachleute oft nicht genau wissen, worin spirituelle Bedürfnisse und Ressourcen bestehen und in welchen Situationen oder bei welchen Anliegen der Patienten sie Fachpersonen der Seelsorge einbeziehen können. Oft wird die spirituelle Wahrnehmung eingeengt auf die religiöse Dimension, also auf konfessionelle Anliegen von Patientinnen und Patienten, was dem weiten Feld von deren spirituellen Bedürfnissen nicht gerecht wird.

Den konzeptionellen Rahmen für das Indikationen-Set bilden die international anerkannte Konsensusdefinition von Spiritualität nach Puchalski, Vitillo, Hull und Reller (2014) sowie die für den Schweizer Kontext maßgebliche Bigorio-Definition (vgl. Kapitel 2).

Die Indikationenliste entstand in mehreren Schritten, wobei wir uns methodisch an der in der palliativen Disziplin gut bekannten Delphi-Methode orientierten. Dabei werden Experten in einem weitgehend anonymen Prozess in mehreren Diskussionsrunden zu einem Thema befragt. Zuerst sammelten und beschrieben wir zusammen mit den Fachleuten der Seelsorge die zentralen spirituellen Themen, mit denen sie es in der Begleitung von Patientinnen und Patienten zu tun haben. In einem zweiten Schritt wurden diese Themen ins Feld der Begleitung der Gesundheitsfachleute übersetzt, also als von ihnen beobachtbare Wahrnehmungen formuliert.

Die Liste der Wahrnehmungen und der möglichen spirituellen Themen wurde in einem nächsten Schritt Expertinnen und Experten aus Gesundheitsberufen vorgelegt (Ärzten, Pflegefachpersonen, Psychologinnen in stationären und ambulanten Versorgungssettings), mit der Bitte, die Formulierungen auf sprachliche und inhaltliche Verständlichkeit, auf Praktikabilität im klinischen Alltag und auf den Nutzen für die interprofessionelle Zusammenarbeit zu prüfen.

Ziel des ganzen Prozesses war, einen Konsens bei der Identifikation und Priorisierung von Themen spiritueller Begleitung zu finden und dann daraus einen idealtypischen Leitfaden zur interprofessionellen Zusammenarbeit zu entwickeln. Am Ende des Prozesses stand ein Set aus sieben Indikationen, welche die spirituellen Bedürfnisse und Anliegen von Patientinnen und Patienten beschreiben. Die Indikationen zeigen auf, wann Fachpersonen der Seelsorge beigezogen werden sollten, und sie erläutern zugleich, mit welchen Zielsetzungen die Fachpersonen der Seelsorge arbeiten. Somit sind die Indikationen ein Modell, das ein gemeinsames Verständnis und eine gemeinsame Sprache für die spirituelle Begleitung für Fachpersonen der Seelsorge und der Gesundheitsberufe fördert.

Die Indikationen wurden in einer Kurzfassung für den täglichen Gebrauch **(Abb. 3-11)** und in einer Langfassung (mit Angabe der Vorgehensweisen und Zielsetzungen seelsorglichen Handelns) für Fortbildungszwecke formuliert. Verfügbar sind beide Fassungen unter: www.indikationenset.ch. In der Langfassung sieht das Indikationen-Set wie in **Abbildung 3-12** aus: Jede Indikation kennzeichnet phänomenologisch konkret jeweils ein Thema, das für die Patienten wichtig ist, ohne die besondere individuelle Färbung, die dahinterliegende Geschichte, preiszugeben. Damit können die Indikationen auf die Mehrdimensionalität menschlichen Erlebens in der Krankheit hinweisen und eine spirituelle Dimension in der Wahrnehmung des betreffenden Menschen mitberücksichtigen.

Zu unserem Beispiel: Ausgangspunkt für die spirituelle Begleitung von Herrn Kaufmann war die Wahrnehmung des Pflegeteams der Wohngruppe, dass sich Herr Kaufmann in einem inneren Tief befindet. Er äußert sich zu seinem Befinden, indem er seine Trauer und Angst benennt.

Damit kommen die 2. und 3. Indikation in den Blick:

- Trauer und Verzweiflung (Ebene Sinn): Der Patient wirkt traurig, enttäuscht und verzweifelt und ist nach eigenen Angaben oder Auskunft von An- und Zugehörigen belastet durch Verluste.
- Ungewissheit und Glaube (Ebene Transzendenz): Der Patient äußert Ängste, Hoffnungslosigkeit oder Wut und Verbitterung oder signalisiert religiöse Bedürfnisse oder stellt religiöse Fragen.

Die beiden Indikationen sind nicht Zielsetzungen für eine Beratung oder Begleitung von Herrn Kaufmann, sie versetzen die Begleitpersonen nicht in den Expertenstatus, so als ob sie jetzt wüssten, worum es geht und was es zu tun gibt. Sondern sie sind eher wie Wegweiser, sie zeigen den Weg zu einem Anliegen von Herrn Kaufmann, dessen Zielsetzungen sich nur zusammen mit ihm klären lassen. „Spiritualität ist genau – und ausschließlich – das, was der Patient dafür hält.“ (Roser et. al., 2014, S. 61) – diese Aussage gilt unverändert. Das konkrete spirituelle Anliegen, dem sich ein Bewohner oder eine Patientin zuwenden möchte, der Weg, den sie oder er gehen möchte, und die

Indikationen-Set
für Spiritual Care und Seelsorge

Kurzfassung

Ein Instrument für Gesundheitsfachpersonen zum Beizug der Seelsorge

EBENE SINN

1. Sinn- und Schicksalsfragen
Pat.* wirkt grübelnd, hadernd, zeigt widersprüchliche Emotionen, äussert Ohnmacht und stellt Fragen nach dem Warum.

2. Trauer und Verzweiflung
Pat. wirkt traurig, enttäuscht und verzweifelt und ist nach eigenen Angaben oder Auskunft von An- und Zugehörigen belastet durch Verluste.

EBENE TRANSZENDENZ

3. Ungewissheit und Glaube
Pat. äussert Ängste, Hoffnungslosigkeit oder Wut und Verbitterung oder signalisiert religiöse Bedürfnisse oder stellt religiöse Fragen.

4. Rückzug und Einsamkeit
Pat. äussert emotionale Kraftlosigkeit, zieht sich von anderen zurück oder wirkt einsam.

EBENE IDENTITÄT

5. Scham- und Schuldgefühle
Pat. wirkt belastet durch biographische Einschnitte oder traumatische Erfahrungen und kreist um Ungeklärtes und Unerreichtes.

6. Identitätskonflikt und Kontrollverlust
Pat. verhält sich passiv, wirkt unzufrieden oder bitter und gilt als «schwierig» oder nicht kooperativ.

EBENE WERTE

7. Ethische Konflikte
Es gibt ein Unbehagen bezüglich angemessener Betreuung, Versorgung und Behandlung bei irgendeiner/m der Beteiligten und Betroffenen, es besteht hoher Diskussionsbedarf.

www.**indikationenset**.ch

*Pat. meint Patientinnen und Patienten, in Pflegeeinrichtungen Bewohnerinnen und Bewohner.

Abbildung 3-11: Indikationen-Set für Spiritual Care und Seelsorge. Kurzfassung (Quelle: ©Renata Aebi, Pascal Mösli, Anne-Katherine Fankhauser, Saara Folini, Ulrich Gurtner, Reinhold Meier, Hansueli Minder, Marlies Schmidt-Aebi, Thomas Wild, Traugott Roser. 2019. ErstVÖ: Pflegezeitschrift 72(6).2019)

Perspektiven, die sie dabei leiten – all das bleibt in ihrer Verantwortung. Vielleicht weiß sie selbst noch nicht genau, was sie will und sucht jemanden, der sie dabei unterstützt, um es herauszufinden. Vielleicht hat sie selbst eine Ahnung vom Weg und sucht jemanden, der sich mit ihr auf den Weg macht. Zusammen mit seiner Aussage „lass uns reden" entsteht jedenfalls ein klarer Auftrag, damit sich das Behandlungsteam den spirituellen Anliegen von Herrn Kaufmann zuwendet.

Der zweite Schritt: Der spirituelle Dialog

„Lass uns reden" signalisiert die Offenheit, ja den Wunsch von Herrn Kaufmann, dass sich das Betreuungsteam auf seine spirituellen Nöte und Anliegen einlassen möge – allerdings, davon ist jedenfalls zunächst auszugehen, mit offenem Ausgang, also ohne dass damit schon ein konkretes Ziel verbunden wäre. Die Methodik, die sich dafür besonders eignet, ist der Dialog, weil er eine gleichrangige und ergebnisoffene Gesprächsgestaltung ermöglicht.

Während es in einer Diskussion (lateinisch discutere = zerschlagen, zerteilen, zerlegen) darum geht, die Ganzheit auseinanderzunehmen, zu sezieren, hat der Dialog (griechisch zusammengesetzt aus den beiden Wörtern dia = durch und Logos = Wort) – und darin folgen wir dem Quantenphysiker David Bohm (2019) – die Bedeutung eines „freien Sinnflusses", der zwischen uns „fließt". David Bohm (1917–1992) hat sich in seiner letzten Schaffensperiode intensiv mit dem Dialog beschäftigt. Es geht seiner Ansicht nach um Partizipation, also darum, miteinander zu denken. Damit ein echtes Gespräch gelingen kann, braucht es das wesenhafte Hinwenden zum Gegenüber als „personenhafte Existenz", wie es der Religionsphilosoph Martin Buber (1953) nennt. So geht es beim Aufgreifen und Vertiefen spiritueller Anliegen nicht um die spirituelle Versorgung von Menschen, sondern um die Gestaltung von Beziehungen zu diesen Menschen. Die Schriften Bubers zum dialogischen Prinzip enthalten eine Figur, die er das „echte Gespräch" nennt. Eine gleichrangige und echte Beziehung ist Grundlage dafür, dass der andere sich öffnen kann, sagen kann, woran er ist, wie es ihm mit dem Erlebten geht, was sich dahinter vielleicht für ihn zeigt. „Spiritual Care ist keine planbare Technik, sondern sie wächst aus Beziehungen. Spirituelle Begegnung braucht wechselseitiges Vertrauen, eine Nähe, in der Verstehen und Gleichklang ein achtsames Sein-Lassen, Halt gebende Erfahrungen und Sinnzusammenhänge öffnen können." (Heller & Heller, 2018, S. 37). Die Beziehung ist Grundlage dafür, dass ein Dialog in Gang kommen kann, in dem der andere seine Spiritualität – sei sie nun präsent in der Form von Sehnsucht, als Schmerz oder als Ressource – entfalten, vielleicht tiefer kennenlernen kann. Damit dieser Dialog gelingen kann, braucht es einen Partner oder eine Partnerin, die sich auch selber ganz auf den Dialog einlässt. „To listen is to lean in, softly, with a willingness to be changed by what we hear." (Zuhören heißt, sich sanft hineinzulehnen mit der Bereitschaft, sich von dem, was wir hören, verändern zu lassen. [Übers. d. A.]) (Nepo, 2005, S. 5).

Natürlich kann es sich bei einem spirituellen Anliegen auch um etwas ganz Konkretes handeln, um etwas, womit ein konkretes Ziel verbunden ist. Jemand hat einen bestimmten Wunsch, er möchte, dass ihn ein Seelsorger seiner Tradition besucht, es ist ihm wichtig, dass seine religiösen Essensvorschriften respektiert werden, er wünscht sich die Spendung eines Sakramentes. Es gilt zu klären, ob eine Bewohnerin einen bestimmten konkreten Wunsch hat, den es, wann immer möglich, zu erfüllen gilt. Und es ist möglich, dass die spirituelle Begleitung für diese Bewohnerin damit erfüllt beziehungsweise abgeschlossen ist. Vielleicht weil die Bewohnerin andere Bezugspersonen hat, mit denen sie sich austauscht, vielleicht weil sie das mit sich selbst ausmacht, vielleicht weil sie nichts Weiteres braucht.

Bei sehr vielen Begleitungen, welche die spirituelle Dimension tangieren, wie auch bei jener von Herrn Kaufmann, scheint es um etwas anderes zu gehen, nicht um ein konkretes Anliegen, das erledigt werden könnte, sondern um eine ergebnisoffene Begleitung in einer herausfordernden Situation. Der Wunsch „lass uns reden“ ist hoffnungsvolle Einladung zum Gespräch, zum Dialog. Ein Dialog ist Gespräch unter Gleichgestellten, ein gemeinsames Nachdenken, Nach-spüren über Erfahrungen, die man nicht „lösen“ kann, aber durch die beide herausgefordert sind. Ausgangspunkt für den spirituellen Dialog ist die Erfahrung, die Karl Jaspers eine Grenzsituation nannte.

„Vergewissern wir uns unserer menschlichen Lage. Wir sind immer in Situationen. Die Situationen wandeln sich, Gelegenheiten treten auf. Wenn sie versäumt werden, kehren sie nicht wieder. Ich kann selber an der Veränderung der Situation arbeiten. Aber es gibt Situationen, die in ihrem Wesen bleiben, auch wenn ihre augenblickliche Erscheinung anders wird und ihre überwältigende Macht sich in Schleier hüllt: ich muss sterben, ich muss leiden, ich muss kämpfen, ich bin dem Zufall unterworfen, ich verstricke mich unausweichlich in Schuld. Diese Grundsituationen unseres Daseins nennen wir Grenzsituationen. Das heißt, es sind Situationen, über die wir nicht hinaus können, die wir nicht ändern können.“ (Jaspers, 1950, S. 20f.)

Und weiter: „Auf Grenzsituationen reagieren wir nicht sinnvoll durch Plan und Berechnung, um sie zu überwinden, sondern durch eine ganz andere Aktivität. [...] Wir werden wir selbst, indem wir in die Grenzsituation offenen Auges eintreten.“ (Jaspers, 1956, S. 204).

Das Pflegeteam seiner Wohngruppe im Kompetenzzentrum Stiftung Scalottas beobachtet seit langem – im Grunde seit Jahren –, dass Herr Kaufmann sich in einem inneren Tief befindet, aus dem er nicht mehr herauskommt. Im Alltag äußert sich diese emotionale Befindlichkeit in häufigem stundenlangem Schreien und in Phasen äußerster Niedergeschlagenheit – vor allem in den Wintermonaten.

Der Zustand, in dem sich Herr Kaufmann befindet, scheint nicht ein Problem zu sein, das man mit einer bestimmten Intervention lösen könnte. Aus spiritueller Sicht könnte es vorerst einmal darum gehen, angesichts dieser starken Gefühle von Sinnlosigkeit, Angst oder Zweifel, für den Bewohner da zu sein, mit ihm „offenen Auges einzutreten“ wie es Jaspers formuliert, auszuhalten und dabei präsent und einfühlsam zu sein. Dies wiederum ist Voraussetzung dafür, dass der Bewohner sich öffnen kann, sein Befinden beschreiben, seine Ohnmacht oder seine Anliegen benennen kann.

So machen wir uns nun zusammen mit Herrn Kaufmann in vielen gemeinsamen Gesprächen auf eine Entdeckungsreise: auf die Suche nach Aspekten und Facetten seiner drei Hauptaussagen, nach Erfahrungen dahinter, nach möglichen Ursachen und impliziten Bedürfnissen. In einem wochenlangen Prozess des Suchens und Verstehens versuchen wir, das beobachtbare Verhalten von Herrn Kaufmann und seine entsprechenden Aussagen auf die spirituellen Aspekte darin zu „lesen“, das heißt, wir versuchen spirituelle Themen und Aspekte darin zu identifizieren. Praktisch geht das so vor sich, dass wir Herrn Kaufmann zu jeder der drei Hauptaussagen Vorschläge für Konkretisierungen machen. [...] Unsere Vorschläge kann Herr Kaufmann mit „Ja“ oder „Nein“ taxieren, je nachdem, ob sie für sein Empfinden zutreffen oder nicht. Frau Solèr entwirft daraufhin für die als stimmig ausgewählten Aussagen entsprechende neue Piktogramme, die sie wiederum mit Herrn Kaufmann – ähnlich wie man das mit Vokabeln macht – sorgfältig erlernt und einübt. So tut sich nach und nach hinter den drei Grundaussagen von Herrn Kaufmann etwas von seiner inneren Welt auf, und seine Gefühle finden sichtbaren Ausdruck.

Es ist ein langsamer und zugleich sorgsamer Prozess, der sich zwischen Herrn Kaufmann und dem Betreuungsteam entspannt. Er ist gekennzeichnet durch ein Hin und Her von Vorschlägen des Betreuungsteams, die in der Begleitungssituation selbst entstehen, und der Überprüfung durch Herrn Kaufmann, ob die genaue Bedeutung der Worte zutreffe. Die kommunikativen Grenzen von Herrn Kaufmann erfordern einen sich langsam entfaltenden Prozess, der aber gerade dadurch viel Genauigkeit ermöglicht. In einem solchen dialogischen Suchprozess erfüllt das Indikationen-Set zwei Funktionen:

1) Indem es verschiedene spirituelle Themen beschreibt, dient es dem Behandlungsteam, um verschiedene spirituelle Landschaften in den Blick zu bekommen und seine Sprachfähigkeit zu erweitern. Diese unterstützt das Behandlungsteam darin, sich in dieser Landschaft bewegen und mit dem anderen mitgehen zu können.

Mit Herrn Kaufmann entstehen in diesem Dialog einerseits einige Piktogramme, die seine Landschaft der Trauer (2. Indikation) plastisch werden lassen: wenig entscheiden können; Verlust der Eltern, Verlust des Zuhauses im Elternhaus, an Heimweh leiden. Trauer über fehlende Möglichkeiten: nicht laufen und nicht sprechen können; Trauer über viel leere Zeit der Langeweile oder über die Eintönigkeit des Alltags; Trauer über ständige Beziehungsabbrüche infolge Mitarbeiterfluktuation. Herr Kaufmann findet zusammen mit dem Behandlungsteam eine Sprache für die Geschichten und Gesichter seiner Trauer und Verzweiflung. Andererseits wird auch seine Glaubenskrise (3. Indikation) fassbarer: Angst machen ihm der Tod von lieben Menschen und Fragen wie „Tut sterben weh?" oder „Was kommt nach dem Tod?" Dabei entsteht auch das Piktogramm zu „Wo bist du Gott?", was Herrn Kaufmann erleichtert, weil er es sich damit erlaubt hat, eine Not, für die er sich geschämt hatte, mit anderen zu teilen. Mit diesem Beispiel zeigt sich, wie wichtig es ist, in einer Grenzsituation im Dialog mit anderen eine Sprache zu finden und sich aussprechen zu können. Damit ist noch nichts gelöst, keine Frage beantwortet, aber die Frage selbst gewürdigt und damit die Person, die sie stellt.

So tut sich nach und nach hinter den drei Grundaussagen von Herrn Kaufmann etwas von seiner inneren Welt auf und seine Gefühle finden sichtbaren Ausdruck. [...] Auf diese Weise entsteht über die Wochen und Monate der Begleitung ein ganzes Seelsorgebuch, das es Herrn Kaufmann ermöglicht, auch über existentielle und spirituelle Themen zu sprechen.

Damit wird eingelöst, wie die interprofessionellen Wegleitungen Spiritual Care das spirituelle Assessment anzugehen vorschlagen: „Um spirituelle Bedürfnisse und Ressourcen in sensibler Weise erkunden zu können, bedarf es vertrauensbildender Kommunikationsformen und eines sicheren Rahmens. Ein schrittweises Vorgehen, das Patientinnen und Patienten auf diskrete Weise Möglichkeiten zur Selbstmitteilung eröffnet, dürfte in der Regel der beste Weg sein." (palliative ch, 2018, S. 11)

2) In seiner Langfassung **(Abb. 3-12)** zeigt das Indikationen-Set dem Behandlungsteam auf, wie sich die Seelsorge in diesen Themenfeldern bewegt und wie sie diese in der Begleitung vertieft. Im Themenbereich der Trauer (2. Indikation) kann es in der seelsorglichen Begleitung darum gehen, Gefühlen Raum zu geben, sie anzuerkennen sowie das Selbsterleben zu begleiten, die Identität zu stärken und Lebensleistung zu würdigen. Aber auch Verluste anzuerkennen und in ihrer Bedeutung wahrzunehmen, Verlorenem Raum zu geben und den Blick auf Bleibendes als Teil der Identität zu richten. Im Themenbereich Ungewissheit und Glaube (3. Indikation) kann es darum gehen, einen Deutungsrahmen anzubieten, in dem die Glaubenskrise als Teil des Glaubens anerkannt werden kann, manchmal aber auch, die Verbindung zu religiösen Ressourcen wieder oder neu zu finden.

Im Rahmen von Fortbildungen können Gesundheitsfachleute anhand dieser Langfassung genauer verstehen, was Fachpersonen der Seelsorge genau tun, wie sie es tun und welche Perspektiven sie leiten. Sie erhalten damit Ein-

Indikationen-Set
für Spiritual Care und Seelsorge

Langfassung

Ein Instrument für Gesundheitsfachpersonen zum Beizug der Seelsorge

Indikationen-Set	Spirituelles Thema	Zielbestimmung der seelsorglichen Intervention

EBENE **SINN**

1. Sinn- und Schicksalsfragen

Pat.* wirkt grübelnd, hadernd, zeigt widersprüchliche Emotionen, äussert Ohnmacht und stellt Ftragen nach dem Warum.

Seelsorge stellt Zeit zur Verfügung für aktives Zuhören, achtsame Präsenz, Gespräch und Beratung bei emotionalen, philosophischen und religiösen Fragen.

Spirituelles Thema	Zielbestimmung der seelsorglichen Intervention
Schicksal, eigenen Prozess verstehen wollen	→ Im Selbsterleben begleiten → Deutungs- und Interpretationsraum bieten → Deutungsrahmen anbieten: Fragen und Zweifel als Teil von Glauben sehen → Einmaligkeit eines Weges/Einmaligkeit der Person würdigen → Leiden anerkennen
Krankheit als Strafe	→ Entlastung von Schuldgefühlen → Gottesvorstellungen thematisieren, (neu) finden

2. Trauer und Verzweiflung

Pat. wirkt traurig, enttäuscht und verzweifelt und ist nach eigenen Angaben oder Auskunft von An- und Zugehörigen belastet durch Verluste.

Seelsorge schafft Raum zur Klärung und evtl. Entlastung durch Präsenz und das Angebot von Gespräch und Trauerritualen.

Speziell für SPITEX: *Pat., der aus der häuslichen in eine stationäre Versorgung (Pflegeheim, Hospiz) umziehen muss, kann sich nur schwer vom Zuhause lösen.*

Seelsorge bietet an, durch ein Abschiedsritual (Segensfeier, Abendmahl) dem Abschiedsschmerz Raum zu geben und den Abschied zu gestalten.

Spirituelles Thema	Zielbestimmung der seelsorglichen Intervention
Trauer, Wut, Verzweiflung, Verlassenheit	→ Gefühlen Raum geben und anerkennen, im Selbsterleben begleiten
Generativität: Was gebe ich weiter? Für andere da sein	→ Identität stärken / Lebensleistung würdigen
Verlusterfahrungen	→ Verluste anerkennen, in ihrer Bedeutung wahrnehmen → Verlorenem Raum geben → Blick auf Bleibendes als Teil der Identität
Auseinandersetzung mit der Endlichkeit des Lebens	→ Bedeutung für den Lebensvollzug erfragen

EBENE **TRANSZENDENZ**

3. Ungewissheit und Glaube

Pat. äussert Ängste, Hoffnungslosigkeit oder Wut und Verbitterung oder signalisiert religiöse Bedürfnisse oder stellt religiöse Fragen.

Seelsorge macht entweder selbst ein religiöses Angebot (Gespräch, Ritual) oder kontaktiert nach Rücksprache Vertretende einer Religionsgemeinschaft.

Spirituelles Thema	Zielbestimmung der seelsorglichen Intervention
Glaubenskonflikte / Glaubenskrise	→ Deutungsrahmen anbieten, als Teil von Glauben anerkennen → Verbindung zu religiösen (traditionellen) Ressourcen (wiederfinden, neu finden, stärken…) → Nach Chorälen, Gebeten, vertrauten Ritualen fragen
Jenseitsvorstellungen	→ Jenseitsvorstellungen thematisieren, finden
Krankmachende Religiosität	→ Die gesundmachenden Aspekte von Gottesvorstellung und -beziehung wahrnehmen → Befreiende, lebensstärkende Aspekte von Religiosität thematisieren, (neu) finden
Zukunftsangst	→ Verbindung zu persönlichen Ressourcen wiederfinden, neu finden, stärken
Ängste vor dem «Hinübergehen»	→ Wünsche und Hoffnungen erfragen/formulieren

4. Rückzug und Einsamkeit

Pat. äussert emotionale Kraftlosigkeit, zieht sich von anderen zurück oder wirkt einsam.

Seelsorge macht ein Beziehungsangebot und unterstützt Pat. darin, wieder in Verbindung zu kommen zu sich selbst, zu anderen, zur Natur und/oder zur Transzendenz (Gott, höheres Wesen…). Sie stellt auf Wunsch Kontakt zu Religionsgemeinschaften her.

Spirituelles Thema	Zielbestimmung der seelsorglichen Intervention
Verbindung zu religiöser Gemeinschaft, zu Orten, Lebewesen, Gegenständen	→ Bindungen suchen, (wieder-)herstellen, stärken, feiern → Tragende (vorhandene oder verloren gegangene) Bindungen bewusst werden lassen → In Kontakt mit eigenen Ressourcen bringen
Frieden erleben / in Schönheit der Natur eintauchen	→ Verbindung zu persönlichen Ressourcen wiederfinden neu finden, stärken

Abbildung 3-12: Indikationen-Set für Spiritual Care und Seelsorge. Langfassung mit Zuordnung von spirituellen Themen und Zielformulierungen der seelsorglichen Interventionen (Quelle: ©Renata Aebi, Pascal Mösli, Anne-Katherine Fankhauser, Saara Folini, Ulrich Gurtner, Reinhold Meier, Hansueli Minder, Marlies Schmidt-Aebi, Thomas Wild, Traugott Roser. 2019. ErstVÖ: Pflegezeitschrift 72(6).2019)

blick in eine Tätigkeit, die ihnen bisher vielleicht verschlossen blieb. Dabei kann das Verständnis und damit auch das Vertrauen unter den Berufsgruppen gestärkt werden, was den Patientinnen und Bewohnern zugute kommt, weil sie von einem Team begleitet werden, das sich mit unterschiedlichen Vorgehensweisen und Blickwinkeln gemeinsam um ihre Anliegen kümmert.

3.1.2 Das interprofessionelle Zusammenspiel

Wenn man, wie wir es vorschlagen, phänomenologisch vorgeht, Spiritualität also nicht einfach abfragt, sondern wahrnimmt, wo es bei der Patientin und beim Bewohner im Alltag Anzeichen für mögliche spirituelle Bedürfnisse gibt und diese daraufhin anspricht, dann ist es grundlegend, dass das *ganze* Team in der Wahrnehmung spiritueller Phänomene geschult ist und diese erkennen kann. Denn diese Anzeichen können sich zu irgendeinem Zeitpunkt bei irgendeiner Fachperson zeigen, bei der morgendlichen Visite der Ärztin genauso wie bei einem Gespräch mit der Pflegefachperson mitten in der Nacht. Bei wem sich jemand öffnet, um über seine inneren Nöte zu sprechen, hat viel mit dem jeweils bestehenden Vertrauensverhältnis zu tun. Dieses kann sich über längere Zeit aufbauen, es kann aber genauso in einer einzigen Begegnung entstehen, in einem besonderen Augenblick. Manchmal tastet sich ein Patient auch heran, er öffnet sich nur ein wenig und prüft (meist unbewusst), wie die angesprochene Person reagiert, ob sein Anliegen, ob er selbst bei dieser Person gut aufgehoben ist. Die spirituellen Anliegen können also bei irgendeiner Fachperson des Betreuungsteams auftauchen – übrigens nicht nur beim Betreuungsteam, manchmal ist die Fachperson der Reinigung gerade deshalb, weil sie nicht zum Betreuungsteam gehört, als neutrale Person diejenige, bei der man sich öffnet.

Damit nun solche Wahrnehmungen in die Unterstützung nachhaltig einfließen können, braucht es im gesamten Behandlungsteam ein gemeinsames Verständnis der spirituellen Dimension, interprofessionell verbindliche Kommunikationsstrukturen und ein konzertiertes Zusammenwirken der verschiedenen Berufsgruppen, die sich jeweils für unterschiedliche Dimensionen der Spiritual Care verantwortlich fühlen.

Die Begleitung von Herrn Kaufmann zeigt zudem deutlich, dass die einzelnen Fachleute nur jeweils einen Ausschnitt seiner Not erkennen und alleine nicht weiterkommen. Das Betreuungsteam und die Therapeutinnen kamen an eine Grenze: Sie nahmen die intensive Trauer von Herr Kaufmann wahr, ohne sie genau zu verstehen. Es brauchte eine Form der Kooperation der verschiedenen Fachleute, um die Tiefe im Erleben von Herrn Kaufmann auszuloten, besser zu verstehen und Wege zu finden, ihn in dem, was er selbst möchte, zu unterstützen. Initiiert und begleitet durch die Seelsorgerin wurden Herrn Kaufmann Vorschläge gemacht, denen er zustimmen oder die er ablehnen konnte und die es ihm, obwohl er nicht sprechen kann, ermöglichte, seine Befindlichkeit und seine Anliegen dem Team mitzuteilen.

Über den gesamten Prozess hinweg fand ein enger und reger Austausch zwischen der Seelsorgerin sowie dem Betreuungs- und Pflegeteam von Herrn Kaufmann statt; Mitarbeitende der Pflege und Betreuung nahmen gelegentlich an den kommunikationsunterstützten Seelsorgegesprächen mit Herrn Kaufmann teil und das Team wurde auch in den Umgang mit dem Seelsorgebuch eingeführt.

Dieses Zusammenspiel der verschiedenen Berufsgruppen wurde im amerikanischen Kontext als ein Zusammenspiel von gesundheitsberuflich-allgemeiner Spiritual Care einerseits und von seelsorglich-spezialisierter Spiritual Care andererseits mit je unterschiedlichen Rollen und Aufgaben konzeptionell entwickelt (vgl. z.B. Puchalski et al., 2009). Dahinter steckt die Einsicht, dass die spirituelle Begleitung am besten im interprofessionellen Miteinander nachhaltig wirksam wird. Diesem Ansatz folgend möchten wir die Rollen und Aufgaben in der spirituellen Begleitung aus unserer Sicht so beschreiben:

Aufgaben aller Mitglieder des interprofessionellen Teams:

- Sie nehmen spirituelle Bedürfnisse bei Patientinnen und Bewohnern wahr.
- Sie sprechen mögliche spirituelle Bedürfnisse und Anliegen von Patienten und Bewohnerinnen an.
- Sie dokumentieren spirituelle Bedürfnisse und Anliegen.
- Sie tauschen sich im interprofessionellen Gespräch über Wahrnehmung und Möglichkeiten der Unterstützung aus.

Die Seelsorge hat darüber hinaus noch folgende Aufgaben:

- Sie hat bei allen Gesundheitsthemen die spirituelle Dimension im Auge und bringt sie aktiv in den Betreuungsprozess ein.
- Sie moderiert interprofessionelle Gespräche zur spirituellen Dimension als Teil der Betreuung von Patientinnen und Bewohnern.
- Sie moderiert und koordiniert den interprofessionellen Prozess der spirituellen Begleitung.
- Sie führt mit Bewohnerinnen und Patienten vertiefende Gespräche über deren spirituelle Bedürfnisse, ermittelt zusammen mit ihnen Zielsetzungen für die Begleitung und begleitet sie in ihren Prozessen.

Eine ähnliche Beschreibung von Aufgaben und Arbeitsweisen von Seelsorge machen die „Leitlinien Seelsorge als spezialisierte Spiritual Care in Palliative Care", die 2019 bei palliative ch erschienen sind.

Diese Rollenverteilung ermöglicht es, zwei Zielsetzungen zu verfolgen: Einerseits ist die Zuständigkeit auf möglichst viele Schultern verteilt, weil sich der Patient in einer bestimmten Situation irgendeiner Person aus dem Behandlungsteam anvertrauen kann, bzw. zu der er eine Vertrauensbeziehung hat, und weil die spirituelle Dimension eine integrale Dimension von Gesundheit ist, die es zu berücksichtigen gilt. In diesem Sinn sind alle Fachleute für diese Dimension zuständig.

Darüber hinaus ist andererseits die Seelsorge als Fachdisziplin für Spiritual Care dafür verantwortlich, die spirituelle Dimension nachhaltig und kontinuierlich in den Begleitungsprozessen zu integrieren und sowohl die Kommunikation zu spirituellen Aspekten wie auch das Verständnis für die spirituelle Dimension im Behandlungsteam zu vertiefen. Und sie hat die Aufgabe, Menschen in in ihren spirituellen Bedürfnissen vertieft zu begleiten.

Literatur

Aebi, R., Mösli, P., Fankhauser, A., Folini, S., Gurtner, U., Meier, R., Minder, H., Schmidt-Aebi, M., Wild, T. & Roser, T. (2019). Indikationen-Set für Spiritual Care und Seelsorge, *Pflegezeitschrift, 72*(6), 60–63.

Anandarajah, G. & Hight, E. (2001). Spirituality and medical practice: Using the HOPE questions as a practical tool for spiritual assessment. *American Family Physician, 63*(1), 81–89.

Bohm, D. (2019). *Der Dialog: Das offene Gespräch am Ende der Diskussion* (9. Aufl.). Stuttgart: Klett-Cotta.

Buber, M. (1953). *Das Echte Gespräch Und Die Möglichkeit Des Friedens*. Heidelberg: L. Schneider.

Cadge, W. & Bandini, J. (2015). The Evolution of Spiritual Assessment Tools in Healthcare. *Society, 52*(5), 430–437.

Hanson, LC., Dobbs, D., Usher BM., Williams, S., Rawlings J. & Daeleman TP. (2008). Providers and types of spiritual care during serious illness. *Journal of Palliative Medicine, 11*, 907–914.

Heller, A. & Heller, B. (2018). *Spiritualität und Spiritual Care. Orientierungen und Impulse.* Bern: Hogrefe.

Hodge, D.R. (2004). Developing a Spiritual Assessment Toolbox: A Discussion of the Strengths and Limitations of Five Different Assessment Methods. *Health & Social Work, 30*(4), 314–323.

Jaspers, K. (1950). *Einführung in die Philosophie. Zwölf Radiovorträge*. Zürich: Artemis.

Jaspers, K. (1956). *Philosophie II. Existenzerhellung* (3. Aufl.). Berlin/Heidelberg: Springer.

Nepo, M. (2005). *The excusite risk. Daring to life an authentic life.* London: Penguin.

Odier, C., Neuenschwander, H., Pétremand, D. & Fuchs, C. (2010). BIGORIO 2C08. Empfehlungen zu Palliative Care und Spiritualität. Konsens zur „best practice" für Palliative Care in der Schweiz. *palliative.ch, Zeitschrift der Schweizerischen Gesellschaft für Palliative Medizin, Pflege und Begleitung, 1,* 1.

palliative ch (2018). *Spiritual Care in Palliative Care: Leitlinien zur interprofessionellen Praxis.* Verfügbar unter https://www.palliative.ch/fileadmin/user_upload/palliative/fachwelt/C_Fachgesellschaft/Fachgruppe_seelsorge/Broschuere_Leitlinien_Spiritual_Care_in_Palliative_Care_de_RZ_low.pdf

palliative ch (2019). *Leitlinien Seelsorge als spezialisierte Spiritual Care.* Verfügbar unter https://www.palliative.ch/fileadmin/user_upload/palliative/fachwelt/C_Fachgesellschaft/Fachgruppe_seelsorge/Broschuere_Leitlinien_Seelsorge_de_RZ_web.pdf

Pilgram-Frühauf, F. & Schmid, C. (2018). *Spiritualität im Alter. Eine Einführung für Pflegende und Begleitende.* Zürich: Careum.

Puchalski, C. & Romer, A.L. (2000). Taking a spiritual history allows clinicians to understand patients more fully. *Journal of Palliative Medicine, 3*(1), 129–137.

Puchalski, C., Ferell, B., Virani, R., Otis-Green, S &, Baird, P. (2009). Improving the Quality of Spiritual Care as a Dimension of Palliative Care: The Report of the Consensus Conference. *Journal of Palliative Medicine, 12*(10), 885–904.

Puchalski, C., Vitillo, R., Hull, S. & Reller, N. (2014). Improving the Spiritual Dimension of Whole Person Care: Reaching National and International Consensus. *Journal of Palliative Medicine, 17*(6).

Pujol, N., Jobin, G. & Beloucif, S. (2016). ‚Spiritual care is not the hospital's business': a qualitative study on the perspectives of patients about the integration of spirituality in healthcare settings. *Journal of Medical Ethics, 42,* 733–737.

Pschyrembel Klinisches Wörterbuch (258. Aufl.). (1998). Berlin/New York: Walter de Gruyter.

Riedner, C. & Hagen, T. (2011). Spirituelle Anamnese. In E. Frick & T. Roser (Hrsg.), *Spiritualität und Medizin. Gemeinsame Sorge für den kranken Menschen* (2. Aufl., S. 234–241). Stuttgart: Kohlhammer.

Roser, T. & Gratz, M. (2014). Spiritualität in der Sterbebegleitung. In S. Kränzle, U. Schmid & C. Seeger (Hrsg.), *Palliative Care: Handbuch für Pflege und Begleitung* (S. 57–63). Berlin/Heidelberg: Springer.

Roser, T. (2017). *Spiritual Care: Der Beitrag von Seelsorge zum Gesundheitswesen.* Stuttgart: Kohlhammer.

Steinhauser, K., Voils, C., Clipp, E., Bosworth, H., Christakis, N. & Tulsky, J. (2006). „Are you at peace?": one item to probe spiritual concerns at the end of life. *Archives of Internal Medicine, 166*(1), 101–105.

Fensterbeitrag Psychoonkologin: „Herausforderungen am Ende des Lebens“

Sandra Sieber

Sind spirituelle Aspekte auch Inhalt psychoonkologischer Therapien in palliativen Situationen? Wo zeigen sich Auseinandersetzungen mit Inhalten, die diese vierte Dimension der Gesundheit (Steinmann, 2012) betreffen? Das nachfolgende, aus verschiedenen Erfahrungen zusammengestellte Praxisbeispiel öffnet den psychoonkologischen Blickwinkel auf diese Fragen.

Die Kontaktaufnahme mit Menschen in einer lebensbedrohlichen Situation fordert von den Fachpersonen (und den Patienten!), in kurzer Zeit eine tragfähige Beziehung aufzubauen, ja überhaupt, sich auf die Beziehung einzulassen. Dies in einer Situation, in welcher der Tod kaum mehr zu verdrängen ist (jedoch auch nicht ständig Thema sein muss!), keine Aussicht auf Heilung mehr besteht, sich das Leben dem Ende nähert und sich Patientinnen manchmal auch als wertlos wahrnehmen.

Die Kontaktaufnahme bedarf der Sorgfalt. Ich bin eine Unbekannte, Frau Granchio befindet sich in einer schwierigen Situation, alles Fremde irritiert stärker als in gesundem und stabilem Zustand. Sie muss sich im therapeutischen Kontakt in Sicherheit fühlen, muss merken, dass sie mich durch die Ernsthaftigkeit ihrer Situation und ihrer Anliegen nicht belastet oder erschreckt, dass sie mir ihre Ängste und Befürchtungen zumuten kann und dass ich ihr zuhöre. Es soll für sie klar sein, dass ich dazu bereit bin, ihre Situation mitzutragen. Und auch, dass ich das Prinzip Hoffnung und Ermutigung vertrete. Dieses ist nicht zu verwechseln mit dem Prinzip nicht hinterfragten positiven Denkens!

Aus müden Augen schaut mich die 66-jährige Frau Granchio an. Ich sehe sie zum ersten Mal auf der Onkologie- und Palliativstation. Etwas gequält wirkend sitzt sie aufrecht im Bett. Auf ihrem Nachttisch stehen Romane, Reiseführer und ein bunter Wiesenblumenstrauß. Nach der Begrüßung erlaubt sie, dass ich mich für einen Moment zu ihr setze. Ich informiere die Patientin über meine Aufgabe auf der Abteilung und über das Angebot der psychoonkologischen Unterstützung im Rahmen der interprofessionellen Betreuung auf der Station. Ihre Befürchtung, dass sie als psychisch krank wahrgenommen und abgestempelt werden könnte, erkenne ich an ihrem plötzlich kritischen Blick. Ich frage nach, ob meine Vermutung der Wahrheit entspreche, was sie etwas beschämt bejaht. Die Erklärung, dass ich dies immer wieder in dieser Art erleben würde und wisse, dass alles, was mit „Psy-“ beginne noch häufig einem Vorurteil unterliege, wirkt entlastend.

Frau Granchio berichtet nun, dass sie schwierige und belastende Wochen hinter sich habe. Die körperlichen Symptome, die sie im vergangenen Jahr immer wieder gequält und gelähmt hätten, habe sie stets mit der Vermutung abgetan, dass ihr die aktuelle Lebenssituation Bauch- und Rückenschmerzen verursachen würde. Nicht im Traum hätte sie daran gedacht, dass etwas Schlimmeres dahinterstecken könnte, und sie sei aus allen Wolken gefallen, als ihr der Arzt nach einer Kontrolle mitgeteilt habe, dass er sie zum Onkologen schicken müsse, er vermute einen Tumor. Die jetzige Diagnose des bereits metastasierenden Tumorleidens (der Onkologe habe von wenigen verbleibenden Lebensmonaten gesprochen) habe ihr komplett den Boden unter den Füßen weggezogen, sie fühle sich wie in einem luftleeren Raum, weit weg von der Realität, in der sie sonst gelebt habe. Der Tod sei „von Null auf Hundert" in ihr Blickfeld gerückt, ihre Endlichkeit werde ihr schmerzlich bewusst. Sie hätte noch so viel vorgehabt, hadere mit dem Schicksal, frage sich, ob sie noch Zeit habe, Unerledigtes zu regeln. Dies erschüttere sie enorm, obwohl sie ja immer gewusst habe, dass sie eines Tages diesen Planeten verlassen müsse.

Warum ich? Warum jetzt? Warum ...? Diese Fragen tauchten als existentielle Grundfragen – als Bedürfnis des Menschen auf der Suche nach Sinnhaftigkeit – auch bei Frau Granchio auf. Eine Antwort darauf zu finden, fällt enorm schwer. Vielmehr war es für sie hilfreich, sich diesen negativen Gefühlen durch die Auseinandersetzung mit folgenden Fragen zu stellen: Was bedeutet für mich die Erkenntnis, dass das Leben manchmal ungerecht ist, dass man dem Leiden und dem Tod nicht entgehen kann, dass man alleine dem Leben ausgesetzt ist? Wichtig war es also, Krankheit als Teil des Lebens, als schicksalhaften Faktor der menschlichen Existenz (und nicht etwa als Strafe) zu sehen. Dies schreibt sich so einfach, ist aber in der Realität eine schwierige und belastende Auseinandersetzung!

Mit viel Herzblut, erzählt Frau Granchio, habe sie ihre Buchhandlung, die sie im Alter von 30 Jahren von einer Genossenschaft übernommen habe, geführt. Sie habe seit Jahren auf längere Ferien verzichtet, diese auf die Zeit nach der Pensionierung verschoben und sei stets eingesprungen, wo Not an Personal gewesen sei. Die Buchhandlung sei ihr Lebensinhalt gewesen. Auf die Gründung einer Familie habe sie bewusst verzichtet, sie pflege jedoch einen guten Kontakt zu ihren zwei Geschwistern. Sie versuche auch dort, stets Hilfe zu leisten, wo es nötig sei. Auf dringendes Anraten eines Freundes hin habe sie vor einem Jahr angefangen, sich mit ihrer Pensionierung und der Geschäftsübergabe zu beschäftigen, was sie bisher immer aufgeschoben, ja verdrängt habe. Glücklicherweise habe sie vor zwei Monaten eine tolle Lösung gefunden: Eine seit mehreren Jahren im Laden angestellte Frau werde ab dem kommendem Jahr in ihre Fußstapfen treten. In den Monaten vor Diagnosestellung habe sie sich zusammen mit ihrer Nachfolgerin intensiv mit der Übergabe beschäftigt.

Um langjährige Einstellungen, Werte und Glaubenssätze herauszufinden, setzte sich Frau Granchio mit folgenden Fragen auseinander: Was war mir früher wichtig? Welches waren meine zentralen Lebensinhalte? Was habe ich erreicht? Neben der Wichtigkeit der Arbeit in der Buchhandlung war ihr das Wohl der Menschen, die um sie herum lebten, sehr wichtig, weshalb sie selber auch lieber zurückstand. In den Beziehungen fühlte sie sich gebraucht, konnte durch ihre Unterstützung anderen gegenüber etwas bewirken. Ebenfalls fühlte sie sich mit der Natur sehr verbunden und setzte sich für einen sorgsamen Umgang mit ihr ein. Im Großen und Ganzen stand sie im Einklang mit ihren gelebten Einstellungen und Werten.

Sie konnte ihr Leben rückblickend als eine sinnvolle Gesamtheit sehen und verstehen, auch wenn sie einige wenige Punkte heute anders angehen würde.

Schmerzlich werde ihr auch bewusst, erzählt Frau Granchio, dass sie die Vorhaben, die sie mit dem Ziel geplant habe, einen klaren Schnitt zwischen dem Übergang vom Berufs- ins Rentenleben zu schaffen, nicht mehr realisieren könne. Sie hätte beispielsweise auch vorgesehen, in ihrer Pension viel Zeit in der Natur zu verbringen, da sie dort Kraft schöpfen könne und sie sich dort bereits von Kindsbeinen an wohl gefühlt habe. Sie verstehe das alles einfach nicht, fürchte sich davor, was sie jetzt noch erwarte. Sie habe keine Angst vor dem Sterben an sich, hingegen vor unerträglichen Schmerzen, bis es denn so weit sei. Sowie davor, was nach dem Tod komme.

Wo stehe ich jetzt? Gibt es Veränderungen in den Prioritäten? In der Auseinandersetzung mit diesen Fragen waren die Klärung aktueller Bedürfnisse und deren Abstimmung mit langjährigen Einstellungen sowie der Umgang mit belastenden Emotionen zentral. Frau Granchio konnte es nur schwer akzeptieren, dass sie nicht mehr für die anderen da sein konnte („zuerst kommen die anderen, dann ich"), dass sie die Rollen tauschen musste. Dies ließ Befürchtungen rund um Beziehungen aufkommen und warf für sie als Konfliktvermeidende die Frage auf, ob Konflikte auch konstruktiv sein könnten, möglicherweise sogar zu einer Vertiefung der Beziehung führen könnten. Sie hielt derartige Gedanken und Gefühle nicht mehr von sich fern und schaffte es so, Unausgesprochenes mit betreffenden Personen zu klären. Darüber hinaus machten sich aber Ängste zur Frage nach dem „Leben danach" breit. An religiöse Annahmen konnte sie nicht glauben. Hingegen schien ihr als Naturverbundene die Rückbindung an etwas Umfassenderes logisch. Und dies beruhigte sie.

Aus psychoonkologischem Blickwinkel zeigt sich die Spiritualität in der Begleitung von Frau Granchio als übergeordneter Begriff für viele existentielle Fragen, die sich einem Menschen stellen, der seinem Lebensende näher rückt und mit dem Tod konfrontiert wird.

Literatur

Steinmann, R. M. (2012). *Spiritualität – die vierte Dimension der Gesundheit. Eine Einführung aus der Sicht von Gesundheitsförderung und Prävention.* Münster/Berlin: LIT Verlag.

3.2 Biografiearbeit

Gemäß der Bigorio-Definition, die für uns grundlegend ist (vgl. Odier et al., 2010, S. 1), betrifft Spiritualität „die Identität des Menschen“ und damit „seine Werte, alles, was seinem Leben Sinn, Hoffnung, Vertrauen und Würde verleiht.“ Diese Dimension in der Begleitung und Pflege zu berücksichtigen, ist auch aus Sicht der Personenzentrierung im Gesundheitswesen essenziell. Eine auch in der Pflegewissenschaft und -praxis geläufige Methodik ist die Biografiearbeit. Biografiearbeit basiert auf der Rekonstruktion von Lebensverläufen und den zugehörigen Sinnkonstruktionen auf der Basis biografischer Erzählungen oder auch persönlicher Dokumente und Gegenstände. Es geht dabei einerseits um das äußere Geschehen und andererseits um die (impliziten) Sinndeutungen durch die Betroffene, den Betroffenen selbst, welche diesem Geschehen gegeben werden. Dieser Prozess der Sinndeutung kann sich innerhalb des Lebens ändern und ist auch im Alter nicht abgeschlossen. Mit der Biografiearbeit können für die begleitete Person verschiedene Ziele verfolgt werden wie etwa das Entdecken von Ressourcen, von bisher ungelebten Alternativen und zukünftigen Handlungsperspektiven sowie die individuelle (Neu-)Bewertung der eigenen Lebensgeschichte und eine allfällige Klärung und Versöhnung von und mit Geschehenem. Für das Behandlungsteam können Verhaltensmuster verstehbar werden, damit es nicht aufgrund von Unkenntnis oder Vorurteilen agiert, sondern die Normen und Werte der Bewohnerinnen und Patienten erkennt. So wird es möglich, den Menschen in seiner Art anzuerkennen und seine Bedürfnissignale passgenauer in die Betreuung und Begleitung einzubeziehen.

Die spirituelle Dimension in der Biografiearbeit zu berücksichtigen, scheint uns als Grundlage für eine ganzheitliche Begleitung unerlässlich. Wir möchten in diesem Kapitel aufzeigen, wie sich die Biografiearbeit mit besonderem Blick auf die spirituelle Dimension gestalten lässt.

Praxisbeispiel:
Herr Berger – Im Buch des Lebens lesen

Herr Berger erwartet mich in seinem freundlichen, hellen Zimmer. Sorgfältig in die Kissen seines Bettes gelagert, hebt er mühsam den Kopf und begrüßt mich mit einem wachen und interessierten Blick. Seine Bezugspflegende, eine Pflegefachfrau, heißt mich in ihrer beider Namen herzlich willkommen. „Schön, Sie zu sehen“, sage ich zu Herrn Berger und frage: „Darf ich heute wieder zu Ihnen kommen?“ Auf sein unter großer Anstrengung geäußertes „Ja“, muss ich geduldig warten. „Das freut mich“, antworte ich, und die Pflegefachfrau und ich setzen uns zu beiden Seiten von Herrn Bergers Bett auf die bereitstehenden Stühle – ein inzwischen vertrautes Setting.

Auf der Bettdecke liegt das rote Album bereit, Herrn Bergers „Lebensbuch“, wie wir es nennen. Es bildet sozusagen den roten Faden für unsere Begegnungen und Gespräche. Wie wir das seit vielen Wochen regelmäßig tun, schlagen wir auch heute dieses Buch auf, um darin Festgehaltenes aufgreifen zu können. Wir wollen miteinander herausspüren und danach suchen, welche Themen, Erinnerungsbilder oder Erzählungen aus Herrn Bergers Leben wichtig sind und in dem biografischen Buch einen Platz bekommen sollen. Heute liegt ein kleiner Stapel Fotografien neben dem Buch, verschiedene Familienmitglieder von Herrn Berger haben sie zusammengetragen.

Herr Berger ist alleinstehend und leidet seit vielen Jahren an einer Hirnatrophie, einem krankheitsbedingten Schwund von Hirngewebe. Die Erkrankung hat ihn durch fortschreitende Lähmungen und zunehmend erschwerte Kommunikation zu immer neuen Anpassungen seines Lebensalltags gezwungen – angefangen bei der Aufgabe der Berufstätigkeit über die zunehmend eingeschränkte Mobilität bis hin zur vollständigen Pflegeabhängigkeit. Gut 50-jährig ist er – von einer geriatrischen Langzeitpflegeinstitution herkommend – in die Stiftung Scalottas eingetreten. Mittlerweile kann er sich kaum noch verbal äußern, ist an Armen und Beinen fast vollständig gelähmt und wird, da er nicht mehr Schlucken kann, über eine Sonde ernährt.

Für das Pflegeteam seiner Wohngruppe war die Betreuung des neuen Bewohners zu Beginn eine große Herausforderung: Herr Berger wehrte sich häufig gegen Pflegemaßnahmen, er verweigerte Therapieangebote, verhielt sich den Pflegenden gegenüber herausfordernd bis aggressiv, beschimpfte sie bisweilen oder äußerte sich ihnen gegenüber abfällig. Darüber hinaus hielt er sich meist in seinem Zimmer auf und mied den Kontakt mit der übrigen Wohngruppe. Er beschäftigte sich hauptsächlich mit Fernsehen.

Nach einigen Wochen fragte die gruppenleitende Pflegefachfrau mich als Seelsorgerin der Institution an, ob ich Herrn Berger begleiten könne: Sie vermutete in dessen Verhalten eine Erschütterung seiner spirituellen Identität und wollte gezielt auch spirituellen Aspekten Aufmerksamkeit schenken. Mit ihr zusammen wagte ich ein erstes Gesprächsangebot: „Ich würde mich freuen, Sie kennenzulernen“, wandte ich mich an Herrn Berger: „Ich möchte erfahren, wer Sie sind, was Sie ausmacht und was für Sie Bedeutung hat. Mögen Sie mir zusammen mit Ihrer Bezugspflegenden von sich erzählen?“ Herr Berger willigte nach anfänglichem Zögern ein, und so machten wir uns zu dritt auf eine erzählerische Reise in seine Geschichte. Diese wurde im Verlauf unserer regelmäßigen vierzehntäglichen Gespräche immer lebendiger. Die Bezugspflegende erzählte, was ihr aus dem Leben von Herrn Berger bekannt war, ich fragte nach, vertiefte und ergänzte mit bei mir Anklingendem. Es war uns wichtig, uns durch sorgsames Zurückfragen jeweils zu vergewissern, dass Herr Berger dem Besprochenen und Erzählten zustimmen konnte und sich von uns verstanden fühlte. Damit das Erzählte nicht wieder entschwebte und auch, um es im Sinne einer Würdigung sicht- und greifbar zu machen, machte ich Herrn Berger den Vorschlag, seine Lebensgeschichte aufzuschreiben und in einem biografischen Album festzuhalten. Er musste nicht lange nachdenken und stimmte gerne zu. So schrieb ich nach unseren Gesprächen die Erzählungen über sein Leben auf – nach Lebensabschnitten oder Themen geordnet – und las die entstandenen Texte bei unserer nächsten Begegnung jeweils vor. Herr Berger konnte dann entscheiden, welche Textstücke er in sein Lebensbuch aufnehmen wollte und an welcher Stelle sie jeweils stehen sollten.

Bei einer zufälligen Begegnung mit einem nahestehenden Angehörigen von Herrn Berger lud ich diesen spontan zum Mit-Erzählen ein. Das war der Anfang einer erweiterten Erzählgemeinschaft: In der nächsten Zeit kam es zu Treffen mit weiteren Familienangehörigen, die gleichsam stellvertretend aus Herrn Bergers Leben erzählten und persönliche Geschichten, die sie mit ihm erlebt hatten, mit uns teilten.

Daraus entstand ein immer größer werdender Erzählkreis, in dem gegenseitiges Vertrauen wachsen konnte. Herr Berger bekam Raum, und seine Geschichte stieß auf Resonanz. Er zeigte sich in diesen Begegnungen wie auch im Alltag der Wohngruppe als Person immer präsenter und profilierter. Verschiedene Familienangehörige von Herrn Berger machten sich auf die Suche nach persönlichen Fotos, Dokumenten und Erinnerungsstücken, die wir in unser Biografiealbum einfügten, zusammen mit den Gedanken, Geschichten und Überlegungen aus unseren Gesprächen. Über jeden Eintrag entschied Herr Berger selber. Ebenso darüber, wem das Buch schließlich gezeigt und vorgestellt werden sollte.

Das so entstandene Lebensbuch zeichnet das Bild eines abenteuerfreudigen, weltoffenen Mannes, der trotz fortschreitender Erkrankung und immer kleiner werdendem Handlungsspielraum unerschrocken und einfallsreich mit diesen Herausforderungen umgegangen ist.

In einem so über Wochen entstandenen Raum des gegenseitigen Vertrauens wird es mit der Zeit auch möglich, die Erkrankung von Herrn Berger und ihren möglichen Verlauf anzusprechen. Das hatte er bis dahin stets verweigert. Seine Veränderung wird anhand eines Albumeintrags sichtbar: Ein Foto zeigt einen sich gabelnden Bergwanderweg aus der Heimat des Bewohners. Das Motiv der Wegverzweigung gibt uns eine Sprache, um über Herrn Bergers weiteren Weg beziehungsweise seine Zukunft sprechen zu können. Auf der Seite neben dem Bild halten wir die Hoffnungen und Wünsche des Bewohners für seinen weiteren Weg fest, und zwar offen für einen positiven oder negativen Krankheitsverlauf. Schließlich können wir sogar gemeinsam seine Anliegen im Blick auf Maßnahmen am Lebensende formulieren. Uns beeindruckt Herrn Bergers Hoffnung, dass sich sein Gesundheitszustand stabilisieren oder gar verbessern möge – und ebenso sein Wunsch, Teil der Familie zu bleiben. So füllen sich kontinuierlich weitere Seiten seines Lebensbuches, und dieses zeigt eindrücklich die vielfältigen Aspekte seines einmaligen Lebens und seiner persönlichen Spiritualität.

Diese gemeinsame Biografiearbeit kann nun sehr gut für den weiteren interdisziplinären Betreuungsprozess genutzt werden. In einer Teamsitzung stellen die Pflegefachfrau und ich – auf meinen Vorschlag hin und im Einverständnis mit Herrn Berger – dieses Lebensbuch dem ganzen Pflegeteam vor. Die Pflegefachpersonen verstehen vor diesem Hintergrund den Bewohner viel besser und erhalten neue Impulse für seine Pflege und Betreuung. Schließlich stellen wir das Lebensbuch auch dem Neuropsychologen der Institution zur Verfügung. Dieser digitalisiert es und lädt es auf Herrn Bergers augengesteuerten Computer. Anschließend zeigt er dem Bewohner die entsprechende Augensteuerung, übt diese mit ihm und macht ihm so sein Buch zugänglich. Aus dem biografischen Erzählen geht hervor, dass Musik eine wichtige Ressource von Herrn Berger ist. Er hat selber sogar mehrere Instrumente gespielt. Deshalb wird auf seinen Wunsch hin die Begleitung durch die Musiktherapeutin intensiviert. Sie versucht dabei, seine jeweilige Gestimmtheit wahrzunehmen und mit entsprechender Musik darauf zu reagieren. In den Songs seines Lieblings-Reggae-Sängers kommt das Leben von Herrn Berger zum Klingen. Manchmal – so erzählt die Musiktherapeutin – wird es sogar möglich, dass er mit ihr zusammen eine Ozeantrommel bewegen, deren Schwingungen auf seinem Körper spüren und klanglich ins Meeresrauschen eintauchen kann. Dies ist ein ganz besonderes Erlebnis für den ehemaligen Taucher, dem das Meer so viel bedeutet hat. Gleichzeitig bemühen sich die Physiotherapeutin und das Pflegeteam intensiv darum, Herrn Berger Therapieeinheiten im Schwimmbad zu ermöglichen. Aus pflegerischen Gründen ist dies schließlich doch nicht realisierbar. Dafür besucht ihn regelmäßig eine Mitarbeitende mit ihrem Hund, was Herr Berger, der über viele Jahre einen Hund besessen hat, offensichtlich genießt. Als weitere Maßnahme versuchen das Pflegeteam und der Neuropsychologe zusammen mit Herrn Berger abgebrochene Kontakte zu seinen frü-

heren Freunden und Kollegen wieder aufzunehmen. Der Psychologe bemüht sich, ein Mailprogramm auf Herrn Bergers Spezialcomputer einzurichten und beginnt mit ihm, den Umgang damit zu erlernen.
Alle Beteiligten teilen den Eindruck, dass Herr Berger im Laufe der gemeinsamen Biografiearbeit zunehmend an Präsenz und an persönlichem Profil gewonnen hat. Sie nehmen auch wahr, dass er ausgeglichener und kooperativer geworden ist und sich immer stärker am Alltagsleben der Wohngruppe beteiligt. Das Betreuungsteam fühlt sich sicherer im Umgang mit Herrn Berger und empfindet seine Pflege nicht mehr als besonders belastend.
Als Herr Berger schließlich nach einem ungefähr zweijährigen Aufenthalt in der Stiftung verstirbt, verabschieden sich Patientinnen und Bewohner sowie Mitarbeitende in einer Feier von ihm. Diese gestalte ich als Seelsorgerin zusammen mit der Musiktherapeutin und weiteren Mitarbeitenden. Dabei erzählen wir in Absprache mit Herrn Bergers Familie auszugsweise aus seinem Lebensbuch, zeigen einige Fotos daraus und spielen seine geliebte Reggae-Musik.

Für Herrn Berger ist es bedeutsam, dass die Erzählungen über sein Leben in einem biografischen Album festgehalten werden. Offensichtlich schätzt er es, erzählen zu können: über sein bisheriges Leben und über das, was ihm heute wichtig ist. Mit dem Erzählen wird es ihm möglich, seinen inneren Reichtum für sich selbst zu erschließen und ihn zugleich auf einer äußeren Bühne, vor anderen Menschen auszubreiten. Und so hilft das Entstehen dieses Albums mit, dass Herr Berger in der Institution mehr Raum erhält, dass man Facetten seiner Biografie in den Blick bekommt und dass damit für das Betreuungsteam ein vielschichtiges Bild seiner Persönlichkeit entsteht.

3.2.1 Die zerschnittenen Harfensaiten – Erzählen braucht Vertrauen

Herr Berger hat einen langen Prozess des körperlichen Abbaus hinter sich, der dazu führt, dass er kaum noch Möglichkeiten hat, sich nach außen hin zu verständigen. Es ist nicht verwunderlich, dass seine Situation in der Einrichtung für die Pflegenden wie auch für ihn selbst darum höchst anspruchsvoll ist. Er scheint anfangs nicht wirklich da zu sein beziehungsweise da sein zu können, man weiß in der Institution wenig über ihn, die Begegnungen mit ihm sind schwierig und er zieht sich zurück. Den Pflegenden gegenüber verhält Herr Berger sich abwehrend und aggressiv, in seinem Zimmer beschäftig er sich mit Fernsehen. Bei ihm vollzieht sich der Prozess eines Rückzugs, einer Vereinsamung, eines Abbruchs der Kommunikation und Verbindung. Dabei scheint nicht nur die Kommunikation nach außen hin gestört, sondern auch die innere Verbindung scheint blockiert. Der Fernseher ersetzt die innere Welt.

„Ich würde mich freuen, Sie kennenzulernen", wandte ich mich an Herrn Berger: „Ich möchte erfahren, wer Sie sind, was Sie ausmacht und was für Sie Bedeutung hat. Mögen Sie mir zusammen mit Ihrer Bezugspflegenden von sich erzählen?" Herr Berger willigte nach anfänglichem Zögern ein, und so machten wir uns zu dritt auf eine erzählerische Reise in seine Geschichte. Diese wurde im Verlauf unserer regelmäßigen vierzehntäglichen Gesprächen immer lebendiger.

Das wiederholte und ehrliche Interesse an seiner inneren Welt ist ein Signal, das Herr Berger zu brauchen scheint, um sich aus seiner Abkapselung lösen zu können. Dabei funktioniert das Interesse nicht wie ein Knopfdruck, der eine sofortige Wirkung zeigt, sondern eher wie ein sanftes Anklopfen – zuerst nur mit den Augen, bevor dann die Worte dazukommen, und oft sind mehrere Versuche notwendig. Dabei ist es zentral, dass mit dem Anklopfen keine Erwartung verbunden ist, als ob damit etwas Bestimmtes geschehen müsste – auch nicht die Öffnung des anderen. Es ist ein Interesse an der anderen Person, gerade so, wie sie jetzt da ist: Schweigsam, zurückgezogen, aggressiv – und vielleicht irgendwann offen für einen ersten Kontakt.

Es ist ein langsamer, auch vorsichtiger Prozess der Öffnung, den Herr Berger durchläuft. Das Erzählen von der inneren Welt, von Verletzungen wie auch von Glück ist etwas sehr Intimes und Anspruchsvolles. Nicht selten ist eine existentielle Scham damit verbunden. Habe ich überhaupt Worte für mein Erleben? Will ich, kann ich überhaupt davon erzählen? Und wie stehe ich vor meinem Gegenüber da, wenn ich davon berichte, was mir wirklich wichtig ist? Kommt es damit zurecht, entsteht eine Resonanz? Oder erzähle ich ins Leere hinein, weil mein Gegenüber mit meinen Erzählungen, vielleicht auch mit meinem Stammeln und Suchen, mit mir als Person nichts anfangen kann? Wenn ich zu erzählen beginne, gebe ich mich selbst ein Stück weit aus der Hand, ich verliere einen Teil der Kontrolle. Es ist also ein ambivalentes Geschehen: Es tut gut, mit jemandem zu sprechen, über mich zu sprechen, aber zugleich ist es auch ein Wagnis, weil ich nicht weiß, wie mein Gegenüber mit mir umgehen wird.

Es braucht einen Raum des Vertrauens, damit das Erzählen möglich wird. Erforderlich ist also eine Art des Zuhörens, in der ein solches Vertrauen entstehen kann. Nicht dadurch, dass jemand fähig ist, auf das Gehörte etwas Kluges zu sagen, einen Ratschlag zur Hand zu haben oder eine Lösung für den anderen anzubieten. Es entsteht dadurch, dass jemand ganz präsent ist und wirklich zuhört. Erforderlich ist ein Hinhören auf das, was das Gegenüber sagt, aber auch darauf, was das Gesagte für diese Person bedeutet. Es bedeutet, die Worte zu hören und die Emotionen wahrzunehmen, die mit den Worten verbunden sind, aber ebenso die Einstellung dazu und die Stimmung, in der ein Mensch gerade ist.

Solches Zuhören hat zwei Seiten: Es ist einerseits geprägt durch eine hohe Achtsamkeit und Präsenz, andererseits durch Verbindung, Empathie und Mitgefühl. Diese Mischung ist ungeheuer kraftvoll, sie ermöglicht es, einen Raum des Vertrauens zu öffnen, in dem der andere seine Geschichte so zu erzählen vermag, dass er sich selbst dabei besser kennenlernt und sich selbst spürt. Die zuhörende Person kann Vertrauen aufbauen, indem sie zulässt, dass sich beim Erzählenden ein innerer Prozess abspielt, den sie nicht beeinflussen muss und auch nicht unterbrechen soll, weil dieser Prozess seine eigene Logik und seinen eigenen Rhythmus hat.

Oft beginnt der oder die Erzählende mit kleinen Sätzen, dem Bericht kleiner Episoden. Das sind gleichsam rudimentäre Lebenserzählungen, in denen die Beziehung zum zuhörenden Gegenüber als Basis einer möglichen Weiterentfaltung auf dem Spiel steht: „Erweist du dich in deiner Antwort als ein Mensch, der mich mit meinem Anliegen wirklich ernst nimmt – oder bleibst du auf der Ebene deiner distanzierten Professionalität?“ Die Scham, sich zu entblößen, ist noch präsent. Ebenso die Befürchtung, nicht ganz gehört zu werden, die Angst vor dem Alleingelassen werden oder vor Manipulation.

Zuhören heißt also zunächst, nicht wegzugehen. Auch das Tasten auszuhalten, vielleicht die kritische Gegenfrage entgegenzunehmen und persönlich zu beantworten. Das ist nur möglich, wenn ich mich auf der existentiellen Ebene nicht als Fachperson inszeniere, sondern als Mensch zeige, der selbst Scham kennt, eine eigene Lebensgeschichte zu erzählen hätte, die Brüche und Gipfelerfahrungen kennt.

Die Ärztin Sayantanani Das Gupta bezeichnet diese Haltung des Zuhörens als „Narrative Humility“, als erzählerische Bescheidenheit: „Diese [...] nähert sich dem an, was in der Medizin als Achtsamkeit/Sorgfalt bezeichnet wird. In der Tat ist Bescheidenheit ein zentraler Bestandteil vieler spiritueller Traditionen, wobei eine demütige Grundhaltung nicht nur persönliches Wachstum ermöglicht, sondern auch einen gewissen Grad spiritueller Erleuchtung kennzeichnet. Dabei sind die gelehrtesten Mönche die bescheidensten, weil sie sich bewusst sind, wie viel sie noch immer zu lernen haben. Das bedeutet nicht, dass Ärzte sich von ihren wissenschaftlichen Kenntnissen oder ihrem fachlichen Feingefühl abkehren sollen. Vielmehr soll gelebte Bescheidenheit eine Ärztin befähigen, eine offene, empfängliche Haltung einzunehmen, in der sie nicht in erster Linie auf andere einwirkt, sondern vielmehr auf sich (ein)wirken lässt." (Das Gupta, 2008, S. 981).

Erzählen wurzelt in einem Beziehungsgeschehen und erlaubt zugleich, dieses Geschehen auszudrücken. Erzählen und Zuhören sind vergleichbar mit den zwei Seiten einer Münze. In einer alten buddhistischen Geschichte mit dem Titel „Wahre Freunde" entsteht ein wunderschönes Symbol: „Vor langer Zeit lebten in China zwei Freunde; der eine war ein geschickter Harfenspieler, und der andere war ein geschickter Zuhörer. Wenn der eine über einen Berg spielte oder sang, so sagte der andere wohl: ‚Ich sehe den Berg vor uns'. Wenn der eine vom Wasser spielte, so rief der andere: ‚Hier ist der rauschende Strom!' Aber der Zuhörer wurde krank und starb. Sein Freund zerschnitt die Saiten seiner Harfe und spielte niemals mehr. Seit dieser Zeit sind die zerschnittenen Harfensaiten ein Zeichen inniger Freundschaft." (Reps, 1982, S. 94).

3.2.2 Der innere Mensch – Erzählen als Aufspüren der Lebendigkeit

Im Erzählen entsteht aber nicht nur ein Abbild von früheren Lebenserfahrungen, sondern es entsteht etwas Neues: etwas, das auf die Zukunft ausgerichtet ist; es entsteht sozusagen ein neues Bild des alten Lebens, ein Bild, das mit dem Bisherigen zu tun hat, aber mindestens genauso viel mit dem, was jetzt wichtig ist und mit dem, was noch wichtig sein oder werden könnte. Die Lebensgeschichte, die man anderen erzählt, ist kein Tatsachenbericht, keine chronologische Dokumentation. Es geht nicht darum, das eigene Leben möglichst detailgetreu und richtig wiederzugeben, sondern darum, aus der heutigen Perspektive wichtige Szenen sich und anderen vor Augen zu führen. Im Erzählen verändert sich unsere Geschichte, weil wir sie in der Gegenwart deuten, gewichten. Und sie verändert sich darum, weil wir sie jemandem erzählen. Das wertschätzende Zuhören ermöglicht es dem Erzähler, seine eigene Erzählung neu zu hören, noch tiefer wertzuschätzen und Aspekte anders, frisch wahrzunehmen. Aus der unendlichen Fülle des biografischen Materials wird ausgewählt und neu geordnet. Da verlieren Aspekte, die früher wichtig waren, an Bedeutung und anderes, das heute wichtig ist, tritt in den Vordergrund.

Wir wollen miteinander herausspüren und danach suchen, welche Themen, Erinnerungsbilder oder Erzählungen aus Herrn Bergers Leben wichtig sind und in dem biografischen Buch einen Platz bekommen sollen.

Dieses Herausspüren ist zentral. Die Pflegefachfrau vermutete im sich abkapselnden Verhalten von Herrn Berger eine Erschütterung seiner spirituellen Identität. Diese Vermutung sollte sich als hilfreiche Spur erweisen. Im Herausspüren geht es darum, wieder Zugang zur inneren Welt, zum „inneren Menschen", wie es der Apostel Paulus nennt, zu finden. Er formuliert im zweiten Brief an die christliche Gemeinde in Korinth: „Darum werden wir nicht müde; sondern wenn auch unser äußerer Mensch verfällt, so wird doch der innere von Tag zu Tag erneuert." (Die Bibel 2017, 2. Korinther 4, 16).

Es gibt, wie Paulus in seinem Bild skizziert, einen „inneren Menschen", eine innere Dynamik und Lebendigkeit, die sich täglich erneuert, auch wenn der „äußere Mensch", unsere körperliche Verfasstheit, die körperlichen Möglichkeiten, über die wir verfügen, nachlassen und eingeschränkt werden. Spirituelle Biografiearbeit ist im Kern die Suche nach der inneren Lebendigkeit, wie sie sich auf dem bisherigen Lebensweg gezeigt hat und wie sie sich heute zeigt – die Suche nach dem inneren Menschen. Die Begleitung von Herrn Berger hatte wesentlich damit zu tun, den Zugang zu dieser inneren Lebendigkeit zu suchen und zu erschließen.

Das so entstandene Lebensbuch zeichnet das Bild eines abenteuerfreudigen, weltoffenen Mannes, der trotz fortschreitender Erkrankung und immer kleiner werdendem Handlungsspielraum unerschrocken und einfallsreich mit diesen Herausforderungen umgegangen ist.

Zeugnis und zugleich so etwas wie eine Werkstatt für den inneren Menschen von Herr Berger ist sein Lebensbuch, das bunte Aspekte seines Lebensweges und seiner persönlichen Spiritualität abbildet und zugleich Material und Inspiration ist für seinen weiteren Weg. So wird deutlich, dass die Musik für ihn eine bedeutsame Quelle der Lebendigkeit war und es erweist sich, dass die Musik auch seinen aktuellen Lebensrhythmus beflügelt. Er spürt die Vibrationen im Körper und darin das Meer, das ihm viel bedeutet. Es ist ein kreatives Geschehen, das Herrn Berger seine Lebendigkeit entdecken und erleben lässt. Die biografischen Szenen fungieren wie innere Marker, die ihn an seine erlebte Lebendigkeit erinnern und ihn wieder mit dieser in Verbindung bringen. Das Festhalten dieser Erinnerungen im Lebensbuch hilft ihm, die Lebendigkeit, wie sie in seinem Leben gewirkt hat, anzuerkennen und darauf zu vertrauen, dass sie ihn auch heute belebt.

Die (Wieder-)Entdeckung seiner inneren Lebendigkeit ist ein Geschehen, das auf die Mitwirkung von vielen Menschen angewiesen ist: Zuallererst natürlich auf die Mitwirkung von Herrn Berger selbst, darauf, dass er den Mut aufbringt, sich aus seiner Einkapselung zu lösen und sich anderen anzuvertrauen; von der Pflegefachperson, die mit feinem Gespür seine Not erkennt; von der Seelsorgerin, die beharrlich und einfühlsam einen Raum anbietet, in dem er erzählen kann; von der Musiktherapeutin, die seine frühere Ressource heute wieder ins Leben zu rufen vermag; von den Angehörigen, die mit ihren Geschichten mit Herrn Berger seine Welt noch farbiger gestalten und damit zugleich ihre Verbundenheit mit ihm zum Ausdruck bringen; von der Physiotherapeutin, die seinen Körper zu berühren vermag und vom Neuropsychologen, der ihm zu mehr Selbstständigkeit verhilft. Und zugleich berührt und verbindet Herr Berger damit viele Menschen untereinander, was in der gemeinsamen Feier seines Abschieds zum Ausdruck kommt. Darin zeigt sich Spiritual Care als eine Sorge, die in der Sorge des Betroffenen für sich selber wurzelt, die von vielen Fachpersonen mitgetragen ist und die wiederum die betroffene Person und die Fachleute untereinander verbindet.

3.2.3 Inspiration fürs Erzählen – der Fragenkatalog der Dignity Therapie

Eine Methode wertschätzender Biografiearbeit ist die Dignity Therapie, die darauf abzielt, das Würdeerleben des Menschen bis zu seinem Ende zu erhalten oder zu verstärken. Die „Dignity Therapy“ wurde von einer Forschergruppe um den kanadischen Psychiater Harvey Max Chochinov (2005) entwickelt. Diese Therapie soll bei Patienten das Gefühl für die eigene unverlierbare Würde auch in der letzten Lebensphase stärken. Es geht darum, die psychosoziale und existenzielle Not von Palliativpatientinnen und -patienten zu lindern, indem diese darin angeleitet werden, jene Themen zu besprechen, die ihnen am meisten bedeuten oder die in Erinnerung bleiben sollen. Die Sitzungen werden transkribiert und gemeinsam mit dem Patienten redigiert, gedruckt und ihm schließlich vorgelesen. Die Endversion wird der Patientin ausgehändigt, die sie einem Freund oder Angehörigen hinterlassen kann. Das Gespräch wird strukturiert durch einen Fragenkatalog, der darauf abzielt, wesentliche Erfahrungen aus der eigenen Lebensgeschichte in Erinnerung zu rufen. Dieser Fragenkatalog **(Tab. 3-1)** ist für die Biografiearbeit sehr inspirierend, darum bilden wir ihn am Ende dieses Kapitels ab.

Literatur

Die Bibel nach Martin Luthers Übersetzung. (2017). Stuttgart: Deutsche Bibelgesellschaft.

Chochinov, H. (2005). Dignity Therapy: A Novel Psychotherapeutic Intervention for Patients Near the End of Life. *Journal of Clinical Oncology, 23*, 5520–5525.

Das Gupta, S. (2008). The art of medicine. Narrative humility. *Lancet, 371*(9617), 980–981.

Odier, C., Neuenschwander, H., Pétremand, D. & Fuchs, C. (2010). BIGORIO 2008. Empfehlungen zu Palliative Care und Spiritualität. Konsens zur „best practice" für Palliative Care in der Schweiz. *palliative.ch, Zeitschrift der Schweizerischen Gesellschaft für Palliative Medizin, Pflege und Begleitung, 1*, 1.

Reps, P. (Hrsg.). (1982). *Ohne Worte – ohne Schweigen. 101 Zen-Geschichten und andere Zen-Texte aus vier Jahrtausenden* (4. Auflage). Bern: Scherz Verlag.

Tabelle 3-1: Fragenkatalog der Dignity Therapy (Quelle: Chochinov, 2005. Übersetzung: Deutsche Gesellschaft für Patientenwürde Stand Juli 2016, WT-DAA 30)

Erzählen Sie mir ein wenig aus ihrer Lebensgeschichte; insbesondere über die Zeiten, die Sie am besten in Erinnerung haben oder die für Sie am wichtigsten sind. Wann haben Sie sich besonders lebendig gefühlt?
Gibt es etwas Besonderes, das Sie Ihrer Familie über sich mitteilen wollen? Gibt es bestimmte Dinge, die Ihre Familie von Ihnen in Erinnerung behalten soll?
Was sind die wichtigsten Aufgabenbereiche, die Sie in Ihrem Leben eingenommen haben (Rollen in der Familie, im Beruf, im Sozialleben etc.)?
Was sind Ihre wichtigsten Leistungen, worauf sind Sie besonders stolz?
Gibt es etwas, von dem Sie merken, dass es gegenüber Ihren Lieben noch ausgesprochen werden will? Oder etwas, das Sie gern noch einmal sagen möchten?
Was sind Ihre Hoffnungen und Wünsche für die Menschen, die Ihnen am Herzen liegen? Was haben Sie über das Leben gelernt, das Sie gerne an andere weitergeben möchten?
Welchen Rat oder welche Worte, die Ihre/n ... (Tochter, Sohn, Ehemann, Ehefrau, Eltern, anderen Menschen) leiten können, würden Sie gern weitergeben?
Gibt es konkrete Empfehlungen, die Sie Ihrer Familie mitgeben möchten, um sie für die Zukunft vorzubereiten?
Gibt es speziell für dieses Dokument noch etwas, das Sie hier mit aufnehmen wollen?

Fensterbeitrag Reinigungsfachkraft: „Anteilnahme an den Menschen“

Irene Hardegger

Die Hospizabteilung ist schon ein ganz besonderer Arbeitsort – nicht jede und jeder könnte hier arbeiten. Denn alle Bewohnerinnen und Bewohner auf dieser Station sind schwer krank oder sterbend; fast alle verbringen hier ihre letzte Lebenszeit. Als das Hospiz eröffnet wurde, fragte man mich an, ob ich mir vorstellen könnte, hier als Reinigungskraft tätig zu sein. Ich habe privat schon verschiedene Erfahrungen mit dem Sterben gemacht, darum habe ich keine Berührungsängste. Ich habe zugesagt und inzwischen kann ich sogar sagen, dass ich besonders gerne hier arbeite. Was ich sehr schön finde, ist die Ruhe hier, die Stille.

Manche Bewohner sind nur ein paar Tage hier, anderen begegne ich über Wochen oder sogar Monate. Mir ist sehr bewusst, dass ich, wenn ich zum Reinigen des Zimmers komme, in einen sehr intimen Rahmen eintrete.

Dabei entstehen Beziehungen. Manche Menschen erzählen mir Vieles, auch ganz Persönliches, aus ihrem Leben. Vielleicht grad darum, weil ich „einfach da bin“; ich muss sie ja nicht pflegen oder behandeln.

Ich muss sagen, das berührt mich. Das Schicksal dieser Menschen berührt mich. Einmal habe ich drei Patientinnen, die längere Zeit bei uns lebten, eine Rose geschenkt – einfach, weil ich das gerne wollte. Damit konnte ich Ihnen zeigen, dass ihr Schicksal mich berührt. Und dass sie mir etwas bedeuten. Besonders bewegt hat mich das Sterben eines zwanzigjährigen Krebspatienten, der nur kurze Zeit bei uns war. Als der junge Mann starb, da sind mir die Tränen gekommen, obwohl ich es nicht wollte. Wenn jemand stirbt, geht mir das nahe.

Doch, mir gefällt meine Arbeit hier mit ihren ganz besonderen Begegnungen. Ich bin nicht nur die Reinigungskraft, sondern auch ein Teil der Lebensgemeinschaft hier im Hospiz. Wenn ich morgens komme und das Pflegeteam gerade viel zu tun hat, setze ich mich mit an den Frühstückstisch zu den Bewohnerinnen und trinke einen Kaffee mit ihnen; besonders, wenn jemand allein da ist – da ist auch das Team froh darum. Im Grunde geht es doch einfach um Anteilnahme – an den Menschen und an ihrem Leben.

Fensterbeitrag Pflegeexpertin: „Ehrliches Interesse“

Stefanie Zimmermann

Im Palliativ- und Hospizbereich begegne ich als diplomierte Gesundheits- und Krankenpflegerin schwerstkranken, schicksalsgeprüften Menschen auf einer spirituellen Ebene. Diese Dimension eröffnet sich, wenn die Betroffenen mit Leid konfrontiert werden und sich damit auseinandersetzen. Wir können die betroffenen Menschen darin begleiten, einen Wert zu finden, für den es sich trotz ihrer Erkrankung weiter zu leben lohnt. Die Voraussetzung dafür ist, dass sie ihr erfahrenes Leid und ihre Lebensmöglichkeiten in einem größeren Zusammenhang sehen, verstehen und damit leben können. Dieser Zusammenhang zeigt sich für mich im übertragenen Sinne in der Form eines gespannten Netzes. Ein Netz, das die Menschen auf ihrem Leidensweg auffangen und tragen soll, wenn sie zu fallen drohen. Pflegefachpersonen sollten versuchen, diese transzendenten „Fäden“ zu spannen, um den Menschen nochmals ein tragendes Er-leben zu ermöglichen. „Warum gerade ich?“ oder „Worin erkenne ich Sinn im Erlittenen?“ sind häufig gestellte Fragen im Umgang mit Hospiz- und Palliativpatientinnen.

Für mich stellen diese Fragen bereichernde Herausforderungen dar. Sie überraschen mich immer wieder von Neuem, lassen mich mit den Menschen nachdenken und sogar über mein eigenes Leben reflektieren. Dass diese Fragen immer wieder im Pflegealltag auftauchen, ist kein Zufall: Es gibt wenige Berufe, die durch eine so intensive zwischenmenschliche Nähe gekennzeichnet sind wie der Pflegeberuf. Einen schwerstkranken Menschen zu pflegen, bedarf viel Zeit, Achtsamkeit und vor allem ehrliches Interesse. Dadurch entstehen zahlreiche Möglichkeiten, sich mit unheilbar kranken Menschen auf die spirituelle Dimension zu begeben. Sei es bei der Körperpflege, beim Lagewechsel, Verbandswechsel oder beim Kontrollieren von belastenden Symptomen – es ist ohne Zweifel die Pflege, die dem betroffenen Menschen äußerst nahe ist. Gerade in Nachtdiensten, wenn Dunkelheit und Ruhe hereinbrechen und keine Besuche oder Arztvisiten stattfinden, ist gemäß meiner Erfahrung die Zeit, in der sich viele Menschen für spirituelle Gespräche öffnen – vorausgesetzt, die Pflegefachperson schenkt ihnen ihr ehrliches Interesse und hört hin.

Die Begleitung von schwerstkranken Patienten findet für mich immer wieder im Rahmen eines Prozesses statt. Gerade in der Therapiephase versuchen die Betroffenen, mit allen Mitteln Leid abzuwenden und können keinen Sinn in ihrer Erkrankung erkennen. Ich beobachte immer wieder, dass sich zu einem späteren Zeitpunkt – in der Phase, in der die Krankheit unaufhaltsam fortschreitet – immer wieder neue Wege eröffnen. Ich begleite Menschen, die es geschafft haben, durch Annehmen der Situation am Leid zu wachsen, ihr Schicksal zu gestalten, eine Haltung zum Unabänderlichen einzunehmen. Die Pflegeberufe haben in diesem Prozess eine zentrale Bedeutung und Aufgabe: Ich bin der Meinung, dass man sich als Pflegefachperson jeden Tag aufs Neue bewusst machen muss, dass es keine befriedigende Antwort gibt auf die Frage „Warum bin ich krank geworden?“. Diese „Antwort-Losigkeit“ zu akzeptieren und sich dieses Phänomen als Pflegefachperson auch einzugestehen, sind große und bedeutsame Herausforderungen. Es geht darum, den betroffenen Menschen so zu begleiten, dass er sich fragt: „Was bedeutet die Krankheit für mich?“ So kann eine Veränderung in der Einstellung zur Krankheit stattfinden. Und wir können gemeinsam mit dem Menschen einen Wert finden, für den es sich trotz des Leidens zu leben lohnt. Diese Werteveränderung kann sich in unterschiedlichster Form zeigen: Gerade dadurch, dass schwerstkranke Menschen ihr Leben zu deuten versuchen, kann sehr viel Tröstliches und Haltgebendes entstehen. Die Lebensbilanz zu ziehen, führt sehr oft zu Ehrfurcht und Dankbarkeit, weil dadurch die Einmaligkeit des Lebens hervorgehoben wird. Krankheit kann dabei als Chance gesehen werden, denn erst sie macht es in vielen Fällen möglich, Zeit und Ruhe zu finden, um überhaupt über das Gelebte zu reflektieren. Ich als Pflegefachperson versuche immer wieder, ein ehrliches Interesse zu zeigen. Das möchte ich an folgendem Beispiel verdeutlichen: Frau Weber litt an einem ausgedehnt metastasierten Ovarial-Karzinom. Sie war gezeichnet von der Krankheit durch körperlichen Zerfall, sie war des Lebens müde und hatte kaum noch Kräfte. Ich setzte mich neben sie an die Bettkante, berührte sie und schenkte ihr mein Dasein und meine volle Aufmerksamkeit. Ich sagte zu ihr: „Frau Weber, ich möchte für Sie da sein.“ Die Patientin sammelte ihre Kräfte, dann begann sie, mit einem strahlenden Gesicht über ihr Leben, ihre wichtigen Begegnungen und ihre Wendepunkte zu erzählen. Auch Enttäuschungen und Verletzungen fanden im Gespräch Platz. Nach ihrer Erzählung entstand eine lange Gesprächspause, die wir beide auf uns wirken ließen. Dann fragte ich: „Was kann ich für Sie Gutes tun?“ Ihre Antwort lautete: „Sie haben mir bereits geholfen: Sie sind da und hören mir zu. Das tut so unheimlich wohl!“

Pflegefachpersonen leben häufig in dem Glauben, antworten zu müssen und mit Worten vieles lindern zu wollen. Im Gespräch erwartet das Gegenüber jedoch keine maßgeschneiderten Antworten auf seine Fragen. Vielmehr wünschen sich die Betroffenen in der Begegnung Zuwendung, Empathie sowie ein ehrliches Interesse. Diese Haltung nimmt uns als Pflegende wesentlich Druck weg. Entscheidend dabei ist, dem Menschen wertfrei und offen zu begegnen. Das Zuhören und Hinhören ist bedeutend wichtiger als das Antwortgeben. Ich glaube, gerade im Reflektieren des Lebens wird vielen Menschen oft bewusst, wer sie wirklich sind, welche Bedeutung ihr Dasein hat oder wie sie in ihren Angehörigen weiterleben können. Hier gibt es Möglichkeiten, den Menschen in seiner Lebensleistung zu würdigen und gleichzeitig seine Identität zu stärken. Dabei können wir als Pflegefachpersonen diese Menschen darin unterstützen, den Blick auf diese lichterfüllten, stärkenden Momente zu lenken. Diese Gespräche ermöglichen ein „inneres Ja“, eine Zustimmung zum Leben mit der Erkrankung zu finden.

Die Betroffene kann gemeinsam mit den Pflegefachpersonen herausfinden, was Hoffnung geben kann. Die Hoffnung hat dabei verschiedenste, tragende Facetten. Das kann Hoffnung sein auf bestmögliche Linderung von belastenden Symptomen, auf die Erfüllung gewisser Wünsche, auf das Erspüren von Geborgenheit, aber auch Hoffnung darauf, vorhandene oder verlorene Beziehungen durch Bewusstwerden reifen zu lassen, nicht alleine sterben zu müssen sowie Hoffnung auf Berücksichtigung der Bedürfnisse am Lebensende. Ein wichtiger Aspekt dabei ist, das Leid der betroffenen Menschen anzuerkennen, ohne dabei den Anspruch zu haben es wegzutherapieren. In der Pflege geht es darum, das Leid mit auszuhalten – zu „halten“ bis das Leben zu Ende ist. Dabei ist die Empathie das Schlüsselelement, um die Verzweiflung auszuhalten. Erst wenn Verzweiflung mitgefühlt wird, kann sie sich möglicherweise wandeln. Gelingt dieser Wandel – nicht zu vergessen ist dabei eine bestmögliche Symptomkontrolle –, können wir die Menschen in der Sinnfindung unterstützen. Dabei sollen die gesunden Anteile jedes Menschen gestärkt werden. Die Krankheit darf ihren Platz haben, aber dem Menschen soll bewusst werden, dass er mehr ist als nur die Krankheit. Er soll die Krankheit aus einer guten Distanz beobachten können, aber nicht ins Zentrum seines Lebens stellen.

Ich bin der Überzeugung, dass der spirituelle Zugang positiv dazu beiträgt, dass sich ein Mensch als ganzheitliches Wesen – mit all seinen Lebensmöglichkeiten und Ressourcen – wahrnimmt und nicht nur als Patient mit krankheitsbedingten Defiziten. Auf diese Weise kommen seine Ethik, seine Autonomie zum Ausdruck, die in dieser Lebensphase nicht unwesentlich sind. Dabei rückt das Erreichen der Ziele in den Hintergrund, stattdessen gewinnt die Intensität des Erlebens der letzten Zeit auf Erden an besonderer Bedeutung. Dabei ist klar, dass im Angesicht des Todes oftmals das Leben unvollendet bleibt. Es ist wichtig zu wissen: Existentielles Leid verbunden mit abgrundtiefer Verzweiflung, Widersprüche des Lebens sowie eine intensive Trostlosigkeit dürfen Platz haben! Es ist utopisch zu glauben, dass Leid sich wegtherapieren lässt. Wir können hingegen Leid achten, würdigen, ernst nehmen und mitfühlen. Es geht darum, wie Klaus Aurnhammer (2014) das in seinem Beitrag „Mit meinem Glauben kann ich vieles tragen" schildert: „Wo Menschen fähig werden, dies hinzunehmen, in dieses Leid hineinzuwachsen, lindern sie es." (S. 278).

Spiritualität kann eine Aufgabe und eine Ressource der Pflege sein, wenn es den Pflegefachpersonen gelingt, einen Menschen angesichts seiner Erkrankung und seines Leidens darin zu unterstützen, dass er sein kann, leben mag, sowie einen Wert für jemanden oder für etwas hat. So kann eine Erkrankung sogar als Chance verstanden werden, wenn es den Menschen nämlich gelingt, einen Wertewandel durchzumachen und ein tragendes Netz zu spannen. Für mich sind diese Menschen Lehrmeister, ja, viele von ihnen sogar echte Lebenskünstler, denen ich in meinen Diensten als Palliativpflegerin mit Dankbarkeit und großem Respekt begegne. Aus meiner Sicht sind diese Begegnungen Ansporn für unser eigenes Leben: Dank ihnen leben wir umso intensiver, immer im Bewusstsein unserer Endlichkeit.

Literatur

Aurnhammer, K. (2014). Mit meinem Glauben kann ich vieles tragen. In M. Müller & D. Pfister (Hrsg.), *Wie viel Tod verträgt das Team? Belastungs- und Schutzfaktoren in Hospizarbeit und Palliativmedizin* (3. Aufl., S. 277–288). Göttingen: Vandenhoeck & Ruprecht.

3.3 Trauer- und Krisenbegleitung

Trauer gehört zum Leben. Sie ist eine in uns angelegte emotionale Möglichkeit, auf einen Verlust zu reagieren. Nicht jeder Verlust ruft bei jedem Menschen dieselbe Trauer hervor, nicht jeder Mensch reagiert auf jeden Verlust gleich. Der Trauerprozess folgt keinem festen Schema, sondern ist ein höchst individueller Vorgang. „Wegen der Sinndeutung des eigenen Lebens fallen die Schwere des Verlustes und damit auch die Schwere der Trauer unterschiedlich aus." (Schnegg, 2018, S. 33). Die Sinndeutung verweist auf die spirituelle Dimension der Trauer. Spiritualität wurde in Kapitel 2 beschrieben als Identität und Werte des Menschen betreffend, „alles, was seinem Leben, Sinn, Hoffnung, Vertrauen und Würde verleiht." (Odier et al., 2010, S. 1). Die spirituelle Dimension kann einen Menschen unterstützen, seinen Weg durch die Trauer zu finden und zu gehen. Die spirituelle Dimension selbst kann aber vom Trauerprozess betroffen sein. Das, was für einen Menschen wertvoll war, was ihm Vertrauen schenkte in die Sinnhaftigkeit des Lebens, kann zerbrechen. Diese einschneidende Erfahrung kann überfordernd sein und tiefe Verletzungen hinterlassen. Sie kann aber auch als „dunkle Nacht", wie Johannes vom Kreuz (1995) sie nannte, den Menschen transformieren, so dass er sich in neuer Weise gerade mit der Verletzlichkeit und Ungesichertheit des Lebens verbunden fühlt.

Praxisbeispiel: Herr Keller – Scherbe und Puzzle

Vor uns auf dem Holztisch liegt die große Tonscherbe eines Terrakottagefäßes – ein Rest des Blumendekors ist noch sichtbar. Die Scherbe steht für das Auseinanderbrechen des bisherigen Lebens von Herrn Keller, einem 48-jährigen dreifachen Familienvater. Er sitzt zwischen mir, der Seelsorgerin, und Nicole Solèr, der Sozialpädagogin und Expertin für Unterstützte Kommunikation, am Tisch.

Miteinander versuchen wir, die tiefgreifenden Brüche im Leben von Herrn Keller in Worte zu fassen. Eine Hirnverletzung hat bei ihm eine bleibende globale Aphasie hervorgerufen, was bedeutet, dass er bis auf Ja- und Nein-Aussagen keine verbalen Ausdrucksmöglichkeiten mehr hat. Ein für die Situation sprechendes Symbol – die Tonscherbe – als Gesprächsgrundlage mitzubringen, ist für mich eine Möglichkeit, dem Geschehenen Ausdruck zu verleihen **(Abb. 3-13)**.

Seit der Hirnblutung ist nichts mehr im Leben von Herrn Keller, wie es einmal war. Er ist halbseitig gelähmt, ohne Verbalsprache und bleibend auf Pflege und Betreuung in der Langzeitpflegeinstitution angewiesen. Auch in der Beziehung zu seiner Frau hat es einen Bruch gegeben; Herr Keller ist inzwischen geschieden. Sein Schmerz über diese tiefgreifenden Veränderungen ist sehr eindrücklich sichtbar geworden, als die Ergotherapeutin der Institution ihn einmal gebeten hat, auf einer Personenskizze all jene Körperteile rot einzuzeichnen, die ihn schmerzten. Herr Keller hat große Teile sei-

Abbildung 3-13: Ein Bild für die Bruchstellen des Lebens (Quelle: Stiftung Scalottas)

ner rechten, gelähmten Körperhälfte angezeichnet. Und sein Herz.

Vor die Aufgabe der Krisenbegleitung gestellt, fragte mich Frau Solèr für eine gemeinsame Begleitung von Herrn Keller an. Den für ihn aufbrechenden existentiellen Fragen sah sie sich alleine nicht gewachsen. Umgekehrt wäre es mir alleine nicht möglich gewesen, mit Herrn Keller ins Gespräch darüber zu kommen, was diese tiefgreifenden Veränderungen für ihn und seine Familie bedeuten.

Die Sozialpädagogin kennt Herrn Keller schon länger und sie erzählt, während wir um den Tisch sitzen, stellvertretend für ihn von all dem, was in seinem Leben zerbrochen ist: von seinem intensiven und engagierten Leben als leitender Angestellter einer Holzbaufirma, als aktives Mitglied zahlreicher Vereine – von Fastnacht bis Handorgel –, vom eigenen Haus, von Familienfeiern und von zahlreichen Freunden. Ich höre zu, frage nach und spiegle meine Eindrücke.

Meine Kollegin schreibt einzelne Stichworte aus den Erzählungen und aus unserem Gespräch auf kleine Post-it-Notizzettel. Diese legt Herr Keller auf dem Tisch aus – rund um die Scherbe herum – und kann sie so einander zuordnen, priorisieren und als nicht zutreffend oder zutreffend taxieren. Auf diese Weise erhält das zerbrochene frühere Leben mit den allmählich den Tisch füllenden Notizzetteln eine Sprache und wird sichtbar.

Herr Keller fährt während unserem gemeinsamen Erzählen nachdenklich mit den Fingern seiner linken Hand der scharfen Bruchlinie der Tonscherbe entlang. Wir werden ganz ruhig und geben in einem Moment der gemeinsam gehaltenen Stille der Trauer und dem Schmerz Raum.

Die erlebte Intensität dieses Momentes führt mich möglicherweise dazu, in einer der nächsten Begegnungen zu fragen, ob Herr Keller unser Gespräch statt an der Scherbe lieber an den Teilen eines auseinandergefallenen Puzzles festmachen möchte. Herr Keller lehnt dies entschieden ab und zeigt uns damit seine Bereitschaft, dem Schmerzhaften der geschehenen Umbrüche zu begegnen.

Etwas später treffe ich Herrn Kellers geschiedene Frau für ein Gespräch, in dem sie erzählt, was all diese Umbrüche für sie und ihre Kinder bedeuten und wie schmerzhaft das alles auch für die Familie ist. Sie bringt zum Gespräch eine wunderschöne „Beziehungsschatzkiste“ mit, die sie in den vielen Jahren des Familienlebens zusammen mit Herrn Keller erstellt hat. Meiner Einladung, einmal zusammen mit ihrem früheren Partner die Geschichte ihrer Beziehung zu erzählen, und sich gemeinsam daran zu erinnern, was sie wertvoll und reich gemacht hat, folgt sie gerne.

So sitzen wir wiederum am runden Holztisch in der Institution, die Kommunikationsexpertin und ich, zwischen uns Herr Keller und seine frühere Frau. Diese hat die rote Schatzkiste mitgebracht, welche die beiden noch einmal gemeinsam öffnen: Fotos, Briefe und Erinnerungsstücke werden herausgenommen, vorgelesen, bekommen Raum.

Es ist ein sehr intimer und berührender Moment, den wir miteinander teilen – begleitet von Betroffenheit, Trauer und vielen Tränen, aber auch von Dankbarkeit und gegenseitiger Wertschätzung.

Vielleicht sind es gerade diese gelebte gemeinsame Trauer und die Wertschätzung der vergangenen gemeinsamen Geschichte, die dazu führen, dass Herr Keller im nächsten Gespräch einverstanden ist, der Scherbe auf dem Tisch ein weiteres Symbol hinzuzufügen. Damit bestätigt Herr Keller meinen Eindruck, dass der geteilte Schmerz über die Tonscherbe, die gemeinsame Trauer beim Blick in die Beziehungsschatzkiste den Boden dafür legen konnten, jetzt einen Schritt weiter zu gehen. Dass damit Freiraum für Neues beziehungsweise für einen neuen Blick oder eine neue Perspektive entstanden ist. Ich lege die Teile eines Blanco-Puzzles aus und ich deute: Ein Bild ist auseinandergefallen, aber alle Teile sind noch da und wir beginnen, sie wieder zusammenzufügen.

Nun geht es darum, den einzelnen Puzzleteilen einen Namen zu geben: den von Menschen, von Orten, Fähigkeiten und Tätigkeiten, von wichtigen Werten in Herrn Kellers Leben. Er benennt damit mit uns zusammen Elemente seiner Identität und wir schreiben Stichworte dazu auf die Einzelteile des Puzzles. Dabei ist es uns wichtig, all diese Elemente auch in ihrem Wert für Herrn Keller zu sehen; sie als tragend, sinnstiftend und wertvoll wahrzunehmen und zu würdigen.

Herr Keller gestaltet in der nächsten Zeit mit der Kunsttherapeutin der Institution die beschrifteten Einzelteile farbig aus, sodass ein buntes und lebendiges Gesamtbild seines Lebens entsteht. Als wir dieses miteinander anschauen, finden wir Stichworte wie „kraftvoll", „lebendig", „farbig", „Stärken", „interessant", „getragen von Gott" und schreiben diese dazu **(Abb. 3-14)**.

Während wir gemeinsam die Einzelteile beschriften, fragt meine Kollegin, wie es sich denn mit dem Glauben verhalte und ob wir dafür auch ein eigenes Teilchen verwenden sollen? Herr Keller sagt entschieden „ja" und legt das so angeschriebene Puzzleteil ganz dicht neben jenes mit seinem Namen. Wir nehmen wahr, welch zentrale Rolle die Glaubensdimension für ihn spielt.

„Also", sage ich, „passt jener Gedanke aus einem biblischen Psalmgebet zu diesem Lebensbild, jener Gedanke, der aussagt: Ich bin wie ein zerbrochenes Gefäß, aber Gott lässt heil oder ganz werden, was in mir zerbrochen ist. Der Gedanke vom Ganz-Werden." Herr Keller bestätigt dies und wir spüren, wie berührt er ist.

Einen besonderen, für die spätere Begleitung wichtigen Moment des Austauschs möchte ich detailliert beschreiben:

Abbildung 3-14: Das Puzzle als Lebensbild (Quelle: Stiftung Scalottas)

Ich frage, ob ich noch eine Geschichte, eine eigentliche Weihnachtsgeschichte, erzählen darf, und Herr Keller ist einverstanden. In der Geschichte geht es um ein kleines Kind, das eine zerrissene Weltkarte deshalb zusammensetzen konnte, weil auf der Rückseite dieser Karte ein Bild gezeichnet war, das ihm half, die Einzelteile zusammenzufügen: das Bild des Weihnachtskindes. Die Aussage der Geschichte lässt sich so zusammenfassen: Gott selber hält in diesem Kind die Welt zusammen. „Diesen Gedanken", sage ich, „möchte ich Ihnen weitergeben: Gott hält meine Welt, mein Lebenspuzzle, mein Leben zusammen. Ist das ein Gedanke, der für Sie so auch stimmt?"
Herr Keller sagt wiederum ganz klar „Ja" dazu. „Ich überlege mir soeben", fahre ich fort, „ob wir die Puzzleteile umdrehen und diesen Gedanken auf die Rückseite schreiben könnten."
Herr Keller ist sofort dabei und beginnt, alle Puzzleteile umzudrehen. Miteinander beschriften wir eines der Teile: „Gott hält mein Lebenspuzzle zusammen." Auf ein weiteres Teilchen schreiben wir, angelehnt an das Psalmgebet vom zerbrochenen Gefäß: „Heile, was in mir zu Bruch gegangen ist."
So versuchen wir gemeinsam, dieser tieferen, spirituellen Lebensdimension Ausdruck zu geben. Stichworte wie „Hoffnung", „Dankbarkeit", „Tränen und Glück" stehen schließlich auf der Rückseite der Puzzleteile.
„Für mich gehört noch der Segen dazu", ergänze ich und erzähle von einer biblischen Geschichte zum Segen: In dieser ringt ein junger Mann während einer ganzen Nacht bis zum Morgengrauen mit Gott und mit seinem Schicksal; schließlich ringt er Gott einen Segen ab, bleibt aber dabei nicht unversehrt: Er hinkt fortan. Doch gerade als Hinkender ist er gesegnet. Während ich diese Geschichte erzähle, wird mir bewusst, wie sehr sie für Herrn Keller passt, der ja am Stock geht und infolge seiner halbseitigen Lähmung hinkt. Auch diesen Gedanken vom Ringen möchte Herr Keller aufnehmen, und Frau Solèr schreibt: „Jakob ringt mit Gott". Und: „Du bist gesegnet." Meine Kollegin fügt hinzu, aus ihrer Perspektive wäre auch die Liebe, die sie in dem Ganzen wahrnehme, zu nennen. Herr Keller ist damit einverstanden, dass wir die Rückseite eines Puzzleteilchens mit „Liebe" beschriften.
Wenige Zeit später folgt die nächste große Herausforderung für Herrn Keller: Die Familie wird sich von ihrem Einfamilienhaus, wo er regelmäßig bei Ex-Frau und Kindern zu Besuch weilt, trennen müssen. Dem Gedanken vom Verlust des Hauses versuchen wir uns in einem weiteren Gespräch anzunähern, indem wir das Puzzleteil mit der Aufschrift „Haus" aus dem Gesamtbild herausnehmen und wahrnehmen, wie das Puzzlebild jetzt auf uns wirkt.
„Unvollständig", „kaputt", „Bedrohung", „Ohnmacht", „Verunsicherung", „Angst", „wo ist mein Zuhause", „Lücke", so lauten ein paar der Aussagen, die wir miteinander dazu finden. Es erstaunt nicht, dass Herr Keller zu diesem Bild vehement „nein, nein, nein" sagt und das herausgenommene Teil immer wieder einsetzt, weil er es nicht ertragen kann, die entstandene Leerstelle zu sehen.
Ich nehme es noch einmal heraus und drehe es um: „Gott hält mein Lebenspuzzle zusammen" haben wir vor einiger Zeit auf die Rückseite genau dieses Puzzlestücks geschrieben, ohne zu wissen, um welches Thema es sich auf der Vorderseite des Puzzles handelt. „Ist das so, auch ohne Haus?", frage ich. „Hält Gott Ihr Lebenspuzzle zusammen?" Herr Keller kann dem nicht zustimmen – er macht eine abwägende, fragende Handbewegung. Wir sprechen ihm zu: „Wir hoffen und glauben es mit Ihnen und für Sie."
Und dann, drei Monate später, überrascht Herr Keller uns zutiefst: Aus den über den Tisch verteilten Puzzleteilen sucht er zielstrebig jene mit den Namen seiner Kinder,

seiner Ex-Frau und seinem eigenen heraus. „Ja, das ist das Wichtigste, Ihre Familie", sage ich. Und frage: „Und das Haus?" Das goldene Teilchen für das Haus legt Herr Keller beiseite, als spiele es keine Rolle mehr, und bestätigt: Was ihn mit diesen Menschen verbindet, das Glück der Familie, ist nicht an dieses Haus gebunden. „Ja, so ist es, und so ist es gut", scheint Herr Keller zu sagen, indem er die fünf Teilchen zusammen nimmt und aufeinander schichtet, als würde er sie aufräumen. Herr Keller ist dann auch einverstanden, dass wir dazu einen Segenswunsch miteinander lesen: „Gott behüte, was du weiterträgst – Gott bewahre, was du loslässt." Er legt die Karte mit dem Segen über das kleine Familienpuzzle.

Das darauffolgende Weihnachtsfest feiert Herr Keller im neuen Zuhause seiner Ex-Frau zusammen mit ihr und den Kindern. In der seelsorglichen Begleitung haben wir miteinander einen Weihnachtsbrief an Herrn Kellers Familie geschrieben, den diese dann gemeinsam gelesen hat. Darin haben wir Dinge formuliert wie:

„Ihr seid das Wichtigste, das ich habe. Es ist schön, dass wir zusammenhalten und nichts uns trennen kann. Danke für das alles – ich bin sehr stolz auf Euch und auf uns alle! Was ich Euch auch noch sagen möchte: Ich weiß, dass die letzten Jahre mit all den Veränderungen für Euch auch nicht einfach waren. Und ich möchte, dass ihr wisst: Für mich ist mein Leben jetzt gut so, wie es ist. Ich wünsche mir, dass wir alle glücklich sein können. Ich habe Euch alle lieb, wünsche uns schöne Weihnachten und dass wir alle behütet sind. Der weihnachtliche Segen auf der beiliegenden Karte soll uns alle auch ins neue Jahr hinein begleiten. Euer Papa."

Die Rückmeldung von Herrn Kellers früherer Partnerin macht deutlich, was sein Weg und der Brief, in dem er davon erzählt, für die Familie bedeuten: „Ich muss weinen vor Freude, dass ihr beide meinem Mann dieses Mitteilen ermöglicht habt, dass wir die Information bekommen, wie es in ihm denkt und fühlt. – Das ist ein ganz großes Geschenk für unsere Familie, gerade jetzt, wo wir so lose sind, diese Worte von Papa zu bekommen. Er ist noch da mit seiner Energie, mit seinem Vatersein, als ‚Dach' für uns. Danke, dass wir das erfahren dürfen, seinen Segen für uns und unser gesundes Leben bekommen und seinen Frieden spüren, den er mit sich und mit seinem Schicksal gemacht hat."

Ein Jahr später lernt Herr Keller anläßlich der Weihnachtsfeier in der Institution den neuen Lebenspartner seiner geschiedenen Frau kennen und erfährt, dass sie ihre eigene Wohnung aufgegeben habe und zu diesem gezogen sei. Damit werden für mich die Veränderungsprozesse der letzten Jahre in Herrn Kellers Leben und in der Beziehung zu seiner früheren Partnerin nochmals in einer neuen Weise sicht- und greifbar: Ein neuer Partner hat einen festen Platz im Leben von Herrn Kellers Ex-Frau eingenommen, und es gibt kein gemeinsames Zuhause mehr für die Familie.

Beim nächsten, auch von Frau Solèr begleiteten Seelsorgegespräch mit Herrn Keller bringe ich meine Wahrnehmungen zum Ausdruck und auch meine Vermutung, dass ihm dies alles nahe gehe. Herr Keller bestätigt, dass ihm diese neuerlichen Veränderungen zu schaffen machen. Weil ich das bereits vorausahnte, habe ich die Kollegin gebeten, unser Lebenspuzzle mit seinen bunten Teilen mitzubringen. Herr Keller steigt mit Interesse auf den Vorschlag ein, seine Teile nach langer Zeit wieder einmal hervor zu nehmen, auszulegen und sich die verschiedenen Aufschriften vorlesen zu lassen. Dadurch erinnern wir uns an bleibende Bindungen und an die für Herrn Keller tragende Gottesbeziehung. Letzterer geben wir Raum, indem ich einen Segenswunsch aus früheren Gesprächen aufnehme:

Gott stärke, was in uns wachsen will.
Gott schütze, was uns lebendig macht.
Gott behüte, was wir weiter tragen.
Gott bewahre, was wir frei geben.
Gott segne unser Wachsen und Reifen.
(Quelle unbekannt)

Herr Keller reagiert mit einem tiefen Durchatmen auf die Segensworte. Für mich wird darin etwas Befreiendes spürbar; etwas von einem sich eröffnenden inneren Freiraum, der ihn möglicherweise wiederum dazu befähigt, „frei zu geben". Gleichwohl nehme ich bei ihm eine große Betroffenheit wahr und gebe dieser Wahrnehmung bei unserer nächsten Begegnung Ausdruck. Dazu lege ich ein Foto von einem sich in zwei Schienen teilenden Bahngeleise vor uns auf den Tisch – ein Bild, das uns in der Vergangenheit schon öfter begleitet hat. Herr Keller steigt sofort auf den Vorschlag ein, der jüngsten Weichenstellung in der Beziehung zu seiner geschiedenen Frau nachzuspüren. Wir erkennen – wie immer über Post-it-Notizen kommunizierend – dass sich die Beziehung von Herrn Keller zu seiner geschiedenen Frau noch einmal verändert hat. Herr Keller sagt klar, dass das Bild der sich teilenden Schienen nicht mehr passe und dass wir es durch ein Foto von zwei getrennt verlaufenden Schienensträngen ersetzen müssten. Den Notizzettel mit der Aufschrift „Betroffenheit" überklebt er im Verlauf des Gesprächs mit jener Notiz, die mit dem Namen seines besten Freundes und engsten Vertrauten beschrieben ist.

3.3.1 Trauerarbeit

Der Weg von Herrn Keller ist seit seiner Hirnverletzung durch viele, äußerst einschneidende Verluste gekennzeichnet. Er ist halbseitig gelähmt und kann sich verbal nicht mehr äußern, er muss deshalb seinen Beruf als leitender Angestellter einer Holzbaufirma aufgeben, seine Frau trennt sich von ihm und die Beziehungen zu vielen Freunden verändern sich tiefgreifend oder verlieren sich ganz. Schließlich verliert er auch das Haus, das für ihn zentrale Bedeutung besitzt.

Die Konsensusdefinition von Bigorio zur Spiritualität, die wir in Kapitel 2 eingeführt und erläutert haben, hebt die Beziehung und damit die Verbindung zum Selbst, zur Familie und zu anderen als zentrale Dimension von Spiritualität hervor: „Spiritualität wird erlebt in der Beziehung zu sich selber, zu anderen und zum Transzendenten (Gott, höhere Macht, Geheimnis, ...)." (Odier et al., 2010, S. 1).

In die gleiche Richtung entwickelt Anton Bucher (2007) sein Spiritualitätsmodell, in dem er ebenfalls die Verbindung als Kernkomponente von Spiritualität ins Zentrum rückt, wie die **Abbildung 3-15** zeigt.

Spiritualität ist, so verstanden, nicht etwas, was jenseits des alltäglichen Lebens stattfindet, sie ist nicht einfach eine sichere, von den alltäglichen Sorgen und Widrigkeiten losgelöste innere Insel. Sie ist kein Ort, der unberührt bleibt von Stürmen wie Krankheit und Sterben, die den Alltag durcheinanderfegen, und an den man sich davor zurückziehen könnte. Spiritualität ist selbst Teil des alltäglichen Lebens, widerspiegelt gerade darin die Tiefe des persönlichen Erlebens, die Verbundenheit mit dem, was einem wirklich wichtig ist. Aber eben auch diese Verbundenheit selbst wird tangiert von den tiefgreifenden Veränderungen, die eine schwere Krankheit oder eine Krise mit sich bringen. Die Scherbe symbolisiert bei Herrn Keller diesen Prozess des ungewollten Zerbrechens von Formen und Grundlagen seines bisherigen Lebens.

Die buddhistische Lehrerin Pema Chödrön hebt diesen Aspekt der Veränderlichkeit, des Zerbrechens auch der inneren Gewissheiten und Verbindungen besonders hervor: Wir wollen in einer Krise möglichst rasch wieder festen Boden unter den Füßen bekommen. Aber den gibt es nicht. Wir wollen wieder Bequemlich-

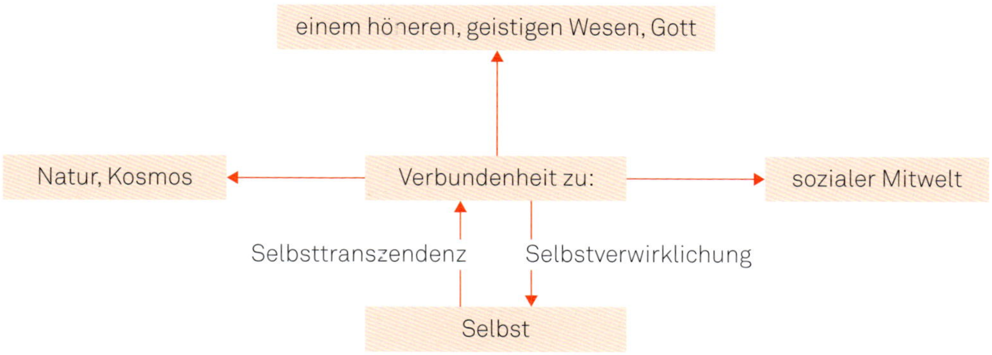

Abbildung 3-15: Spiritualitätsmodell (Quelle: Bucher, 2007, S. 33)

keit und Sicherheit finden. Aber die gibt es nicht wirklich. Wir möchten eine Lösung, aber die finden wir nicht. Die Dinge kommen zusammen und fallen wieder auseinander. Pema Chödrön (2001) nennt dies die „Situation der Bodenlosigkeit" und führt aus: „Wirklich den Boden unter den Füßen zu verlieren und sich an nichts mehr festhalten zu können, tut verdammt weh." (S. 24).

Zusammen mit den äußeren Umständen, der körperlichen Situation und den sozialen Beziehungsgefügen kann auch die spirituelle Dimension mit in den Strudel der „Bodenlosigkeit" geraten. Die Verletzung der spirituellen Verbindungen kann Trauer auslösen oder sie verstärken. Spirituelle Begleitung setzt oft gerade hier an.

3.3.2 Die vier Traueraufgaben nach William Worden

Der amerikanische Psychologe William Worden (2017) hat vor einigen Jahren vorgeschlagen, für den Trauerprozess von vier Aufgaben zu sprechen, die Trauernde auf ihrem Weg zu bewältigen hätten. Wir möchten in dieser Struktur den Weg von Herrn Keller nochmals nachzeichnen und dabei die spirituelle Dimension hervorheben, die den ganzen Trauerprozess maßgeblich prägen kann.

a) Die erste Aufgabe: Die Realität des Verlustes akzeptieren

Bei der ersten Aufgabe geht es gemäß Worden darum, die Wirklichkeit des Verlustes zu begreifen. Das Begreifen wird erleichtert durch das Erzählen, durch das Benennen dessen, was verloren ist. Wenn die Erzählung bei den Zuhörenden Resonanz auslöst, wenn sie das Verlorene zu bezeugen vermögen, wird es realer, greifbarer, wahrer. Es soll ausgedrückt und anerkannt werden können, worin die persönliche Verbundenheit bestanden und was sie bedeutet hat und inwiefern sie nun nicht mehr trägt.

Gerade weil der sprachliche Ausdruck bei Herrn Keller durch seine globale Aphasie stark eingeschränkt ist, braucht er Zeuginnen und Zeugen, die ihn von früher her kennen und die von seinem Leben und seinen Verlusten erzählen. Sie werden zu Sprachrohren für seine Geschichte, die er mittels einfacher Zustimmung bestätigen kann.

Die Sozialpädagogin kennt Herrn Keller schon länger und sie erzählt, während wir um den Tisch sitzen, stellvertretend für ihn von all dem, was in seinem Leben zerbrochen ist: von seinem intensiven und engagierten Leben als leitender Angestellter einer Holzbaufirma, als aktives Mitglied zahlreicher Vereine – von Fastnacht bis Handorgel –, vom eigenen Haus, von Familienfeiern

und von zahlreichen Freunden. Ich höre zu, frage nach und spiegle meine Eindrücke.
Meine Kollegin schreibt einzelne Stichworte aus den Erzählungen und aus unserem Gespräch auf kleine Post-it-Notizzettel. Diese legt Herr Keller auf dem Tisch aus – rund um die Scherbe herum – und kann sie so einander zuordnen, priorisieren und als nicht zutreffend oder zutreffend taxieren. Auf diese Weise erhält das zerbrochene frühere Leben mit den allmählich den Tisch füllenden Notizzetteln eine Sprache und wird sichtbar.

Was hier möglich wird, ist ein Vorgang, der das Begreifen im Sinne eines sinnlichen Erlebnisses ermöglicht. Durch die Notizen, die Scherbe in der Mitte und die Aufmerksamkeit der beteiligten Personen wird eine Stimmung erzeugt, in der Herr Keller seine Verlustgeschichte kreativ bearbeiten und dadurch vielleicht noch tiefer „begreifen" und „greifen" kann. Später kommen noch seine ehemalige Ehefrau und eine rote Schatzkiste voller Erinnerungsgegenstände dazu, welche die Erinnerungen an das Frühere und jetzt Verlorene nochmals greifbar werden lässt:

So sitzen wir wiederum am runden Holztisch in der Institution, die Kommunikationsexpertin und ich, zwischen uns Herr Keller und seine frühere Frau. Diese hat die rote Schatzkiste mitgebracht, welche die beiden noch einmal gemeinsam öffnen: Fotos, Briefe und Erinnerungsstücke werden herausgenommen, vorgelesen, bekommen Raum.

b) Die zweite Aufgabe: Schmerz oder emotionale Aspekte des Verlustes erfahren

Das Begreifen hat eine emotionale Dimension. Darum zielt die zweite Aufgabe darauf, all die entstehenden Gefühle zuzulassen und sie auch auszudrücken, egal wie passend oder unpassend sie erscheinen, egal wie fein oder stark sie sich äußern. Es geht darum, die Vielfalt der Gefühle möglichst bewusst zu erleben und damit anzuerkennen, was einem persönlich wichtig ist.

Drei Szenen auf dem Weg von Herrn Keller scheinen besonders wichtig zu sein:

Den Schmerz erleben

Herr Keller fährt während unserem gemeinsamen Erzählen nachdenklich mit den Fingern seiner linken Hand der scharfen Bruchlinie der Tonscherbe entlang. Wir werden ganz ruhig und geben in einem Moment der gemeinsam gehaltenen Stille der Trauer und dem Schmerz Raum.

Den Schmerz über das Verlorene zu erleben, braucht seine Zeit. Die Scherbe, die scharfe, schmerzhafte Kante hilft den Kontakt zum inneren Schmerz zu fühlen, sie ist wie ein äußeres Sinn- und Spürbild für den inneren Schmerz und eine Brücke, um mit ihm in Kontakt zu kommen.

Die Trauer und die Dankbarkeit spüren

Als seine ehemalige Lebensgefährtin ihrer Beziehungsschatzkiste Dinge ihrer gemeinsamen Zeit entnimmt und von gemeinsamen Erlebnissen erzählt, entsteht ein intensiver Moment.

Es ist ein sehr intimer und berührender Moment, den wir miteinander teilen – begleitet von Betroffenheit, Trauer und vielen Tränen, aber auch von Dankbarkeit und gegenseitiger Wertschätzung.

Die Angst und die Wut spüren

Als Herr Keller das Einfamilienhaus aufgeben muss, in dem die Familie gelebt hatte, brechen starke Emotionen hervor:

„Unvollständig", „kaputt", „Bedrohung", „Ohnmacht", „Verunsicherung", „Angst", „wo ist mein

Zuhause", „Lücke", so lauten ein paar der Aussagen, die wir miteinander dazu finden. Es erstaunt nicht, dass Herr Keller zu diesem Bild vehement „nein, nein, nein" sagt und das herausgenommene Teil immer wieder einsetzt, weil er es nicht ertragen kann, die entstandene Leerstelle zu sehen.

Für die Begleitung ist in solchen Situationen wichtig: Den Fluss der Gefühle nicht stoppen, ihm Raum geben, damit er ungehindert fließen kann. Voraussetzung ist, diesem Fluss selbst zu vertrauen, dabei ganz präsent zu sein und anzuerkennen, was er hervorbringt. Es geht in der Begleitung darum, mitzugehen, Raum zu geben, und alles, was geschieht, als normal anzuerkennen – auch ohne zu sprechen. Es geht darum, den schwierigen Gefühlen wie Schmerz, Wut und Ohnmacht mit der genau gleichen Achtung und dem gleichen Interesse zu begegnen wie den „schönen" Gefühlen der Freude und Dankbarkeit. Pema Chödrön (2001) fasst diesen Prozess so zusammen: „Die Heilung stellt sich ein, wenn wir allem Geschehen Raum lassen: Raum für Trauer, Raum für Linderung, Raum für Elend, Raum für Freude." (S. 25).

c) Die dritte Aufgabe: Anpassung an eine Umgebung, in der das Verlorene fehlt

Es geht darum, sein Leben führen zu müssen, Sinn und Bedeutung zu finden, sich in einer Umwelt zurechtfinden zu müssen, in der all das fehlt, was mit dem Verlust verbunden war. Sich an eine Umgebung anzupassen, in der das Verlorene fehlt, bedeutet, sich in gewisser Weise neu zu erfinden, neue Bilder zu finden, mit denen man sich den anderen zeigen kann und will. Das farbige Puzzle-Bild ist so etwas wie ein neues Selbstbild, ein neu zusammengesetztes Lebensbild. Dabei hielt Herr Keller die einzelnen Teilchen selber in der (nicht gelähmten) Hand und bemalte sie einzeln mit Pinsel und Farbe.

Es sind sehr tiefgreifende Verluste, denen Herr Keller begegnen muss:

- Er muss die Beziehung zu seiner Frau, die Mutter seiner Kinder ist, nach der Trennung neu gestalten.
- Er muss neue Formen der Kommunikation finden, nachdem er seine bisherige Sprache verloren hat.
- Er muss die soziale Anerkennung, die durch seine Stellung in der Arbeitswelt gegeben war, an neuen Orten finden.
- Nach der Aufgabe seines Einfamilienhauses muss er sich auf einen gänzlich neuen Lebenskontext einlassen.

All diese Veränderungen erfolgten nicht freiwillig. Es mutet als unglaubliche Leistung an, dass sich Herr Keller Schritt für Schritt auf all diese Veränderungen einstellen und im Weihnachtsbrief an seine Familie formulieren kann: „Und ich möchte, dass ihr wisst: Für mich ist mein Leben jetzt gut so, wie es ist. Ich wünsche mir, dass wir alle glücklich sein können." Tennessee Williams beschreibt diesen Aspekt der Transformation im Leben von Herrn Keller mit einem eindrücklichen Bild: „We live in a perpetually burning building, and what we must save from it, all the time, is love." (Wir leben in einem stetig brennenden Gebäude, und was wir daraus retten müssen, immer, ist Liebe. [Übers. d. A.]) (Interview mit James Grissom, 1982).

Offensichtlich hat die Begleitung dazu beigetragen, dass Herr Keller neue Bilder von sich selbst und seinem veränderten Leben finden konnte, die für ihn stimmig sind und die er auch denen mitteilen kann, die ihm am nächsten stehen.

d) Die vierte Aufgabe: Emotionale Energie abziehen und in andere Beziehungen investieren

Es scheint nicht zu genügen, das Verlorene einfach nur loszulassen, sondern man muss ihm einen Platz zuweisen. Das Verlorene droht sonst weiterhin wirksam zu bleiben, indem man sich unbewusst nach ihm sehnt, es als Maßstab braucht, um neue Erfahrungen zu messen, und es so die Wünsche weiterhin steuern lässt. Es braucht eine aktive Handlung, mit der das Verlorene bewusst abgelegt wird. Es soll für das Verlorene ein passender Platz im Leben gefunden werden, der wichtig ist, aber Platz für andere Beziehungen lässt. Erst dann scheint es möglich zu sein, Energie in Neues zu investieren.

Die Suche nach einem Platz für das Verlorene scheint im Trennungsprozess von Herrn Keller und seiner Ehepartnerin wichtig gewesen zu sein. Ganz konkret zeigt sie sich in der Suche nach einem Platz für die Schatzkiste mit den Erinnerungsstücken ihrer Beziehung, sie zeigt sich im Suchen nach einem stimmigen Bild für die veränderte Beziehung:

Herr Keller sagt klar, dass das Bild der sich teilenden Schienen nicht mehr passe und dass wir es durch ein Foto von zwei getrennt verlaufenden Schienensträngen ersetzen müssten. Den Notizzettel mit der Aufschrift „Betroffenheit“ überklebt er im Verlauf des Gesprächs mit jener Notiz, die mit dem Namen seines besten Freundes und engsten Vertrauten beschrieben ist.

3.3.3
Das Leben umarmen

Die vier Aufgaben von Worden gehen von einem Abschluss des Trauerprozesses aus. Irgendwann soll es möglich sein, sich dem Leben wieder neu zuzuwenden, weil eine neue innere Stabilität gebildet werden, ein neues Lebensfundament gebaut werden konnte. Der Trauerprozess von Herrn Keller, wie ihn auch schwerkranke und sterbende Menschen durchmachen (müssen), ist dagegen eigentlich nie abgeschlossen. Es ist vielleicht möglich, sich zwischenzeitlich etwas auszuruhen, weil der Krankheitsverlauf dies erlaubt, weil es eine Phase des Stillstands oder der Erholung gibt. Doch dann schreitet die Krankheit fort, die fragile Stabilität, in der man sich eingerichtet hatte, zerbricht wieder.

Es sind die Zerbrechlichkeit und Ungewissheit des Lebens selbst, die sich in einer schweren Krankheit oder in einer Krise schmerzhaft zeigen. Es ist diese Dimension des Lebendigen, mit der Kranke besonders in Kontakt kommen, die aber nicht auf eine Krankheit oder Krise beschränkt bleibt, sondern so etwas wie die Signatur des Lebens selbst ist. Wenn alles so läuft, wie von uns gewünscht, mögen wir diese Dimension nicht bewusst wahrnehmen. Doch wenn etwas geschieht, was wir uns nicht gewünscht haben, das unser Denken und Fühlen, die Grundlagen unserer Welt empfindlich stört, ändert sich alles.

Der Physiker Arthur Stanley Eddington (1931) prägte – im Kontext seiner Erforschung des Elektrons – den Satz: „Irgend etwas Unbekanntes tut etwas, doch wir wissen nicht was.“ (S. 285). Damit bringt er das Empfinden zum Ausdruck, dass wir im Leben damit konfrontiert werden können, dass Dinge geschehen, die wir weder vorausgesehen haben noch wollten. Darin zeigt sich: Nicht wir kontrollieren das Leben, sondern wir sind Teil eines Prozesses, der viel größer ist als wir uns das vorstellen können. Wenn wir das realisieren, finden wir uns wieder in der Situation der Bodenlosigkeit, wie sie Pema Chödrön beschreibt.

Was geschieht in dieser Situation der Bodenlosigkeit? Wie verhalten wir uns? Ziehen wir uns zurück, erstarren wir, weil die Angst uns überschwemmt? Oder gelingt es uns, weich zu bleiben, die starken Gefühle zu spüren, ohne uns von ihnen bestimmen zu lassen? Gelingt es uns, die Unsicherheit auszuhalten, offen und im Kontakt mit dem zu bleiben, was jetzt geschieht?

Pema Chödrön (2001) meint dazu: „Wir werden selbst mit den Dingen nicht mehr fertig. Entweder wir leugnen, was ist, oder wir umarmen es. Hier wird Zärtlichkeit wichtig. [...] Wir können uns verschließen und in Selbstmitleid versinken oder wir können uns auf die pulsierende Qualität der Situation einstimmen.“ (S. 24f.)

In der Begleitung gilt es, den anderen so zu unterstützen, dass er sich auf seine Weise, in seinem Rhythmus auf diese pulsierende Situation einstimmen kann, wenn und wann er das will. Es geht darum, den anderen in völliger Freiheit zu begleiten, dabei weder zurückzuschrecken vor den auftauchenden Abgründen, noch den anderen zu irgendetwas drängen zu wollen.

Bei Herrn Keller ging es in der siebenjährigen Begleitung immer wieder darum zu versuchen, den tiefgreifenden Brüchen in seinem Leben Sprache und Raum zu geben, damit er seinen Schmerz zum Ausdruck bringen konnte. Präsenz war nötig, das Aushalten von Stille und Vorschläge, die im Prozess entstanden und die Herrn Keller ermöglichten, seinen eigenen Weg weiter zu gehen. Es ging dabei um das Würdigen seines Weges, seiner Kämpfe und seiner Trauer, es ging um die Zeugenschaft für seine Energie, seinen Mut und die Offenheit für seine „bodenlose" Situation und darin zugleich für seine persönliche Spiritualität und seinen Glauben. Das Bild des „Heilseins" und die Zuwendung des Segens unterstützten Herrn Keller darin, seine bodenlose Situation als eine Situation wahrzunehmen, die es nicht zu fliehen galt, sondern in der er sich ohne Kontrolle und ohne Sicherheit immer wieder getragen fühlen konnte.

Literatur

Bucher, A. (2007). *Die Psychologie der Spiritualität.* Weinheim: Belz.

Chödrön, P. (2001). *Wenn alles zusammenbricht. Hilfestellungen für schwierige Zeiten.* München: Wilhelm Goldmann.

Eddington, A.S. (1931). *Das Weltbild der Physik und ein Versuch seiner philosophischen Deutung.* Wiesbaden: Vieweg.

Odier, C., Neuenschwander, H., Pétremand, D. & Fuchs, C. (2010). BIGORIO 2008. Empfehlungen zu Palliative Care und Spiritualität. Konsens zur „best practice" für Palliative Care in der Schweiz. *palliative.ch, Zeitschrift der Schweizerischen Gesellschaft für Palliative Medizin, Pflege und Begleitung, 1,* 1.

Schnegg, M. (2018). *Was trägt? Trauer und Spiritualität.* Göttingen: Vandenhoeck & Ruprecht.

vom Kreuz, J. (1995). *Die dunkle Nacht. (Sämtliche Werke, Bd. 1, vollständige Neuübertragung).* Freiburg im Breisgau: Herder spektrum.

Worden, J.W. (2017). *Beratung und Therapie in Trauerfällen: Ein Handbuch* (5. Aufl.). Bern: Huber.

Fensterbeitrag Kunsttherapeutin: „Emotionen begleiten“

Miriam Wüst

In meinem Beruf als Mal- und Gestaltungstherapeutin besitze ich ein großes Spektrum an Medien, welche ich gezielt einsetzen kann, um verborgene Emotionen zu wecken und den damit verbundenen Verarbeitungsprozess aufzugleisen. Dies passiert stets in einem gemeinsamen Prozess und im gegenseitigen Dialog.

Immer wieder werde ich mit Ohnmachtsgefühlen, Trauer und Wut oder auch Verlustängsten konfrontiert. Gefühle, die berühren und in die Tiefe gehen, an das Leibliche, an die Substanz und an die Existenz des Menschseins. Auch Sinnfragen über das Leben sind immer wieder ein Thema. Vor allem bei Menschen mit einer chronischen Erkrankung, die sich tagtäglich mit Schmerzen auseinandersetzen.

Zur Förderung der psychischen Gesundheit gehört auch die Selbstzuwendung. Das bedeutet konkret, auf sich selbst aufmerksam und achtsam im Umgang mit der Krankheit und dem gesunden Anteil seiner selbst zu werden. Sich selbst liebevoll zu begegnen und für sich zu sorgen. Das bedeutet, seine Bedürfnisse und Gefühle auf der körperlichen, geistigen und seelischen Ebene zu erkennen.

Das bedeutet auch, persönliche Werte wie Hingabe, Dankbarkeit, Akzeptanz oder Bescheidenheit zu pflegen. Optimismus, Vertrauen und Hoffnung zu leben. Offen zu sein für neue Inspirationen, zu beten, sich mit der Natur zu verbinden. Dies ist auch ein wichtiger Bestandteil in Bezug auf spirituelle Selbstfürsorge. Welche Werte sind dem Gegenüber wichtig, was gibt ihm die Kraft, in schwierigen Situationen nicht aufzugeben?

Dies sind Fragen, welche mich in meiner Arbeit begleiten. Es gilt, den Menschen positive Aufmerksamkeit zu schenken! Und es braucht wohlwollendes Verständnis und Geduld, um Menschen auf ihrem Weg zu bestärken. Während gut neun Jahren war ich als Kunsttherapeutin in der Stiftung Scalottas in Scharans tätig. In dieser Zeit durfte ich Menschen mit einer Behinderung oder einer schweren Erkrankung begleiten. In einem konkreten Praxisbeispiel möchte ich aufzeigen, was die oben beschriebenen Gefühle auslösen können und wie sie in der Therapie aufgearbeitet werden.

Frau Amsteg kommt seit längerer Zeit einmal wöchentlich in die Einzeltherapie. An diesem Tag ist sie ziemlich frustriert und wütend. Es sei zermürbend, dass sie sich immer weniger bewegen könne. Dass ihre Hände nicht mehr das machen, was sie wolle. Worte wie Scham und Wut tauchen auf. Unangenehme Emotionen. Ich beschließe daraufhin, ihr ein Material zur Verfügung zu stellen, an dem sie ihren Frust abladen kann: einen Tonklumpen. Diesen zu formen, braucht physische Kraft, Geduld, Zeit und Motivation.
In der nächsten Einheit malt sie das Objekt mit den für sie stimmigen Farben an **(Abb. 3-16)** und hält in ihrem Therapietagebuch einen passenden Text fest: „Mein Wut-

Abbildung 3-16: Gestaltung von Emotionen: Frau Amstegs „Wutmonster" (Quelle: Stiftung Scalottas)

monster Hans Kakadu ist sehr unbeweglich, deshalb hat es einen roten Kopf, es schämt sich, dass es sich nicht bewegen kann. Es ist zu dick, fühlt sich nicht wohl in seinem Körper, in seiner Haut."

Frau Amsteg kann in der Gestaltung ihre Wut kanalisieren, mit einem Material, welches eine hohe Widerstandskraft aufweist. Erst wenn man es in die Hand nimmt, spürt, knetet, wird es zu einem Medium, das zum Gestalten stimuliert. Frau Amsteg gestaltet aus dem Gefühl heraus und versucht ihre innere Verfassung, ihre Gedanken und Phantasien über die Hände in den Ton hineinzuleiten.

Um die negativen Aussagen umzuwandeln, stelle ich Fragen wie:

Welches ist der Kraftteil darin?

Mögen Sie diesen Kraftteil malen oder gestalten? (Separierung der negativen Emotionen).

Was ist der kraftvolle Anteil, und wo raubt es dir die Kraft? (z. B. negative Glaubenssätze).

Die negativen Glaubenssätze werden in ein Ressourcenbild umgewandelt. In der Begleitung durch die Seelsorgerin Renata Aebi schreibt Frau Amsteg die für sie passenden Ressourcensätze auf. Sätze, welche ihren individuellen Umgang mit ihrer Krankheit aufzeigen. Mit Tusche werden sie aufgeschrie-

Abbildung 3-17: Ressorcensätze als Bild gestaltet (Quelle: Stiftung Scalottas)

ben und mit Schwamm und Farben sowie Pastellkreiden umrandet. **(Abb. 3-17)**. Diese geben dem Bild einen Rahmen.

Dabei gilt stets, mich als Begleitperson selber auch zu erforschen, das heißt für mich, offen zu sein für Inputs der Bewohnerin sowie negative Emotionen zu separieren. Das Außensystem, wie in diesem Fall die fortgeschrittene Krankheit, kann meistens nicht verändert werden, eigene negative Sätze hingegen schon. Eigene Beurteilungen, Internalisierungen können sich sowohl auf der psychischen als auch auf der physischen Ebene manifestieren.

Gestalten ist ein gutes Mittel, um sich besser zu spüren und sich somit besser wahrnehmen zu lernen.

Die Bewohnerin ist nicht nur ihre Krankheit, sie ist nicht nur voller Schmerzen und Leid, sondern ein Teil von ihr ist unverletzt. Sie ist also auch Wahrnehmende, jemand, der ihren Schmerz sieht und beobachtet. Im geistigen Bereich kann sie sogar ihre Gedanken benennen. Dies gehört wie selbstverständlich dazu. Die kleinen alltäglichen Schönheiten gehen oftmals in der Hektik des Alltags vergessen. Umso wichtiger werden sie in Krisensituationen, in Momenten, in denen der Mensch sein Dasein hinterfragt. Denn es ist und bleibt das Leben, das persönliche Geschichten schreibt.

Was bedeutet also Spiritualität in meiner Arbeit als Kunsttherapeutin?

Es bedeutet, dem Menschen die Möglichkeit zu bieten, sich mit seinen Lebensthemen bis ins hohe Alter auseinanderzusetzen. Diesem Menschen Raum zu geben, um auch Schwieriges leichter werden zu lassen. Diese Arbeit hat mich stets berührt, und der Humor und die Liebe zu den Menschen sind dabei von großem Wert.

Bilder und Objekte geben fassbaren und auch unfassbaren Gefühlen einen Platz. Sie werden ernst genommen, man schaut hin und geht ein Stück weit mit, auf dem Weg ins Ungewisse. Jeder soll sein Leben so gut es geht selbst mitbestimmen dürfen.

Denn das Schicksal entspricht selten den Vorstellungen eines Menschen. Dies sind für mich zentrale Faktoren, welche in der kunsttherapeutischen Arbeit eine Rolle spielen. Auch persönliche Wünsche, Träume und Hoffnungen sind Themen, welche dabei nicht zu kurz kommen sollten.

Frau Amsteg wünschte sich seit längerer Zeit, ihre Bilder und Objekte ausstellen zu können. Dieser Wunsch wurde ihr in der Institution ermöglicht, sie konnte selbst mitbestimmen, was sie von sich zeigen möchte, und welches für sie persönlich wichtige Bilder sind. Zwei Bilder und ein Objekt konnte sie sogar verkaufen. Mit dem Geld hat sie sich neu eingekleidet, und ihre Ausstellung wurde mit einem Glas Weißwein feierlich eröffnet – ganz in ihrem Sinne.

Spiritualität aus meiner Sicht umfasst die Liebe, den Glauben an das Gute im Menschen und die hoffnungsvolle Kraft, sich auch in schwierigen Situationen dem Leben mit all seinen Herausforderungen stellen zu können. Mit dieser inneren Haltung begegne ich dem Menschen.

Fensterbeitrag Pflegefachfrau Spitex: „Den Blickwinkel wechseln“

Noemie Lehmann

Seit etwas mehr als vier Jahren lebt Frau Kellenberger mit der Diagnose Amyotrophe Lateralsklerose (ALS). Sie wohnt alleine in einer 4-Zimmer-Wohnung in der Agglomeration von Bern, ihr Lebenspartner ist vor einigen Jahren verstorben. Frau Kellenberger wuchs als jüngstes Kind in einer großen Familie auf. Die Familie hatte lange auf kleinem Raum in einer kargen Wohnung zusammengelebt, und diese Zeit hat Frau Kellenberger stark geprägt. Auch die Vergangenheit ihrer Mutter, welche in großer Armut aufgewachsen war, wirkte sich auf das Leben der Tochter aus: Frau Kellenberger begleitete ihr Leben lang das Gefühl, nicht zu genügen, schwach zu sein und ihr Potential nicht ausschöpfen zu können. Sie sagte mir einmal unter Tränen: „Es ist logisch, dass ich gelähmt bin. Ich war mein Leben lang gelähmt und habe es nicht geschafft, aus dieser Lähmung auszubrechen. Wenn ich es nur schaffe mich daraus zu lösen! Erst dann kann ich wieder leben.“

Zu ihrer Familie hat sie heute regelmäßig Kontakt, sie fühlt sich von ihr aber nicht getragen. Es war ein langer Weg, bis es zu der Diagnose ALS kam. Frau Kellenberger hatte ihr Leben lang immer wieder gesundheitliche Probleme und verspürte schon lange das Bedürfnis, ihr Dasein, das Krankheitserleben und den Umgang damit in einem übergeordneten Sinn zu verstehen.

Trotz immenser Bemühungen, ihr Leben alleine zu meistern, ist Frau Kellenberger seit einigen Monaten auf Unterstützung durch die Spitex angewiesen. Seit einigen Wochen ist zudem die spezialisierte Palliative Care involviert und ich mache meinen ersten Hausbesuch bei der Patientin. Schon beim ersten Kontakt zwischen mir und Frau Kellenberger konnte sie klar ihren größten Wunsch äußern: Sie möchte wieder gesund werden. Dies war auch die klare Frage an mich bei der Bedarfsabklärung: „Können Sie mir helfen, wieder gesund zu werden?“

Neben der täglichen Unterstützung bei der Körperpflege, der Nahrungsaufnahme und der Medikamenteneinnahme schätzt Frau Kellenberger unsere wöchentlichen Gespräche darüber, wie sie ihre Krankheit verarbeiten kann.

Seit diesem ersten Besuch diskutieren wir jede Woche über diese Frage nach dem Gesundwerden und darüber, was denn Gesundsein überhaupt heißt. Nach und nach erzählte Frau Kellenberger von der Verantwortung, die sie sich selbst aufgebürdet hatte – sie glaubte nämlich zu wissen, dass sie an ihrer Erkrankung selbst Schuld sei. Diese Schuld trieb sie um: Sie war überzeugt, wenn sie sich nur genügend anstrengen würde, wäre alles anders.

Bei unserem Kennenlernen war Frau Kellenberger seit fast sechs Monaten nicht mehr draußen gewesen. In der Zeit unserer ersten gemeinsamen Termine brach vor der Haustüre langsam der Frühling aus. Als ich merkte, wie sich die Gespräche zunehmend im Kreis drehten und die Verzweiflung auf beiden Seiten wuchs, schlug ich deshalb vor, unsere Gespräche mit einem Spaziergang im Rollstuhl zu verbinden. Frau Kellenberger ging nicht auf diesen Vorschlag ein: Zu groß war ihre Sorge, dass sie nur zu sehen bekäme, was sie nicht mehr selber erleben kann.

An einem Tag im Mai hatte ich deshalb das erste Mal in meiner professionellen Laufbahn einen Streit mit einer Patientin: Ich merkte, dass ich zunehmend Mühe bekam, mich in der Beziehung zu Frau Kellenberger abzugrenzen und ihre Verzweiflung über ihre Situation nicht zu meiner werden zu lassen. Da wurde mir klar, dass wir unbedingt beide unseren Blickwinkel wechseln mussten. Kurzerhand organisierte ich einen Ausflug für uns beide, den ich über einen Fonds der Palliative Care abrechnen konnte: Wir fuhren zusammen auf einen nahe gelegenen Hügel, genossen dort im Stillschweigen zusammen einen Kaffee und schauten in die Ferne.

Die Spiritualität begleitet mich jeden Tag in meinem professionellen Handeln, ja sie spielte bereits eine Rolle bei meiner Entscheidung, in diesem Beruf und vor allem im Tätigkeitsfeld der Palliative Care zu wirken. Immer wieder stellt sich mir die Frage, ob die tägliche Auseinandersetzung mit Gesundheit, Krankheit und der Endlichkeit unseres Lebens eine Bereicherung oder eine Belastung ist. Eine abschließende Antwort auf diese Frage habe ich nicht gefunden. Aber die Auseinandersetzung damit erlebe ich als höchst spirituell, zwingt sie mich doch dazu, meine eigene Lebensgeschichte samt ihren Höhen und Tiefen mit der Geschichte und den Schicksalsschlägen meiner Patientinnen in einen größeren Kontext zu setzen.

Ich sehe meine Aufgabe bei der spirituellen Begleitung meiner Patienten nicht darin, Antworten mit ihnen zu finden. Vielmehr möchte ich ihnen Raum zugestehen, in dem sie entdecken können, dass es eine spirituelle Dimension gibt, und ihnen auch Raum geben, um ihre eigene Spiritualität zu entdecken und zu leben.

3.4 Vorausplanen für das Lebensende

Die Vorausplanung für das Lebensende zu verbessern, ist in der Schweiz wie auch weltweit vielerorts gegenwärtig ein zentrales gesundheitspolitisches Anliegen. So wird im Rahmenkonzept für die gesundheitliche Vorausplanung mit Schwerpunkt „Advance Care Planning“ des Bundesamtes für Gesundheit folgende Stoßrichtung formuliert: „Ziel ist es, dass der Wille eines wohlinformierten Patienten bei fortschreitender Erkrankung einerseits den Behandlungsplan aller Beteiligten, andererseits in Situationen des Notfalls und der länger andauernden oder dauerhaften Urteilsunfähigkeit die Behandlungsentscheidungen leitet.“ (BAG & palliative ch, 2018, S. 4). Es geht darum, sich über die eigenen Werte und Wünsche Gedanken zu machen, sie mit Angehörigen auszutauschen und sie so, unterstützt von Gesundheitsfachleuten, festzuhalten, dass sie am Lebensende oder in einer Situation, in der man selber keine Auskunft geben kann, auch wirklich umgesetzt werden. Leitend ist das ethische Prinzip der Patientenautonomie, das in den letzten Jahren eine zentrale Bedeutung erhalten hat. Die Vorausplanung, so lässt sich zusammenfassen, ist Grundlage, um so selbstbestimmt wie möglich sein Sterben mitgestalten zu können. Für sich selbst zu wissen, was einem wichtig ist oder sein könnte am Lebensende, ist allerdings anspruchsvoll. Es braucht ein Wissen um den möglichen Krankheitsverlauf und die therapeutischen Möglichkeiten, nötig ist aber auch ein inneres Spüren und Verstehen von dem, was einem im Leben und im Sterben wirklich wichtig ist. „Dying is a spiritual process with medical implications“ (Sterben ist ein spiritueller Prozess mit medizinischen Implikationen [Übers. d. A.]) notierte der englische Seelsorger Gwendolyn London (Bole, 2017). Damit wertet er nicht die medizinische Seite der Begleitung ab und er stellt auch nicht ihre Wichtigkeit infrage, sondern er zeigt an, wo das Zentrum im Prozess liegt, für sich vorauszuplanen. Im persönlichen Entscheidungsprozess kommen die medizinischen Fragen an zweiter Stelle, an erster Stelle steht der „spiritual process“, der innere Prozess des Spürens, des Suchens und Vertrauens, mit dem es gilt, gut verbunden zu sein, damit man weiß, wohin man seinen nächsten Schritt lenken möchte – und wohin nicht.

Praxisbeispiel:
Frau Peters – Leichten Herzens

Sie hat offensichtlich ein großes Herz, die im Rollstuhl sitzende, etwa 60-jährige Frau mit dem ausdrucksstarken Gesicht und dem offenen Blick unter den kurz geschnittenen braunen Haaren. Frau Peters kommuniziert, da sie nicht mehr sprechen kann, mit ihren Augen. Richtet sie den Blick nach oben, heißt das „ja“, blickt sie mit ihren dunklen Augen zur Seite, sagt sie „nein“. Seit Jahrzehnten mit einer Tetraparese in der Stiftung Scalottas lebend, muss sie mit den zunehmend einschränkenden Krankeitsfolgen fertig werden; inzwischen ist sie an Armen und Beinen vollständig gelähmt. Außerdem macht ihr der Tod von nahestehenden Familienangehörigen zu schaffen. In der Auseinandersetzung mit diesen existentiellen Herausforderungen begleiteten Nicole Solèr als Kommunikationsexpertin und ich als Seelsorgerin Frau Peters über einige Jahre hinweg.

Nicht von ungefähr habe ich das Herz-Bild gewählt, um dem Erleben von Frau Peters Ausdruck zu geben: Es ist jeweils ein kreativer Prozess, einen Menschen und seine Lebenswelt wahrzunehmen sowie nach einem bildhaft-symbolischen Ausdruck für das Wahrgenommene zu suchen. Ich horche dazu in mich hinein und lasse Bilder, Worte oder Symbole reifen; gleichsam als Sprachangebot für die spirituelle Lebensdimension und für spirituelle Prozesse, die wichtig sein könnten. Bei Frau Peters habe ich mich von ihrer offenen, feinen und eben „beherzten“ Art leiten lassen.

Ausgehend von der Fotografie einer herzförmigen Blüte stellen meine Kollegin und ich ihr die Frage: „Wofür schlägt Ihr Herz?“ So lernen wir nach und nach etwas vom Reichtum ihres Herzens kennen. Hilfreich dabei ist, dass die Sozialpädagogin die Bewohnerin seit vielen Jahren kennt und somit biografisches Wissen einbringen kann. Aber auch die selbstbewusste und selbstbestimmte Art von Frau Peters macht es uns einfach. Sie kann beispielsweise aus unseren vorgeschlagenen Antworten zielstrebig und genau die für sie stimmigen Aussagen mittels Ja- oder Nein-Antworten auswählen. In einem von ihr mitgestalteten „Herz-Buch“, wie wir es nennen, halten wir fest, wer und was Frau Peters am Herzen liegt **(Abb. 3-18)**.

Aus der Überzeugung heraus, dass sich die Tragkraft spiritueller Ressourcen durch das Sichtbarmachen und Erzählen entfalten und vertiefen kann, stellen wir Frau Peters die weiterführende Frage: „Wann ist Ihr Herz leicht wie eine Wolke?“ Damit suchen wir nach Momenten und Situationen, in denen Frau Peters in sich Leichtigkeit und Lebendigkeit spürt: „Zusammensein mit der Familie“, „Begegnungen auf Augenhöhe“, „stolz auf mich selber sein“, „mich selber spüren können“, so lauten einige der gefundenen Aussagen. Beim gemeinsamen Fragen kommen Erzählungen auf; davon etwa, wie Frau Peters regelmäßig frühmorgens, begleitet von ihrer Musiktherapeutin, in ihrem Rollstuhl nach draussen an den Waldrand geht, um die aufgehende Sonne und den neuen Tag zu begrüßen. Auch dieser Moment passt zum Bild vom leichten Wolkenherz **(Abb. 3-19)**.

Das Bild vom Herzen ist nicht nur für das offen, was jemandem „am Herzen liegt“, sondern auch dafür, was jemand „auf dem Herzen hat“. Dies hilft Frau Peters dabei, auch über für sie Belastendes zu sprechen und so überlegen wir miteinander: „Wann fühlt sich Ihr Herz schwer an wie ein Stein?“

Zum Bild vom steinernen Herz halten wir Themen fest wie „Angst“, „Verluste von nahestehenden Menschen“, aber auch „körperliche Fähigkeiten“, „Einsamkeit“ oder „Gedanken an Sterben und Tod“ **(Abb. 3-20)**.

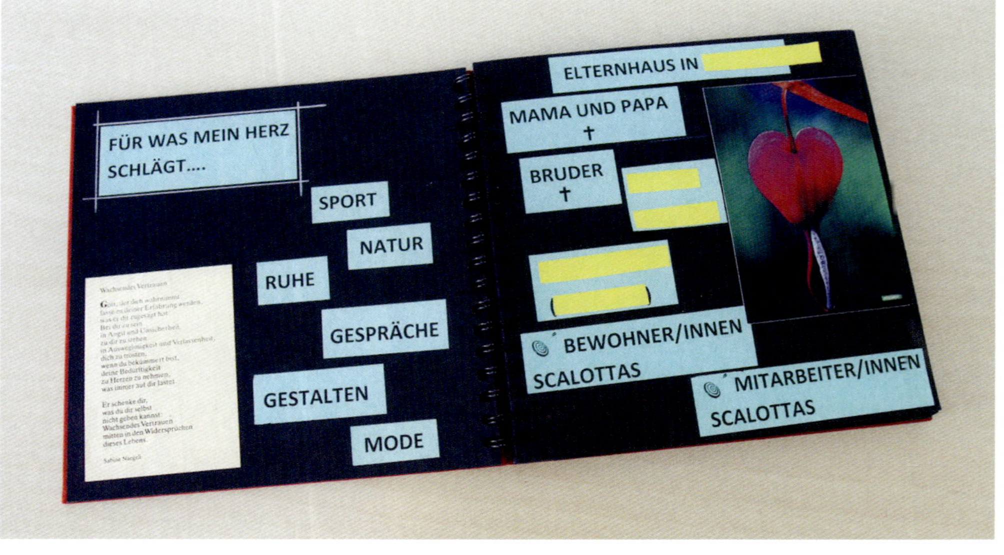

Abbildung 3-18: „Wofür schlägt Ihr Herz?“ (Quelle: Stiftung Scalottas)

Auf dem Boden des in den gemeinsamen Gesprächen gewachsenen Vertrauens, wage ich es, nachzufragen: „Was bedeutet Sterben für Sie?“ Oder: „Gibt es Vorstellungen oder Bilder dazu, die das ausdrücken? Wollen wir miteinander darüber nachdenken und solche Bilder suchen?“

Immer wieder einmal im bisherigen Gesprächsverlauf habe ich einen Text, einen Gedanken oder eine Vorstellung aus der christlichen Glaubenstradition eingebracht und wahrgenommen, dass Frau Peters Zugang dazu hat und darin Tragendes finden kann. So sind solche Elemente auch in ihr

Abbildung 3-19: „Wann ist Ihr Herz leicht wie eine Wolke?“ (Quelle: Stiftung Scalottas)

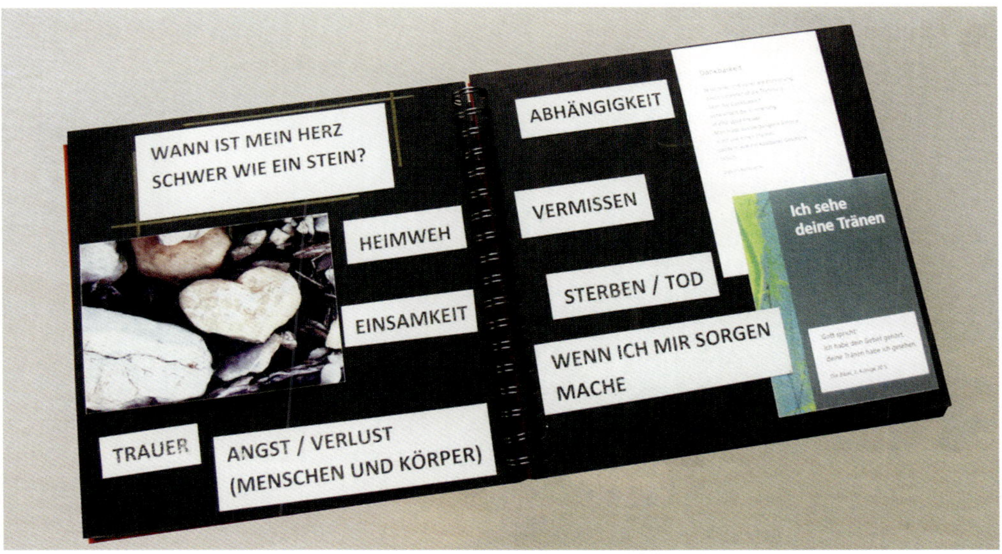

Abbildung 3-20: „Wann ist Ihr Herz schwer wie ein Stein?“ (Quelle: Stiftung Scalottas)

Herz-Buch eingeflossen. Beispielsweise ein Text von Pierre Stutz ((https://pierrestutz.ch/grusskarten/):

„In den Grenzsituationen des Lebens
in denen deine Stimmung auf- und abgeht
und du dich selbst nicht mehr verstehst
wünsche ich dir jenes kraftvolle Bild
der Engel
die die Himmelsleiter auf- und abgehen
damit du Vertrauen in dich und Gott finden mögest
und dir in der Krise ein Stück Himmel geöffnet wird.
Gesegnet seist du im Aushalten
der verschiedenen Stimmungen
im Folgen deiner Intuition
im Hören auf deine innere Herzensstimme
die dich daran erinnert
dass Gott dich nie verlässt.“

Dieser Gedanke hilft uns, im weiteren Gespräch Ausdruck für Frau Peters Hoffnungen in Bezug auf das Sterben und den Tod zu finden. Und zwar fragen wir sie: „Wie stellen Sie sich den Himmel vor?“

Im Bild der Raupe, die – der Puppe entschlüpft – zum leichten, freischwebenden Schmetterling wird, finden wir eine Vorstellung, die Frau Peters besonders anspricht. Auch den das Bild vertiefenden Gedankenanstoß dazu, den eigenen in ihrem Inneren angelegten Schmetterlingsflügeln nachzuspüren, möchte Frau Peters in ihr Herz-Buch aufnehmen.

Wir sind beeindruckt von ihrer Unerschrockenheit, die Endlichkeit des Lebens anzusprechen und sich damit bewusst auseinanderzusetzen. Frau Peters’ aktive Mitgestaltung dieser Themen zeigt sich beispielsweise darin, dass sie bei der grafischen Gestaltung der entsprechenden Seite unseres Herz-Buches nicht lockerlässt, bis meine Kollegin sie richtig versteht und die passende blaue Feder findet, welche die beiden dann neben das Schmetterlings-Bild legen **(Abb. 3-21)**.

Das so entstandene persönliche Herz-Buch liegt nun bei Frau Peters im Zimmer bereit und ermöglicht ihr, jederzeit auch mit anderen Personen über ihre spirituellen Fragen zu sprechen. Es wird uns auch zu einer wert-

Abbildung 3-21: „Wie ich mir den Himmel vorstelle.“ (Quelle: Stiftung Scalottas)

vollen Ressource, als wir im weiteren Prozess mit Frau Peters eine Patientenverfügung erarbeiten.

Auslöser dafür sind eine ganze Reihe von Todesfällen in der Stiftung und ganz konkret für Frau Peters auch das unerwartete Versterben eines Mitbewohners ihrer Wohngruppe nach einer Spitaleinweisung. Die Tatsache, dass dieser die Stiftung für einen Spitalaufenthalt verlassen hat und von dort nie mehr zurückgekehrt ist, hat Bewohnerinnen und Bewohner wie Mitarbeitende der Wohngruppe tief bewegt und verunsichert.

Bei unserer nächsten Begegnung mit Frau Peters spreche ich diese Situation an und nehme wahr, dass sie sich davor fürchtet, in einer Notfallsituation den Entscheiden anderer, vielleicht fremder Menschen, ausgeliefert zu sein. Ich erzähle ihr davon, dass ich mit verschiedenen Patientinnen und Bewohnern der Institution im Gespräch über solche Fragen bin, und informiere sie über die Möglichkeit, Wünsche und Anliegen in einer Patientenverfügung festzuhalten. Frau Peters möchte dieses Angebot unbedingt für sich nutzen.

Meine Kollegin kennt eine zu den Kommunikationsmöglichkeiten von Frau Peters ideal passende Vorlage, die Broschüre des deutschen Fördervereins für Menschen mit geistiger Behinderung: „Zukunftsplanung zum Lebensende: Was ich will!" (Bonn Lighthouse, 2017).

Mit seinem inhaltlichen Aufbau bietet das Heft einen guten Weg der Annäherung zu den Fragen der Entscheidungsfindung am Lebensende: Es beginnt mit Elementen der Lebensgestaltung und persönlichen Werten und behandelt Hoffnungen und Ängste mit Blick aufs Lebensende bis hin zu konkreten Anliegen für die Gestaltung von Abschied und Beerdigung. Frau Peters ist es wichtig, hierzu ihre Wünsche festzuhalten. Beispielsweise möchte sie nicht hospitalisiert werden, sollte sie lebensbedrohlich erkranken, sondern in der Institution versterben können, wo sie zu Hause ist und man sie kennt. Sie formuliert auch ihre Haltung zu Reanimationsmaßnahmen sowie künstlicher Flüssigkeitszufuhr und Ernährung.

Diese Entscheide entwickeln sich gewissermaßen folgerichtig aus dem gemeinsamen bisherigen Nachspüren dessen, was Frau Peters' Herz bewegt und was wir im erwähnten Herz-Buch festgehalten haben. Frau Peters' Aussagen innerhalb der Patientenverfügung sind so etwas wie eine Weiterführung ihres Herz-Buches.

So zitieren wir beispielsweise unter „Hoffnungen" den Satz von Cicely Saunders, den Frau Peters für ihre persönliche Haltung so treffend findet: „Es geht nicht darum, dem Leben mehr Tage zu geben, sondern den Tagen mehr Leben." (Eble, 2019, S. 15). Oder im Abschnitt zu wichtigen Elementen der Lebensgestaltung hält sie fest: „Das Genießen von Essen und Trinken ist mir sehr wichtig für eine gute Lebensqualität." Oder: „Riechen und Schmecken spielen eine große Rolle für mich."

Mit dem Erstellen der Patientenverfügung kann Frau Peters ihre Selbstbestimmung wahrnehmen und Aspekte umsetzen, die sie in ihrem biographischen Herz-Buch unter der Frage nach dem „leichten Herzen" festgehalten hat: „Respektiert, ernst genommen werden", „selber entscheiden können", „angenommen sein".

Letztlich ist es auf unserem jahrelangen gemeinsamen Weg immer wieder darum gegangen, Frau Peters' Einzigartigkeit wahrzunehmen. Wir haben das auf der letzten Buchseite – neben dem Bild eines Kristalls – festgehalten: „Ich bin wertvoll, etwas Besonderes. Ich kann mein Inneres leuchten lassen. Ich bin ich."

Es gibt Frau Peters Sicherheit, dass sie die von uns erarbeitete Verfügung mit der Pflegeverantwortlichen sowie mit dem Team ihrer Wohngruppe besprechen kann. Was darin an wichtigen Elementen der Lebens-

gestaltung formuliert ist, kann – so hoffen wir – in einer letzten Lebensphase bedeutsam sein und auch in die aktuelle Pflege und Betreuung einfließen. Der betreuende Hausarzt wird ebenfalls von der Pflegeverantwortlichen über den Inhalt der Patientenverfügung informiert.
Schließlich schlagen wir Frau Peters vor, mit ihrer Familie, das heißt zusammen mit ihren Geschwistern, ihr Herz-Buch anzuschauen und ihnen auch die Patientenverfügung vorzustellen. So kommt es zu einem ganz besonderen Familientreffen, an dem auch die Sozialpädagogin und ich teilnehmen dürfen. Auf dem Tisch liegen das Herz-Buch und die Verfügung. Inspiriert von den darin aufgeworfenen Fragen und Themen wird erzählt, gelacht, erinnert, sinniert; auch Momente gemeinsam bewältigter Trauer in der Familie scheinen auf. Verbundenheit wird spürbar und Herzlichkeit in den Beziehungen. Zusammen mit den Geschwistern hält Frau Peters fest, dass sie sich nach ihrem Tod eine Abschiedsfeier innerhalb der Stiftung Scalottas wünscht und dort beerdigt werden möchte, wo auch ihre Eltern bestattet sind.
Frau Peters' Geschwister sind dankbar für die Initiative ihrer Schwester, zusammen mit ihnen vorausschauend über ihre Vorstellungen und Wünsche zum Lebensende zu sprechen. Wir haben den Eindruck, sie bewundern sie gar etwas für ihren Mut, sich frühzeitig solchen Fragen zu stellen und diese mit ihrer Familie zu besprechen. Frau Peters nimmt damit trotz ihres Handicaps ihre Rolle als Älteste unter den Geschwistern auf eindrückliche Weise wahr. Die zwar nachdenkliche, aber gleichwohl heitere und gelöste Atmosphäre des Zusammenseins spricht dafür, dass Frau Peters in ihrer Familie einen Prozess angestoßen hat, der zur Leichtigkeit der Herzen aller beiträgt.

3.4.1 Spirituelle Begleitung im Prozess der vorausschauenden Planung

Es ist ein eindrücklicher Weg, den Frau Peters geht: wie sie sich ihren Fragen, ihrem Schmerz und ihren Hoffnungen zuwendet und immer klarer zum Ausdruck bringen kann, was ihr wichtig ist – wie sie leben und schließlich auch sterben möchte.

Wir möchten ihren Weg bis hin zum Verfassen der Patientenverfügung nochmals nachzeichnen und dabei den Prozess und die Aufgaben der spirituellen Begleitung vertiefen. Wir sind überzeugt, dass das Wahrnehmen der spirituellen Dimension die Klärung der persönlichen Werte unterstützt.

Der erste Schritt: einen offenen, vorurteilsfreien Raum entstehen lassen

Seit Jahrzenten mit einer Tetraparese in der Stiftung Scalottas lebend, muss sie [Frau Peters] mit den zunehmend einschränkenden Krankheitsfolgen fertig werden. Außerdem macht ihr der Tod von nahestehenden Familienangehörigen zu schaffen.

Welche Werte für einen Menschen wichtig sind, wird oft in existentiellen Herausforderungen besonders bedeutsam. Wie wird man mit solch einschneidenden Ereignissen fertig, wie kann man Lebensfreude, Lebendigkeit finden inmitten von Ereignissen, die zutiefst herausfordernd sind?

Spirituelle Begleitung will dazu beizutragen, dass ein Raum entsteht, in dem man sich dem zuwenden kann, was jetzt wichtig ist, den Gefühlen und Gedanken, die sich in einem regen. Es ist ein Raum, in dem nicht geurteilt wird. Ein Raum, in dem alles gesagt und zum Ausdruck gebracht werden kann, was jetzt von Bedeutung ist.

Woran erkennt man einen solchen „offenen Raum“? Daran, dass sich die Gesprächsteilnehmenden absolut sicher fühlen, dass sie alles sagen können, dass sie sich entspannen können, dass sie sich eingeladen fühlen, auszuprobieren, wer sie sein und was sie als nächstes tun könnten. Sie spüren, dass sie in ihrem Wesen anerkannt sind und das ermöglicht ihnen, auch dunkle, schwierige oder schmerzhafte Aspekte zu formulieren.

In diesem offenen Raum verbirgt sich eine Dimension von Sanftheit, Freundlichkeit und Stille, die eine Atmosphäre aus tiefem Wohlwollen schafft. Voraussetzung ist eine achtsame Präsenz, ein Dasein im gegenwärtigen Augenblick, in dem wir ganz offen und aufmerksam sind gegenüber dem, was ist und wie es ist.

In diesem Raum müssen keine Fragen beantwortet, keine Entscheidungen gefällt, keine Resultate erzielt werden. Paradoxerweise kann gerade dadurch, dass nichts passieren muss, viel geschehen.

Für die Begleitung bedeutet dies, die Gedanken und Gefühle des anderen vorurteilsfrei, neugierig entgegenzunehmen und dabei zugleich ganz präsent und in Verbindung zu dem zu sein, was geschieht.

Der zweite Schritt: erkunden, was wichtig ist

Wenn sicher ist, dass alles da sein darf, kann es in der spirituellen Begleitung weiter darum gehen, herauszuspüren, zu entdecken, was ein nächster, öffnender Schritt sein könnte. Dazu dient vielleicht eine Frage oder eine Beobachtung. Bei Frau Peters war es die Frage: „Wofür schlägt Ihr Herz?“

Als Begleitperson sollte ich mir aber immer bewusst bleiben: Jede Frage hat auch einen gewissermaßen invasiven Charakter. Ich dringe mit meiner Frage, ausgehend von meiner Wahrnehmung und gesteuert von meinen Absichten, in das Terrain des anderen ein. Es mag sein, dass meine Frage den anderen irritiert, dass sie ihn beschämt oder verunsichert. Dazu kommt, dass jede Intervention meinen „Geruch“ hat, weil sie aus meiner Welt stammt, aus meiner Art, mit Dingen umzugehen und sie zu verstehen. Heda Bejar fand dafür die Zeile: „The fragrance always remains in the hand that gives the rose“ (Der Duft bleibt immer in der Hand, die die Rose verschenkt [Übers. d. A.]). (https://practicalphilosophy.org.au/hada-bejar). Darum ist nicht nur die empfangende Person einem Risiko ausgesetzt (sich übergangen oder nicht verstanden zu fühlen), sondern auch die gebende: Sie gibt mit ihrer Wahrnehmung etwas von sich preis; sie zeigt mit alledem, wie sie mit der anderen Person, mit sich und mit der Situation verbunden ist.

Ohne dieses Risiko gibt es keine Begegnung. Man entzieht sich der Begegnung, wenn man es nicht wagt, sich dem anderen zuzumuten. Jede Begleitung hat somit gewissermaßen eine paradoxe Struktur: Einerseits möchte ich dem anderen einen ganz offenen, weiten Raum ermöglichen, in dem alles Platz hat – und andererseits grenze ich diesen Raum ein, verkleinere ihn gewissermaßen infolge meiner Wahrnehmung, wenn ich mit einer Frage etwas Bestimmtes auswähle und den Blick darauf richte. Wie kann man mit diesem Paradox umgehen?

Vom Philosophen und Psychologen Eugene T. Gendlin stammt ein für die spirituelle Begleitung hilfreiches Bild dafür, wie wir in dieser Situation vorgehen können. Er schlug in einem öffentlichen Vortrag einmal vor, dass wir uns einen kleinen Tisch vorstellen, der zwischen uns und der begleiteten Person liegt. Wenn ich eine Frage formuliere, dann gebe ich diese Frage nicht direkt an die begleitete Person, sondern lege sie auf den kleinen Tisch zwischen uns. Die begleitete Person ist frei, was sie ihrerseits mit der Frage tut, ob sie sie zu sich nimmt und sich auf sie einlässt oder sie zurückweist. Ich gebe also der anderen Person Raum und Zeit, zu entscheiden, ob sie mein Angebot annehmen will. Ich mache deutlich, dass ich nichts besser weiß, sondern einen Vorschlag unterbreite, der hilfreich sein kann – oder auch nicht.

Ob ich als begleitende Person meine Frage tatsächlich in dieser Freiheit formuliert habe, merke ich daran, wie ich innerlich reagiere, wenn die begleitete Person meinen Vorschlag nicht aufnimmt. Bin ich irritiert, enttäuscht, verunsichert? Oder kann ich meinen Vorschlag leicht loslassen und mich für Neues öffnen?

Der dritte Schritt: Bilder und Worte finden für das, was bedeutsam ist

„Wofür schlägt Ihr Herz?" Offensichtlich ist diese Frage für Frau Peters so etwas wie eine Türe in ihr Innenleben, die sie gerne öffnet. Wir sagen: Etwas liegt mir am Herzen, das ist mir ein Herzensanliegen, ich habe Herzklopfen, er tut etwas beherzt, sie ist ein herzensguter Mensch. Das Herz ist in unserer Sprache in verschiedenen zusammengesetzten Worten und Redewendungen integriert, die etwas vom Ganzen, vom Wesentlichen eines Menschen und dessen Wünschen zum Ausdruck bringen. „Wofür schlägt dein Herz?" lässt sich übersetzen mit: was ist dir wirklich wichtig, wofür stehst du ein, wofür lebst und wonach strebst du, was macht dein Leben lebenswert? Dabei sind alle Dimensionen des Menschen angesprochen, sein Denken und Tun, sein Fühlen und sein Spüren.

Die Kraft der Frage „Wofür schlägt dein Herz?" liegt darin, dass sie den ganzen Menschen in den Blick nimmt, auch all das, was noch gar nicht da ist: alles Potential, Träume und Sehnsüchte. Die Kraft dieser Frage liegt überdies darin, dass sie einen Dialog ermöglicht, von „mir" zu „meinem Herzen"; man könnte sagen, von dem Menschen, der ich jetzt bin mit allem in mir, was lebendig ist, aber auch mit dem, was noch lebendig werden möchte. Die Frage bringt meine Lebendigkeit ins Spiel, sie öffnet mich aber auch noch über das Bekannte hinaus, sie lädt mich ein, größer, mutiger, schöner über mich zu denken als ich es vielleicht gewohnt bin.

Spannend am Dialog zwischen mir und meinem Herzen ist, dass ich mein Herz nicht aktiv steuern, nicht manipulieren kann. Das Herz ist kein Organ meiner Aktivität, sondern meiner Rezeptivität. Die Frage ist nicht, „Was will ich?", sondern „Wofür schlägt mein Herz?", das heißt, mein „Ich" wird eingeladen zu spüren, welche innere Resonanz mein Denken und mein Tun „in mir drin, in meinem Herzen" hat und sich davon inspirieren zu lassen. Mein Herz wirkt wie ein Seismograph, ein Resonanzorgan, das mich auf der Spur hält zu tief empfundener, prickelnder Lebendigkeit. So sind auch die beiden Fragen „Wann ist dein Herz leicht?" beziehungsweise „Wann ist dein Herz schwer?" weniger Einladungen, etwas Bestimmtes zu tun, sondern offen und zugleich genau in mich hineinzuspüren. Mein Herz ist so etwas wie ein innerer Führer, ein Coach, der mir anzeigt, was mich kräftigt, nährt – und was mich einengt, verunsichert.

Die Einladung, auf mein Herz zu hören oder es zu spüren, erfordert und ermöglicht zugleich eine Unterbrechung, eine Pause in meinem eingespielten, manchmal unbewusst ablaufenden Handeln. Die Pause ermöglicht einen frischen Blick, einen phänomenologischen Umgang mit mir selbst, indem ich nicht überlege, was ich als nächstes tun will oder was jetzt sein sollte, sondern indem ich einfach nur genau und neugierig wahrnehme, was jetzt los ist.

Diese Unterbrechung muss keine große Sache sein. Ein kleiner Moment genügt. Doch dieser Moment hat großes kreatives Potential. So war es bei Frau Peters. Die Herzensfrage führte dazu, dass ein Buch entstand, das wiederum ein Medium ist, um mit sich selbst im Dialog zu sein. Und dieser Dialog ging über sie selbst und die professionellen Begleiterinnen hinaus: Das Buch ermöglichte ihr, auch mit anderen Personen darüber zu sprechen, was ihr Herz bewegt.

Ein solches Herzens-Thema war auch das Sterben. Im Dialog mit ihrem Herzen entstand ein neues Bild: eine Raupe, die sich verpuppt und zum leichten, frei schwebenden Schmetterling wird. Frau Peters, die wegen ihrer mehrfachen Lähmungen nicht einmal ihren Arm heben konnte, fand im Dialog über den Tod eine ganz leichte Dimension: das Bild des freien Schmetterlings.

Der vierte Schritt: Festhalten, was wichtig ist – die Patientenverfügung

Durch eine Häufung von Todesfällen in der Institution und insbesondere das unerwartete Versterben eines Mitbewohners im Spital wurden die Fragen rund um Sterben und Tod für Frau Peters konkret. Sie will sicherstellen, dass ihre Wünsche im Fall ihres Sterbens auch wirklich berücksichtigt werden.

Der ganze bisherige Weg, gepflastert mit den vielen Gesprächen, der zu all den Bildern und schließlich zum Herzens-Buch geführt hat, erhält dadurch nochmals eine neue Bedeutung. Er führt jetzt zu den konkreten Wünschen, die Frau Peters in der Patientenverfügung festhalten kann. Der Dialog mit dem Herzen – inspiriert durch die Frage: „Wann ist Ihr Herz leicht wie eine Wolke?" – ist Ursprung und Richtschnur, um ihre Wünsche festzuhalten.

Frau Peters ist es wichtig, hierzu ihre Wünsche festzuhalten. Beispielsweise möchte sie nicht hospitalisiert werden, sollte sie lebensbedrohlich erkranken, sondern in der Institution versterben können, wo sie zu Hause ist und man sie kennt. Sie formuliert auch ihre Haltung zu Reanimationsmaßnahmen sowie zu künstlicher Flüssigkeitszufuhr und Ernährung. Diese Entscheide entwickeln sich gewissermaßen folgerichtig aus dem gemeinsamen bisherigen Nachspüren dessen, was Frau Peters' Herz bewegt und was wir im erwähnten Herz-Buch festgehalten haben. Frau Peters' Aussagen innerhalb der Patientenverfügung sind so etwas wie eine Weiterführung ihres Herz-Buches.

Damit die Erstellung einer Patientenverfügung mit den persönlichen Wünschen und dem eigenen Lebensstil wirklich übereinstimmt und nicht oberflächlich-technisch vollzogen wird, braucht es eine „Praxis des inneren Dialogs". Dieser Dialog, so meinen wir, wird dann am besten gelernt, wenn er völlig frei ist, wenn er nirgendwo hinführen muss, sondern wenn es nur darum geht, sich selber kennenzulernen, die Lebendigkeit in sich zu entdecken. Dieser innere Dialog findet nicht abgegrenzt von anderen statt. Bei Frau Peters waren es die professionellen Begleiter, es waren die Angehörigen und die Mitbewohnerinnen, es waren aber auch der Stein, die Blume und der Schmetterling, die sie unterstützt haben, das zu finden, was ihr Herz „leicht" werden, was sie ihre Lebendigkeit und Kraft spüren ließ. Die langjährige Praxis des Dialogs war die Grundlage dafür, die Frage beantworten zu können, was an ihrem Lebensende für sie wichtig ist.

Literatur

Bejar, H. (n. d.). *School of practical philosophy.* Zugriff am 15. Oktober 2019 unter https://practicalphilosophy.org.au/hada-bejar

Bole, R.H. (2017). *Live Until You Die.* New York: Page Publishing. Verfügbar unter https://books.google.ch/books?id=5yTFDgAAQBAJ&pg=PT213&lpg=PT213&dq=dying+is+a+spiritual+process+with+medical+implications,+London&source=bl&ots=zB56rJe4AB&sig=ACfU3U3E67JKElVFZMLF1zRPtr6Zcw3EqA&hl=de&sa=X&ved=2ahUKEwiMqZGEnszlAhWRJlAKHUzkCbQQ6AEwAHoECAYQAQ#v=onepage&q=London&f=false

Bonn Lighthouse e.V. (2017). *„Zukunftsplanung zum Lebensende: Was ich will!" Patientenverfügung in leichter Sprache* (5. überarbeitete Aufl.). Zugriff am 15. Oktober 2019 unter http://www.foerderverein-bonn-beuel.de

Bundesamt für Gesundheit & palliative ch. (2018). *Gesundheitliche Vorausplanung mit Schwerpunkt „Advance Care Planning". Nationales Rahmenkonzept für die Schweiz.* Bern: BAG.

Eble, G. (2019). *Leben in Gesundheit durch Bedürfniserfüllung. Durch Selbstbehandlung zur Selbstheilung. Ein Kursus für Leben und Gesundheit zwischen Bedürfnissen und ihrer Erfüllung.* Norderstedt: Books on Demand.

Stutz, P. (n. d.). *Gesegnet seist du.* Zugriff am 15. Oktober 2019 unter https://pierrestutz.ch/grusskarten/

Fensterbeitrag Hospizkoch: „Ich lebe noch“

Ruprecht Schmidt

> Eines Tages zog Frau Jakob bei uns ein. Gleich am ersten Tag ließ sie mich wissen, dass sie während der letzten zehn Tage im Krankenhaus nichts mehr gegessen hätte und jetzt auch nichts mehr wolle. Schließlich sei sie ja zum Sterben hergekommen.

Essen ist wie atmen; so selbstverständlich, ein Bestandteil unseres Alltags. Wir essen, wenn wir hungrig sind, aus Frust (bei mir sind es dann Süßigkeiten ...), alleine, in Gesellschaft, mit Freundinnen und Freunden oder der Familie. So essen wir uns, mehr oder weniger bewusst, durch unser Leben. Ernährung stellt eine Konstante in unserem Leben dar, auf die wir ganz unkompliziert zurückgreifen können, wann immer wir wollen.

Mit der Diagnose einer unheilbaren Erkrankung wird unser Leben komplett auf den Kopf gestellt: Der Körper funktioniert nicht mehr so, wie er soll, der Geschmack hat sich verändert. Appetitlosigkeit und Gewichtsverlust kommen dazu. Es folgt der Einzug in ein Hospiz, wissend oder ahnend, dass dies die letzte Station sein wird. Essen spielt doch da wirklich keine Rolle mehr! Eine Ansicht, die auch heute noch oft vertreten wird. Ich selbst habe noch nie einen Ort erlebt, wo Essen eine so große Bedeutung bekommt wie in einem Hospiz.

Meine Funktion als Koch wurde in diesem Haus neu definiert: Die Bewohnerinnen und Bewohner sind nicht meine Gäste, denen ich etwas anbiete, was ich mir ausgedacht habe, sondern sie geben mir vor, was und wie ich zu kochen habe. Eine der größten Herausforderungen ist darum die Umsetzung ihrer Wünsche. Dies erfordert nicht nur Kochwissen: Hier geht es vielmehr darum, die Erinnerungen und die damit verbundenen Emotionen „nachzukochen“. Diese Emotionen gilt es zu erfragen beziehungsweise herauszuhören: Welche Erinnerungen sind damit verbunden? Gibt es eine bestimmte Zubereitungsweise? Ein bestimmtes Gewürz?

> Mein Gefühl sagte mir, dass ich am nächsten Tag noch einmal bei Frau Jakob vorbeischauen sollte. Und ich hatte Recht: Ihr Appetit kam schrittweise zurück. Zu Beginn sollte es nur eine Milchsuppe sein, ein paar Tage später meinte sie schon: „Ab jetzt nur noch große Portionen! Ich will zu Kräften kommen, vielleicht kann ich ja dem Tod noch von der Schippe springen.“

Immer wieder erlebe ich Menschen bei uns, die anhand der Essensmenge, die sie noch zu sich nehmen können, auf ihren aktuellen Zustand schließen. Denn essen heißt: „Ich lebe noch.“ Ein wichtiger Grundsatz für mich ist, die Menschen dort abzuholen, wo sie stehen. Sind sie weiterhin von bestimmten Ernährungsformen überzeugt, setze ich diese entsprechend um. Ich biete erst dann etwas anderes an, wenn ich das Gefühl habe, dass mein Gegenüber mit dem Bisherigen eigentlich unglücklich ist, gerne hören möchte, dass er oder sie nun auch mal wieder „zuschlagen" darf.

Lebensqualität zum Lebensende heißt auch: Was man gerne zu sich nimmt, kann der Körper am besten vertragen. Kann es einer Bewohnerin nicht schnell genug gehen, weil sie das Essen nicht verträgt, ermutige ich sie, sich Zeit zu lassen und nichts erzwingen zu wollen. Meine Aufgabe ist es aber nicht, den Bewohnerinnen und Bewohnern zu sagen, dass sie vermutlich bald sterben. Ich möchte ihnen quasi eine Fluchtmöglichkeit lassen. Ich lüge aber nicht und mache ihnen auch keine falschen Hoffnungen. Damit ich meine Haltung optimal umsetzen kann, ist eine gute kollegiale und interdisziplinäre Zusammenarbeit mit den anderen Mitarbeiterinnen und Mitarbeitern sehr wichtig.

Frau Jakob konnte noch einige Wochen das Essen genießen. Sie legte sogar ein wenig Gewicht zu. Dann aber setzte der bekannte Verlauf ein: Schluckbeschwerden, Übelkeit und Appetitlosigkeit. Trotzdem wollte sie das Essen nicht aufgeben. Außerdem müsse doch der Tumor gefüttert werden. Und wenn sie nichts mehr esse, meinte sie, dann gehe es ja zu Ende. Sie hätte auch sagen können: „Essen heißt: Ich lebe noch, und wenn das wegfällt, wird es eng." So wurde das Essen zum Stellvertreter für ihre Situation. Von da an konnte ich ihr nichts mehr recht machen. Für mich war und ist diese Situation immer noch schwer auszuhalten. Obschon ich weiß, dass es nicht um „mein Essen" geht und ich dies nicht persönlich nehme sollte.
Bei einem meiner täglichen Besuche bei Frau Jakob hatte ich mich innerlich schon auf ihre Unzufriedenheit und meine Hilflosigkeit eingestellt. Sie überraschte mich jedoch mit einem Lächeln. Dann meinte sie, dass sie noch einen Wunsch hätte oder genau genommen sogar deren zwei. Ihr erster Wunsch: Zum Abschluss große Bratkartoffeln mit viel Speck, dazu einen Salat. Das wäre immer ihr Samstagsessen nach der Gartenarbeit gewesen. „Noch einmal riechen und kauen", sagte sie. Mehr gehe ja eh nicht. Aber sie könnte sich dann wieder im Garten sitzen sehen. Und am Abend käme dann die letzte Zigarette, bevor sie sterben würde. Ich antwortete ihr, dass sich das viele Menschen wünschten: Das Lebensende selber festzulegen. Sich ins Bett zu legen und morgens nicht mehr aufzuwachen. Das würde auch ich mir wünschen. Aber ich hätte das hier noch nie erlebt. Meistens, so sagte ich ihr, hätten genau jene Menschen, die das am meisten wünschen, die größten Schwierigkeiten mit dem Loslassenkönnen. Sie nahm meine Antwort lächelnd zur Kenntnis, und ich hatte das Gefühl, dass ich irgendetwas nicht verstanden hätte. Dann folgte ein abrupter Themenwechsel: Uns verbinde doch das Reisen, sagte Frau Jakob. Für sie sei es zwar ein Teil ihrer Arbeit gewesen. Für mich bedeute es, Abstand zu bekommen und Energie zu tanken. Und nun habe sie noch einen letzten persönlichen Wunsch an mich. Mit ihrem Mann hätte sie ein Reiseritual gehabt: An jedem besonderen Ort der Welt hätten sie ein paar ihrer Haare in den Wind geworfen, so würde immer ein Teil von ihnen zurückbleiben. Sie wusste, dass ich bald zu einer längeren Reise durch Südamerika aufbrechen würde. Das Ende meiner Reise sollte die Osterinsel sein. Ein Reiseziel, das auch immer auf ihrer Wunschliste gestanden hatte. Ob ich vielleicht ein paar ihrer Haare dort verstreuen würde? Ich musste über ihre Bitte einen Tag nachdenken und beschloss dann, ihr den Wunsch zu erfüllen. Sie sollte mich die ganze Reise über begleiten. Daran hatte ich nicht gedacht.

Zwanzig Jahre als Hospizkoch sind eine lange Zeit. Aber auch heute gibt es noch Situationen, in denen ich sprachlos bin, weil es auf manche Frage einfach keine Antwort gibt. Ab und zu habe ich das Gefühl, dass ich alles schon so oft erlebt habe, und dann werde ich innerlich ungeduldig. Ich frage mich, warum die Menschen solche Schwierigkeiten mit dem Loslassen und Sterben haben. Und ertappe mich dabei, wie ich mir einbilde zu wissen, wie das geht: einfach sterben zu können. Welch eine Hybris. Ich bezeichne es für mich als die Arroganz der Lebenden. Woher kann ich heute wissen, wie ich mich eines Tages in dieser Situation verhalten werde? Ich kann zwar dank meiner Erfahrung leichter über Sterben und Tod sprechen, aber die Angst davor ist bei mir noch genauso groß. Denn ich habe gelernt, dass jeder Mensch auf seine ganz eigene Weise loslassen muss, um sterben zu können.

Das für mich schönste und beeindruckendste Ritual in unserem Haus ist der Gedenkschrein in der Eingangshalle: eine an die Wand gelehnte Wachstafel. Davor liegt ein Buch, darüber hängt ein Kerzenhalter. Wenn ich morgens die Tür öffne, geht mein erster Blick zur Kerze. Brennt sie, ist eine Bewohnerin oder ein Bewohner gestorben. Der Vorname der verstorbenen Person ist in die Wachstafel eingraviert. Wer möchte, kann in das darunterliegende Buch etwas hineinschreiben, malen oder ein Bild hineinlegen. Ist die Kerze erloschen, wird die Tafel erwärmt, und so verschmelzen alle Namen der Verstorbenen miteinander. Das Buch wird geschlossen, wenn der Verstorbene abgeholt wird. Die Kerze brennt, bis sie von selbst erlischt.

In all den Jahren habe ich bei der Arbeit meine eigenen Abschiedsrituale entwickeln können. Sie schützen mich, damit ich nicht jeden neuen Abschied zu sehr an mich heranlasse. Denn ich möchte beziehungsweise muss mich ja auch schnell auf eine neue Bewohnerin oder einen neuen Bewohner einstellen können. Trotzdem bleibt von vielen Bewohnern, zu denen ich einen engeren Kontakt aufgebaut habe, ein kleines Stück in mir zurück. Das ist meine Arbeit. Aber wie werde ich mich verhalten, wenn es zum Beispiel meinen Partner oder enge Freunde betrifft?

Frau Jakob starb tatsächlich in dieser Nacht. Auch in diesem letzten Moment selbstbestimmt. Darum beneide ich sie.

3.5 Ausweglosigkeit

„Wenn alles zusammenbricht und wir am Abgrund stehen, dann ist es der Prüfstein für jeden von uns, auf dieser Kippe stehen zu bleiben und nichts zu verfestigen. Der spirituelle Weg führt nicht in den Himmel." (Chödrön, 2001, S. 22).

Eine Krankheit oder das Sterben kann eine so erschütternde Erfahrung sein, dass man den Boden unter den Füssen verliert, weil all das, was das eigene Leben bisher ausgemacht hat, wegzubrechen droht oder tatsächlich wegbricht. Diese Erfahrung ist oft äußerst schmerzhaft, sie kann innere Enge oder Erstarrung auslösen, das Gefühl der Ausweglosigkeit lässt kaum Luft zum Atmen. Die bisherigen Strategien und Gewohnheiten, mit einer schwierigen Situation umzugehen, greifen nicht, weil in gewissem Sinn das Leben selbst zur schwierigen Situation geworden ist. Wir finden uns in einer „Grenzsituation" wieder, wie Karl Jaspers (1956) dies nennt, die dadurch gekennzeichnet ist, dass wir sie nicht ändern können, sondern in die wir nur „offenen Auges eintreten" (S. 204) beziehungsweise uns auf sie einlassen können. Wie ist es möglich, in dieser existentiellen Herausforderung „stehen zu bleiben und nichts zu verfestigen"?

Praxisbeispiel: Herr Weber – Gedankengänge teilen

Der Blick fällt sogleich auf das in intensiven Farben leuchtende, zarte Blumenarrangement auf dem Tisch im freundlichen Hospizzimmer. Es steht mit seiner Leuchtkraft in seltsamem Kontrast zum Erzählen und Erleben des Zimmerbewohners.

Über mehrere Wochen begleite ich Herrn Weber, einen etwa 60-jährigen Krebspatienten, im Hospiz. Dabei lerne ich einen sehr feinfühligen, differenzierten und überlegten Menschen kennen, der mit den Herausforderungen und komplexen Belastungen seiner Krebserkrankung ringt. Etwas vom Ersten, was er mir erzählt, ist, dass ihn furchtbare Alpträume plagen. Überhaupt wird schnell deutlich, dass Herr Weber unter einem enormen Leidensdruck steht.

Herr Weber hat in seinem Leben eine kleine Firma aufgebaut und selbstständig geführt. Dafür hat er hart gearbeitet und viel von sich verlangt. „Ich war immer jemand, der Erfolg hat. Darauf bin ich stolz." Gegenwärtig ist Herr Weber dabei, sein Geschäft an seine Kinder zu übergeben; sein Lebenswerk aus den Händen zu geben, fällt ihm schwer.

Über sich sagt Herr Weber, er habe sehr zurückgezogen gelebt; er habe immer Schwierigkeiten gehabt, Beziehungen zu anderen Menschen aufzubauen oder Kontakte zu pflegen. „Das hat wohl auch zu meiner Scheidung beigetragen", meint er. „Auch mit meinen Kindern verbindet mich wenig; es gibt einfach nichts, was wir einander zu sagen hätten. Ich hatte immer irgendwie ‚autistische' Züge."

„Und doch", wage ich alledem entgegenzuhalten, „nehme ich Sie als sehr authentische Person wahr. Als jemanden, der ehrlich ist zu sich selber und bewusst aus dem für sich Stimmigen heraus entscheidet und handelt. Geht es nicht darum im Leben – sich selber zu sein?"

Herr Weber ist sehr naturverbunden. Er ist, wie er von sich sagt, ein exzessiver Naturmensch, der stunden- und tagelang auf Wanderungen in den Bergen unterwegs war. „In die Schönheit der Natur und der Bergblumen habe ich richtig eintauchen können", erzählt er. „Ja, ich konnte geradezu niederknien davor. Das hat mir unendlich viel bedeutet, da bin ich glücklich gewesen. Als klar wurde, dass meine Erkrankung nicht mehr weiter behandelbar ist und dass mir nicht mehr viel Zeit bleibt, habe ich all meine ‚Kraftorte' nochmals besucht und mich innerlich von ihnen verabschiedet." Es klingt bitter, wie Herr Weber sagt: „Dort werde ich nie mehr hingehen können."

Und weiter meint er: „Ich bin einfach ‚nichts mehr', nichts mehr wert und zu nichts nütze. Ich kann nicht mehr."

„Es tut mir weh", sage ich darauf, „wenn ich Sie so von sich reden höre; das macht mich sehr betroffen." Herr Weber antwortet recht forsch und vorwurfsvoll: „Sehen Sie, Sie sind auch nicht besser als alle anderen, die mich im Leben halten wollen. Auch Sie nehmen mich nicht ernst!"

Er klagt: „Was soll das alles noch? Ich habe hier keinerlei Lebensqualität mehr. Es hat alles keinen Wert mehr. Hinzu kommen die schlimmen Schmerzen, die grauenvollen Träume, die mich verfolgen." Und: „Möglicherweise ist das alles ja jetzt die Quittung für meine Beziehungsunfähigkeit und mein einsames Leben." „Es ist, wie es, ist – sagt die Liebe", antworte ich. „Die Gedichtzeile geht mir gerade durch den Kopf. Ich kann mir nur wünschen und Sie dazu einladen, dass Sie manchmal auch solch einen liebevollen Blick auf sich und ihr Leben werfen."

Immer deutlicher sagt Herr Weber, er wünsche sich nur noch „in Würde" gehen zu können. „Es ist schon seltsam", sinniert er, „irgendwie ist die Erkrankung zu meiner Verbündeten geworden, da sie doch das Sterben beschleunigt."

Große Angst hat Herr Weber davor, unaushaltbaren Schmerzen ausgeliefert zu sein. Deshalb ist ihm die Aufklärung über die Möglichkeiten der Schmerzbekämpfung und der Symptomkontrolle durch das Pflegeteam der Hospizstation sehr wichtig. Gleichwohl fällt es Herrn Weber sehr schwer, darauf zu vertrauen, dass er in einer akuten Krisensituation auch wirklich die versprochene Unterstützung erhalten wird.

Immer klarer werden auch Herrn Webers Aussagen, dass er nicht mehr in der Lage und nicht bereit sei, über die Maßen zu leiden und dass er sich Gedanken über die Möglichkeit des assistierten Suizids mache. Herr Weber hat darüber auch bereits mit seinen Angehörigen gesprochen. „Ich überlege mir täglich", sagt er, „ob jetzt der Moment gekommen ist, das entsprechende Vorgehen in die Wege zu leiten. Ich bin ja nicht religiös; jedenfalls habe ich nie glauben können, was ich auch irgendwie bedaure. Schade eigentlich, hatte diese Dimension nicht mehr Raum." Er habe einfach keinen Zugang dazu gehabt, meint er. „Und doch frage ich mich: Darf der Mensch über Leben und Tod entscheiden?"

Was kann ich als Seelsorgerin für Herrn Weber sein in alledem? Indem ich Verluste und Belastungen anerkenne, Sinnkrisen aushalte und gleichwohl die Lebensleistung und das ernsthafte Ringen und Suchen auch in ethischen Fragen würdige – in alledem wächst Beziehung und Vertrauen. Das kann gleichsam als „Gegenerfahrung" zu Herrn Webers Selbstwahrnehmung der Beziehungsunfähigkeit stehen. Er findet eine treffende Formulierung für das, was meine Begleitung für ihn ist, indem er sich bei mir dafür bedankt, dass ich seine „einsamen Gedankengänge mit ihm teile". Mein Eindruck ist der, dass unsere geteilten Gedankengänge nochmals Raum öffnen, Spielräume ermöglichen und Zeit gewähren.

Herr Weber beschließt dann tatsächlich, sich selber noch etwas Zeit zu geben für die Entscheidung, ob er den Weg des assistierten Suizids wählen möchte. Und er macht dabei die Erfahrung, dass bisher Ungelebtes – etwa eine bisher nicht gekannte Nähe zu den Kindern – zum Tragen kommt Ebenso zeigt sich, dass dies alles seinen Angehörigen hilft, sein Sterben schrittweise zu akzeptieren.

Auf unseren gemeinsamen Gedankengängen kommen auch Fragen nach dem Woher und Wohin des Lebens auf, und ich wage es, Herrn Weber nach seinen Jenseits-Vorstellungen zu fragen. Herr Weber formuliert aus seinen ganz persönlichen Lebensbezügen heraus auf wunderbare Art seine Hoffnung: „Wenn es etwas geben wird nach dem Tod, dann wird es sein, wie wenn sich in einem leeren Raum ein Fenster auftut. Ein Fenster, das auf eine Wiese voller blühender Bergblumen hinausgeht." Ein starkes Hoffnungsbild, das ich gerne mit Herrn Weber teile.

Eines Morgens schließlich begrüßt er mich mit der klaren Aussage: „Ich bin am Ende. Heute kontaktiere ich die Sterbehilfeorganisation, um das Prozedere für den assistierten Suizid in die Wege zu leiten." Da ich weiß, dass Herr Weber in all diesen Fragen rund um den assistierten Suizid auch mit dem Pflegeteam im Gespräch ist, schlage ich vor, diesen Schritt und die Gründe dafür gemeinsam mit der Hospizleitung zu besprechen. Herr Weber ist sofort einverstanden – ja, erleichtert darüber. Der Pflegefachmann kommt hinzu, setzt sich zu uns an Herrn Webers Bett. Er nimmt dessen Aussage, er sei an die Grenze des erträglichen Leidens gekommen, ernst und sichert ihm auch auf dem Weg des assistierten Suizids Unterstützung zu – soweit dies von den institutionellen und rechtlichen Rahmenbedingungen her möglich sei.

Gleichzeitig zeigt er Herrn Weber eine detaillierte Beschreibung der Möglichkeit einer palliativen Sedation. Er bietet ihm sogar an, ihn für eine kurze Phase in einen Tiefschlaf zu versetzen, um ihn die Erfahrung einmal machen zu lassen. Diese Angebote helfen Herrn Weber im Umgang mit seinen Ängsten.

Bei meinem nächsten Besuch im Hospiz erfahre ich, dass Herr Weber eines natürlichen Todes verstorben sei.

3.5.1 Spirituelle Begleitung in der Krise: To be good company

Die Landschaft der Krise und Ausweglosigkeit

Herr Weber sagt von sich: „Ich war immer jemand, der Erfolg hat." Diese Selbstdefinition trägt in seiner Krebskrankheit nicht mehr. Seine Erfolge kommen ihm abhanden: Er muss sein Geschäft abgeben, seine körperliche Kraft verlässt ihn, in der Nacht hat er Alpträume.

Aus Sicht von Herrn Weber befindet er sich in einer Situation des Abbruchs und des erzwungenen Abschieds. Er orientiert sich an dem, was sein Leben bisher getragen hat und er kann sich weder in der Gegenwart zurechtfinden noch irgendwie sinnvolle Perspektiven für seine Zukunft erkennen. Sein Verständnis von sich selbst, das offenbar wesentlich mit Erfolg verknüpft war, ist zerbrochen, ein neues nicht in Sicht.

„Was soll das alles noch? Ich habe hier keinerlei Lebensqualität mehr. Es hat alles keinen Wert mehr. Hinzu kommen die schlimmen Schmerzen, die grauenvollen Träume, die mich verfolgen. Und: Möglicherweise ist das alles ja jetzt die Quittung für meine Beziehungsunfähigkeit und mein einsames Leben."

Der Wunsch nach assistiertem Suizid entsteht aus dieser Situation der Ausweglosigkeit, der erlebten Sinnlosigkeit und des Schmerzes heraus. Der Wiener Psychiater Erwin Ringel (2001, S. 83) beschrieb schon vor vielen Jahren diese Krisensituation als Einengung:

> „Immer enger wird mein Denken
> immer blinder wird mein Blick,
> mehr und mehr erfüllt sich täglich
> mein entsetzliches Geschick.
> Kraftlos schlepp ich mich durchs Leben
> jeder Lebenslust beraubt,
> habe keinen, der die Größe
> meines Elends kennt und glaubt.
> Doch mein Tod wird Euch beweisen,

dass ich jahre-, jahrelang
an des Grabes Rand gewandelt,
bis es jählings mich verschlang."

Der weite Raum, die Perspektiven, die Kraft der Beziehungen sind nicht mehr vorhanden. Der eigene Wert als Person, aber auch der Wert des Lebens überhaupt kann nicht mehr wahrgenommen, nicht mehr gespürt werden. Dabei hat die Verengung eine Art Sogwirkung: Alles, was bisher Sinn und Boden gegeben hat, droht von diesem Sog aufgesogen zu werden und an Bedeutung zu verlieren. In diesen Sog gerät auch das Naturerleben von Herrn Weber: Er hat sich innerlich von all seinen Kraftorten in den Bergen verabschiedet. Hätte er innerlich nicht mit ihnen verbunden bleiben können? Hätte er nicht neue Kraftorte finden können, statt wie früher in den Bergen vielleicht in der Nähe seines jetzigen Lebensortes? Offensichtlich ist ihm das in der Enge seines Erlebens nicht mehr möglich, fast scheint es so, dass er es gar nicht mehr will und aggressiv reagiert auf alle Versuche, ihn aus seiner Enge herauszuführen. Die Aggression, mit der er sich von allem lossagt, was früher tragend war, und die sich damit gegen ihn selbst richtet, kann sich allerdings auch gegen jene richten, die seine Enge ansprechen.

„Es tut mir weh", sage ich darauf, „wenn ich Sie so von sich reden höre; das macht mich sehr betroffen." Herr Weber antwortet recht forsch und vorwurfsvoll: „Sehen Sie, Sie sind auch nicht besser als alle anderen, die mich im Leben halten wollen. Auch Sie nehmen mich nicht ernst!"

Spirituelle Schmerzen

„Spiritualität durchdringt alle Dimensionen menschlichen Lebens. Sie betrifft die Identität des Menschen, seine Werte, alles, was seinem Leben Sinn, Hoffnung, Vertrauen und Würde verleiht. Spiritualität wird erlebt in der Beziehung zu sich selber, zu anderen und zum Transzendenten (Gott, höhere Macht, Geheimnis, ...). Zur Spiritualität gehören die Fragen, die angesichts von Krankheit und Endlichkeit des Lebens aufkommen, ebenso wie die individuellen und gemeinschaftlichen Antworten, die dem erkrankten Menschen als Ressource zur Verfügung stehen." (Odier et al., 2010, S. 1)

Das Erleben von Beziehung und Verbundenheit ist gemäß dieser Definition eine zentrale Dimension von spirituell erfülltem Erleben. Spiritueller Schmerz andererseits entsteht da, wo nährende Verbindungen, die das eigene Ich mit dem Ganzen verbinden, verletzt oder abgebrochen werden. Herr Weber suchte und fand vieles von dem, was für ihn tragend war, in der Natur. Er war jeweils tagelang allein in den Bergen unterwegs.

„In die Schönheit der Natur und der Bergblumen habe ich richtig eintauchen können", erzählt er. „Ja, ich konnte geradezu niederknien davor. Das hat mir unendlich viel bedeutet, da bin ich glücklich gewesen."

Das Verb „niederknien" ist spannend, gerade für einen, der sich an seiner Leistung orientiert, an dem, was er „aufrecht" leistet. Niederknien ist eine Geste der Demut, der Unterordnung, des sich Einordnens in etwas Größeres, sich selbst Übersteigendes.

In einem Gedicht beschreibt der persische Sufimystiker, Gelehrte und Dichter Dschalāl ad-Dīn ar-Rūmī: „Heute wie an jedem anderen Tag wachen wir leer und ängstlich auf. Öffne nicht die Tür zum Arbeitszimmer und fange zu lesen an, nimm ein Musikinstrument, auf dass die Schönheit, die wir lieben, das ist was wir tun. Es gibt Hunderte von Arten, sich hinzuknien und den Boden zu küssen." (Barks & Moyne, 2004)

Doch in seiner Krankheit war es Herrn Weber nicht mehr möglich, diese Form der Verbindung zu erleben.

„Als klar wurde, dass meine Erkrankung nicht mehr weiter behandelbar ist und dass mir nicht

mehr viel Zeit bleibt, habe ich all meine ‚Kraftorte' nochmals besucht und mich innerlich von ihnen verabschiedet." Es klingt bitter, wie Herr Weber sagt: „Dort werde ich nie mehr hingehen können."

Anders als die Verbindung zur Natur war bei Herrn Weber die Verbindung zu anderen Menschen schon seit langer Zeit brüchig oder kaum vorhanden. Er erlebt das jetzt besonders stark, weil er sein Geschäft seinen Kindern übergeben muss und dabei die Beziehungslosigkeit so schwer auf diesem Vorgang lastet. Wie will man etwas, was einem selbst zentral und wertvoll war, an andere übergeben können, mit denen man nicht verbunden ist?

Über sich sagt Herr Weber, er habe sehr zurückgezogen gelebt; er habe immer Schwierigkeiten gehabt, Beziehungen zu anderen Menschen aufzubauen oder Kontakte zu pflegen. „Das hat wohl auch zu meiner Scheidung beigetragen", meint er. „Auch mit meinen Kindern verbindet mich wenig; es gibt einfach nichts, was wir einander zu sagen hätten. Ich hatte immer irgendwie ‚autistische' Züge."

Doch alleine durchzukommen am Ende ist schwer. Ohne Verbindung, ohne Vertrauen zu anderen „sich aus der Hand geben" zu müssen, scheint bei Herrn Weber seine Schmerzen zu steigern.

Große Angst hat Herr Weber davor, unaushaltbaren Schmerzen ausgeliefert zu sein. Deshalb ist ihm die Aufklärung über die Möglichkeiten der Schmerzbekämpfung und der Symptomkontrolle durch das Pflegeteam der Hospizstation sehr wichtig. Gleichwohl fällt es Herrn Weber sehr schwer, darauf zu vertrauen, dass er in einer akuten Krisensituation auch wirklich die versprochene Unterstützung erhalten wird.

Vielleicht lässt sich auch Herrn Webers Unsicherheit, ob er den assistierten Suizid tatsächlich durchführen will, als Zeichen für die verletzte Verbindung zum Ganzen verstehen. Und zugleich als Sehnsucht, dass diese Verbindung ihn damals getragen hätte und auch heute tragen würde.

„Ich überlege mir täglich", sagt er, „ob jetzt der Moment gekommen ist, das entsprechende Vorgehen in die Wege zu leiten. Ich bin ja nicht religiös; jedenfalls habe ich nie glauben können, was ich auch irgendwie bedaure. Schade eigentlich, hatte diese Dimension nicht mehr Raum." Er habe einfach keinen Zugang dazu gehabt, meint er. „Und doch frage ich mich: Darf der Mensch über Leben und Tod entscheiden?"

Begleitung

Ein Mensch, der selber an seine Grenze gekommen ist, bringt oft auch diejenigen, die ihn begleiten, an ihre Grenze; ein Mensch, der sich selbst eingeengt fühlt, führt andere oft auch in die Enge; ein Mensch, der hart mit sich umgeht, geht auch mit anderen hart um.

„Ich bin einfach ‚nichts mehr', nichts mehr wert und zu nichts nütze. Ich kann nicht mehr", meint Herr Weber. „Es tut mir weh", sage ich darauf, „wenn ich Sie so von sich reden höre; das macht mich sehr betroffen." Herr Weber antwortet recht forsch und vorwurfsvoll: „Sehen Sie, Sie sind auch nicht besser als alle anderen, die mich im Leben halten wollen. Auch Sie nehmen mich nicht ernst!"

Man kann in diesem Ausruf die Angst davor hören, dass die Seelsorgerin ihm ihre Sicht überstülpt, dass sie seinen Schmerz nicht aushält, dass sie an einem anderen Ort sein möchte als dort, wo er jetzt tatsächlich ist. Man kann in diesem Ausruf aber auch gerade seine Angst hören, den Schmerz fühlen zu müssen, dass die Seelsorgerin tatsächlich an ihm interessiert sein könnte: etwas, was er in der Enge seiner Erfahrung und Not vielleicht selbst nicht mehr erwartet, ja nicht einmal mehr in Betracht gezogen hatte. Und dann stellt sich umso mehr die Frage, ob die Seelsorgerin, die er in seinem Schmerz wegstößt, trotzdem da bleibt.

Die amerikanische Autorin und Lehrerin Rachel Naomi Remen prägte einen Satz, der die Herausforderung der spirituellen Begleitung gerade in der Situation erlebter Ausweglosigkeit wunderbar beschreibt: „Perhaps the secret of living well is not in having all the answers but in pursuing unanswerable questions in good company." (Vielleicht besteht das Geheimnis eines guten Lebens nicht darin, alle Antworten zu kennen, sondern den unbeantwortbaren Fragen in guter Gesellschaft nachzugehen. [Übers. d. A.]) (Remen, 2000, S. 338). Spirituelle Begleitung bedeutet demnach, die Enge und Schmerzen beim anderen anzuerkennen und dabei zu bleiben. Dies setzt voraus, dass man sich gut um sich selbst kümmert, präsent ist und darauf achtet, was in einem selbst geschieht. Es braucht in der spirituellen Begleitung viel Mitgefühl für den anderen – und ebenso Mitgefühl für sich selbst und die Wahrnehmung eigener Gefühle. Es geht gerade nicht darum, die eigenen Gefühle zu ignorieren, um den anderen zu begleiten, sondern darum, diese gut wahrzunehmen und sich um sie zu kümmern, damit man offen für den anderen sein kann. Das Kümmern um sich selbst ermöglicht es, „good company" zu sein für den andern.

Indem ich Verluste und Belastungen anerkenne, Sinnkrisen aushalte und gleichwohl die Lebensleistung und das ernsthafte Ringen und Suchen auch in ethischen Fragen würdige – in alledem wächst Beziehung und Vertrauen. Das kann gleichsam als „Gegenerfahrung" zu Herrn Webers Selbstwahrnehmung der Beziehungsunfähigkeit stehen. Er findet eine treffende Formulierung für das, was meine Begleitung für ihn ist, indem er sich bei mir dafür bedankt, dass ich seine „einsamen Gedankengänge mit ihm teile".

Paradoxerweise kann gerade dort, wo ich mich konzentriert zurücknehme und zugleich in Verbindung zum anderen bleibe, etwas Tiefes, manchmal auch Neues geschehen. „Damit der andere sich öffnen und reden kann, muss der Therapeut sich zurücknehmen. Ich muss mich zurückziehen, um dem anderen Platz zu machen ... sich so zurückziehen anstatt auf den anderen zuzugehen, ist ein Akt intensivster Konzentration." (Nouwen, 1987, 133).

Mein Eindruck ist der, dass unsere geteilten Gedankengänge nochmals Raum öffnen, Spielräume ermöglichen und Zeit gewähren. Herr Weber beschließt dann tatsächlich, sich selber noch etwas Zeit zu geben für die Entscheidung, ob er den Weg des assistierten Suizids wählen möchte. Und er macht dabei die Erfahrung, dass bisher Ungelebtes – etwa eine bisher nicht gekannte Nähe zu den Kindern – zum Tragen kommt. Ebenso zeigt sich, dass dies alles seinen Angehörigen hilft, sein Sterben schrittweise zu akzeptieren.
Auf unseren gemeinsamen Gedankengängen kommen auch Fragen nach dem Woher und dem Wohin des Lebens auf, und ich wage es, Herrn Weber nach seinen Jenseits-Vorstellungen zu fragen. Herr Weber formuliert aus seinen ganz persönlichen Lebensbezügen heraus auf wunderbare Art seine Hoffnung: „Wenn es etwas geben wird nach dem Tod, dann wird es sein, wie wenn sich in einem leeren Raum ein Fenster auftut. Ein Fenster, das auf eine Wiese voller blühender Bergblumen hinausgeht." Ein starkes Hoffnungsbild, das ich gerne mit Herrn Weber teile.

Herr Weber wird schließlich den assistierten Suizid nicht in Anspruch nehmen. Es scheint, als ob sich seine Enge etwas lockern konnte, dass er Verbindungen spüren konnte – zu Mitgliedern des Behandlungsteams, zu seinen Angehörigen, ja auch wieder zu seiner früheren Kraftquelle, der Natur.

Literatur

Barks, C. & Moyne, J. (2004). *The essential Rumi*. Uckfield: Castle Books.

Chödrön, P. (2001). *Wenn alles zusammenbricht. Hilfestellung für schwierige Zeiten*. München: Wilhelm Goldmann.

Jaspers, K. (1956). *Philosophie II. Existenzerhellung* (3. Aufl.). Berlin/Heidelberg: Springer.

Nouwen, H. J. M. (1987). *Geheilt durch seine Wunden. Wege zu einer menschlichen Seelsorge*. Freiburg im Breisgau: Herder.

Odier, C., Neuenschwander, H., Pétremand, D. & Fuchs, C. (2010). BIGORIO 2008. Empfehlungen zu Palliative Care und Spiritualität. Konsens zur „best practice" für Palliative Care in der Schweiz. *palliative.ch, Zeitschrift der Schweizerischen Gesellschaft für Palliative Medizin, Pflege und Begleitung, 1*, 1.

Remen, R. N. (2000). *My Grandfather's Blessings: Stories of Strength, Refuge, and Belonging Quotes*. New York City: Riverhead Books.

Ringel, E. (2001). *Die österreichische Seele. Zehn Reden über Medizin, Politik, Kunst und Religion* (13. Aufl.). Wien: Europaverlag.

Fensterbeitrag Arzt und Palliativmediziner: „Jenseits des menschlichen Verstehens"

Dr. med. Daniel Büche

Die 43-jährige Frau Frisch sehe ich erstmals in der onkologischen Sprechstunde. Die Onkologin hat mich hinzugezogen, da Frau Frisch sich in einer schwierigen Lebenssituation – einer depressiven Episode – befindet. Die Patientin sei vor Wochen dem Tod sehr nahe gewesen, erzählte mir die Kollegin, sie sei wegen eines Leberversagens kaum mehr aus dem Bett gekommen und körperlich und kognitiv müde. Sie entschied sich dann – nach einigem Zögern und nach der Zusicherung, man tue alles dafür, dass sie durch die Chemotherapie ihre Haare nicht verlöre – doch noch für eine Chemotherapie.

Die Leber erholte sich, die Patientin konnte wieder aktiv sein, spazieren gehen und den Haushalt machen. Frau Frisch verlor aber ihre prächtigen Haare, ließ sich Perücken – sechs an der Zahl – anfertigen, doch keine davon konnte ihr ihr gewünschtes Körperbild zurückgeben. Dies machte Frau Frisch zunehmend traurig. Ihr Ehemann unterstützte sie, wo er konnte, bekundete ihr seine Liebe auf jede erdenkliche Art – erfolglos, aber nicht hoffnungslos. Frau Frisch suchte Unterstützung bei der Psychoonkologin, beim Seelsorger, bei Freundinnen und anderen; keine dieser Interventionen konnte ihr aber ihre Lebensfreude zurückgeben.

Bei unserer Konsultation sprechen wir über Traurigkeit – die Patientin weiß aus eigener Erfahrung, was eine Depression ist – doch was sie jetzt erlebe, sagt sie, fühle sich anders an. „Ich bin so nackt." Wir sprechen auch über Endlichkeit und Abschiedlichkeit – Frau Frisch würde lieber heute als morgen sterben: „Es ist alles gesagt und besprochen." Wir sprechen auch über ihre Familie, die Angehörigen und darüber, welche Auswirkungen dieses abschiedliche Denken und Verhalten auf den Ehemann haben könnte. Dies kann sie rein kognitiv nachvollziehen, emotional berührt es sie aber nicht. „Ich bin von allem und allen abgeschnitten, getrennt." Auf meine Frage, ob ich ihr ein Antidepressivum verschreiben dürfe, da allenfalls eine depressive Episode sie in ihrer Lebensfreude einschränken und ihr das Gefühl geben könne, dass alles keinen Sinn mehr habe, willigt sie zögerlich ein. Zwar habe sie durchaus gute Erfahrungen mit dem Antidepressivum gemacht, die aktuelle Situation sei aber ganz anders. Wir vereinbaren einen neuerlichen Termin nach zwei bis drei Wochen.

Anlässlich der Folgekonsultation schildert mir Frau Frisch die unerträglichen Arzneimittelwirkungen des Antidepressivums, und außerdem wolle sie ihrem Körper nicht noch mehr Gift zumuten. Sie entscheidet sich daher, das Antidepressivum abzusetzen und gleichzeitig auch die Chemotherapie abzubrechen. Meinen Vorschlag, ihr ein phytotherapeutisches Antidepressivum zu verschreiben nimmt sie zwar an, aber das von mir ausgestellte Rezept lässt sie liegen. Drei Tage später nimmt sich Frau Frisch das Leben.

„We have a problem with spirituality." Diese Aussage von Dame Cicely Saunders 1996 – am Ende ihrer ärztlichen Karriere – gilt aus meiner Sicht heute noch. Das Beispiel von Frau Frisch zeigt uns dies auf. Die spirituelle Dimension ist mehr als eine weitere Dimension, die nach den körperlichen, psychischen und sozialen Fragestellungen noch beachtet werden sollte. Vielmehr geht es um eine Dimension, welche die übrigen drei Dimensionen durchdringt – sie transzendiert. Dabei kann der Begriff der Transzendenz in zweifacher Hinsicht verstanden werden: einerseits durch die wörtliche Übersetzung (transzendieren = durchsteigen), was auch als durchdringen interpretiert werden könnte; andererseits meint Transzendenz im Sinn von Kant „dasjenige, was jenseits der menschlichen Erfahrung liegt und von dem keine theoretische Erkenntnis möglich ist."

Bei Frau Frisch war dies der Fall. Weder wir Fachkräfte (Ärzte, Psychologinnen, Seelsorger, Pflegefachpersonen und andere) noch die Patientin selber konnten auf menschliche Erfahrungen bei ihrem Erleben zurückgreifen. Rein objektiv war die Krankheit zurückgedrängt, die Aktivitätsmöglichkeiten der Patientin wieder größer, eine depressive Episode lag eher nicht vor – dagegen sprach das Erleben der Patientin, die aus Erfahrung die Depression kannte. Auch Frau Frisch konnte hier nicht auf ihre Erfahrungen zurückgreifen, deshalb war sie von diesem Zustand überrumpelt und gelähmt.

Als Arzt möchte ich lernen, die spirituelle Dimension immer mitzudenken. Insbesondere dort, wo mir Beschwerden geschildert werden, die ich nicht einordnen und bei denen ich nicht auf meine Erfahrung zurückgreifen kann – sei dies im körperlichen Bereich („ich bin so nackt", doch die Nacktheit könnte man bedecken), im seelischen Bereich („ich bin so traurig", doch die Traurigkeit ist anders als die Depression), im sozialen Bereich („ich bin von allen isoliert, abgetrennt, keiner versteht mich", doch es sind so viele da, die Beziehungen anbieten, sowohl im persönlichen als auch im professionellen Bereich) oder im spirituellen Bereich („es ist alles gesagt, es ist alles getan, es hat keinen Sinn mehr weiterzuleben", doch man könnte noch so vieles erleben und erfahren, allenfalls auch neuen Sinn im Leben finden).

Diese Anforderungen sind hoch, da ich so immer mehrgleisig denken muss. Und: Wenn ich nicht auf meine Erfahrungen zurückgreifen kann, wer sagt mir denn, dass dies schon ein spirituelles („transzendentes") Symptom ist? Allenfalls könnte ein erfahrenerer Arzt als ich dieses Symptom durchaus körperlich, psychisch oder sozial erklären. Diese Unsicherheit lässt mich aber auch wachsam sein und auf (jeder) Arztvisite beziehungsweise in jeder Arzt-Patientenbegegnung die Fragen stellen: „Was gibt ihrem Leben (heute) einen Sinn?" Und: „Woher nehmen Sie die Kraft, trotz der widrigen Umstände weiterzukämpfen, weiterzugehen?"

Literatur

Kant, I. (1787). *Critik der reinen Vernunft* (B: 2. Aufl., S. 19). Riga: Johann Friedrich Hartknoch

Saunders, C. (1996). Into the valley of the shadow of death: a personal therapeutic journey. *BMJ, 313*, 1599–1601.

3.6 Ressourcen wahrnehmen und vertiefen

Herrn Weber (**Kap. 3.5**) plagen heftige Albträume, und er hat einen enormen Leidensdruck. Herr Keller (**Kap. 3.3**) trauert um seine Familie und um sein bisheriges Leben. Frau Peters (**Kap. 3.4**) sorgt sich um ihre Zukunft. Spirituelle Begleitung wird oft in schwierigen Lebenssituationen in Anspruch genommen, oft stehen Krisen im Zentrum, spiritueller Schmerz drängt in den Vordergrund, existentielle Herausforderungen müssen bewältigt werden. Der Blick richtet sich auf das, was schwierig und schwer ist, auf das Leiden und die Not. Grundsätzlich ist es im Gesundheitswesen üblich, sich zunächst und hauptsächlich an dem zu orientieren, „was schmerzt", und so besteht auch bei der spirituellen Begleitung die Tendenz, sich nur oder hauptsächlich auf die spirituellen Nöte zu fokussieren.

Wir möchten in diesem Kapitel aufzeigen, wie neben den Nöten auch die spirituellen Ressourcen zentrale Bezugspunkte für die Begleitung sind. Damit folgen wir den Einsichten von Vandecreek und Lucas (2001), die in der Spiritual Care Bewegung der 1990er-Jahre in Amerika die spirituellen Ressourcen viel stärker ins Bewusstsein gerückt haben. Damit vollzog sich in spiritueller Hinsicht gewissermaßen eine Transformation des Blickwinkels, ähnlich wie bereits in den 1980er-Jahren der israelisch-amerikanische Medizinsoziologe Aaron Antonovsky mit seinem Modell der Salutogenese eine Neuorientierung der Gesundheitswissenschaften angestoßen hatte: Antonovsky prägte ein Verständnis von Gesundheit, das sich vor allem an Ressourcen orientiert. Er beschrieb die „Salutogenese" als komplementären Begriff zur „Pathogenese" und verband damit ein Rahmenkonzept, das sich auf Faktoren und dynamische Wechselwirkungen bezieht, die zur Entstehung und Erhaltung von Gesundheit führen (Antonovsky, 1997).

Denselben Fokus verbinden wir mit den spirituellen Ressourcen. Um diese Sichtweise zu veranschaulichen, beschreiben wir im Folgenden einige Situationen, in denen spirituelle Ressourcen Ausgangspunkt und Schwerpunkt der Begleitung bildeten.

Praxisbeispiel: Frau Amsteg – Jemand sein dürfen

Im Gespräch mit Frau Amsteg, einer gut 60-jährigen Frau, die seit vielen Jahren an multipler Sklerose leidet und inzwischen vollständig pflegeabhängig und im Rollstuhl ist, habe ich nach Stärken und Ressourcen gesucht; und zwar im Hinblick darauf, was für sie und ihre Persönlichkeit kennzeichnend ist. Dabei entstand eine Liste von Aussagen, welche die Einzigartigkeit ihrer Person und ihres Umgangs mit der Erkrankung formulierten: „Ich bin jemand, eine Persönlichkeit." Oder: „Ich lebe auf meine eigene, unverwechselbare Art mit meiner Krankheit." Oder auch: „Mein Mundwerk funktioniert noch ganz gut, ebenso mein klares Denken." Die Patientin sah die miteinander gesuchten Sätze als sehr zutreffend und wichtig für sich an. Als ich ihr unsere kleine Liste vortrug, meinte sie spontan:, Das sollte man aber schon irgendwie ‚schön' aufschreiben!" Wir kamen dann auf die Idee, dass Frau Amsteg diese Sätze hierfür ins Malatelier der Stiftung mitnehmen könnte, das sie regelmäßig besucht. Die gefundenen Ressourcensätze fügten sich ideal in den Begleitprozess in der Kunsttherapie ein und konnten diesen sinnvoll ergänzen. Unterstützt von ihrer Kunsttherapeutin konnte Frau Amsteg daraus ein kleines Kunstwerk gestalten **(Abb. 3-22)**.

Das Bild hing dann lange Zeit, als Werk der Bewohnerin gezeichnet, in einem der Hauseingänge der Stiftung öffentlich aus.

In der weiteren Begleitung wurde es wichtig, Frau Amsteg, die zunehmend auch mit Erinnerungslücken konfrontiert wurde, immer

Abbildung 3-22: „Ich bin jemand." (Quelle: Stiftung Scalottas)

wieder an diese gemeinsam gesammelten Aussagen zu erinnern. Gerade in Krisenzeiten, in denen die Erinnerung ans eigene Leben und die Verbindung zum Selbst zurücktraten, unterstützte dieses Kunstwerk Frau Amsteg darin, mit sich selbst und mit lebensstärkenden Kräften in Beziehung zu kommen. Einmal unternahmen wir mit der Patientin im Elektrorollstuhl eigens eine kleine Exkursion quer durchs Stiftungsareal, um ihr Bild zu besichtigen und um seine Aussagen zu vergegenwärtigen.

3.6.1 Was sind spirituelle Ressourcen?

„Spiritualität durchdringt alle Dimensionen menschlichen Lebens. Sie betrifft die Identität des Menschen, seine Werte, alles, was seinem Leben Sinn, Hoffnung, Vertrauen und Würde verleiht. Spiritualität wird erlebt in der Beziehung zu sich selber, zu anderen und zum Transzendenten (Gott, höhere Macht, Geheimnis, ...). Zur Spiritualität gehören die Fragen, die angesichts von Krankheit und Endlichkeit des Lebens aufkommen, ebenso wie die individuellen und gemeinschaftlichen Antworten, die dem erkrankten Menschen als Ressource zur Verfügung stehen." (Odier et al., 2010, S. 1).

In dieser Konsensusdefinition von Bigorio, eingeführt in Kapitel 2, stehen zwei Dimensionen von Spiritualität im Zentrum:

Spiritualität, die alle Dimensionen menschlichen Lebens „durchdringt", wird einerseits als *Geschehen* aufgefasst, das wir erleben, ohne dass wir es selbst steuern könnten. Spiritualität wird als ein Geschehen verstanden, das wir wahrnehmen, dem wir vertrauen und dem wir uns hingeben können und das dabei unverfügbar und unkontrollierbar bleibt. Spiritualität als Geschehen kann nicht hergestellt werden, aber sie wird erfahren als „eine Ahnung des Unendlichen, das durch ein Gefühl, durch einen bestimmten Umstand vermittelt wird." (Roy, 2014, S. 15).

Andererseits gehören zur Spiritualität gemäß Bigorio-Definition „die Fragen [...] ebenso wie die individuellen und gemeinschaftlichen Antworten" der Menschen. Spiritualität wird damit als menschliche *Aktivität* bestimmt, als etwas, um das sich Menschen mit Fragen und Antworten bemühen. Es geht um die Sinnhaftigkeit, die sie suchen, die Verbindungen, die sie sich ersehnen. Damit kommen die spirituellen Ressourcen in den Blick, um die es in diesem Kapitel geht. Ressourcen sind die Fragen und Antworten, die wir in uns tragen, weil wir sie bereits buchstabiert haben; die Suchbewegungen, die wir schon erprobt haben; die Orte, an denen wir unsere Kraft spüren; es ist die Praxis, die uns vertraut ist; es geht um die Menschen, mit denen wir tief verbunden sind. Es sind gleichsam unsere persönlichen Brücken zu jener Spiritualität im oberen Sinne, die unsere Persönlichkeit transzendiert und uns als Geschehen durchdringt.

In einer Krisensituation sind diese Ressourcen oft wichtig, sie können eine große Bedeutung haben. Sie helfen, dass man sich in einer unsicheren Situation innerlich verorten kann, dass man eine Verbindung vertiefen kann, die einen trägt. Spirituelle Ressourcen sind oft ganz alltäglich, keine große Sache, manchmal sind sie mit einschneidenden Erlebnissen verknüpft und rühren an Schlüsselerlebnisse der eigenen Geschichte. Spirituelle Ressourcen können ganz individuell und persönlich sein, oder sie können wichtig sein für viele beispielsweise als Ressourcen einer religiösen Tradition. Manchmal sind sie aber in der Krise nicht verfügbar, weil sie überdeckt werden von der Angst um die Zukunft, verdrängt von der Sorge in Bezug auf die eigene Versehrtheit.

3.6.2 Drei Aufgaben der ressourcenorientierten Begleitung

In der auf die Ressourcen fokussierten spirituellen Begleitung geht es um dreierlei:

- zuerst den Menschen selbst in seiner Einmaligkeit, in seiner Schönheit, mit seinem Potential wahrzunehmen,
- spirituelle Ressourcen gemeinsam mit dem anderen Menschen zu erkunden, zu erfragen und gegebenenfalls wieder in Erinnerung zu rufen
- und schließlich die vorhandenen, die wieder oder neu entdeckten spirituellen Ressourcen zu stärken und zu vertiefen.

Die erste Aufgabe: Die Schönheit des anderen wahrnehmen

Anthony Bloom, ein russisch-orthodoxer Mönch, formulierte ein spirituelles „Ressourcencredo", das wir den folgenden Überlegungen voranstellen: „Wenn wir einen Menschen nicht anschauen und die Schönheit in ihm sehen, können wir gar nichts für ihn tun. Man hilft einem Menschen nicht dadurch, dass man entdeckt, was bei ihm falsch, hässlich und verzerrt ist. [...] Jeder einzelne von uns ist ein Abbild Gottes, aber jeder gleicht einem beschädigten Bild. Wenn wir eine Ikone erhielten, die durch Abnutzung, durch menschlichen Hass oder andere Umstände beschädigt wurde, würden wir sie mit Ehrfurcht, Zärtlichkeit und Trauer betrachten. Wir würden unsere Aufmerksamkeit nicht in erster Linie der Tatsache zuwenden, dass sie beschädigt ist, sondern der Tragödie ihrer Beschädigung. Wir würden uns darauf konzentrieren, was von der Schönheit übrig ist und nicht auf das, was von der Schönheit verloren ging. Und das ist es, was wir bezüglich jedes Menschen erst noch lernen müssen." (Schwing, 2015, S. 326f.).

Das Wahrnehmen der Ressourcen des anderen Menschen beginnt mit der bewussten, genauen und wertschätzenden Wahrnehmung dieses Menschen, seiner Besonderheit, seiner Persönlichkeit und seiner Schönheit. Es geht zuerst nicht darum, was der andere vielleicht hat oder kann, sondern wer er, gesehen mit den Augen der Wertschätzung, ist. Der spirituelle, ressourcenorientierte Blick sieht die Schönheit des anderen, er sieht seine besondere Ausstrahlung, seine Einzigartigkeit.

Eine solche Wahrnehmung durch eine andere Person hat eine große Wirkung. Sie erlaubt dem oder der anderen, da zu sein und sich zu entfalten. Sie ist der Boden, auf dem er oder sie sich zeigen kann, auf dem auch seine Ressourcen an Kraft gewinnen.

Diese Wahrnehmung zeigt sich im Blick, mit dem wir den anderen ansehen, in der Offenheit und dem Interesse, die in diesem Blick zum Ausdruck kommen. Dieser Blick kommt vor allem Tun, er signalisiert dem anderen, dass er als Mensch wahrgenommen wird.

Die jüdische Philosophin und Mystikerin Simone Weil nennt diese Wahrnehmung „Aufmerksamkeit". Aufmerksamkeit ist mehr als Wachsein. Wer aufmerkt, lebt in Augenhöhe mit dem Menschen, dem er begegnet. Aufmerksamkeit in Weils Verständnis ist ein Kraftfeld, in dem das Ich kleiner wird und das Du immer größer. „Das ist ein aufmerksamer Blick, bei dem sich die Seele jedes eigenen Inhalts entleert, um das Wesen, das sie betrachtet, so wie es ist, in seiner ganzen Wahrheit, in sich aufzunehmen. Eines solchen Blickes ist nur fähig, wer der Aufmerksamkeit fähig ist." (Betz, 2009, S. 96). Aufmerksamkeit führt dazu, dass man den Menschen in seiner ganzen Größe und Schönheit sieht und anerkennt. Es spielt keine Rolle, welchen Glauben jener hat, der Unterstützung braucht und welchen diejenige, die ihm hilft. Alles ist vorbehaltlos. Das Menschsein genügt.

Die zweite Aufgabe: Ressourcen erkunden
Schmerzen, Zeiten der Ungewissheit, Isolation vom Leben mit seiner alltäglichen, gewissermaßen fraglosen Sinnhaftigkeit – all dies kann dazu führen, dass die persönlichen spirituellen Ressourcen überdeckt und abgedrängt werden und nicht mehr sichtbar, nicht mehr zugänglich sind. Es kann eine wichtige Unterstützung sein, wenn jemand danach fragt, was einem früher schon gut getan hat, was einem Kraft gibt, was einen aufatmen lässt. Im Folgenden werden drei Fragen vorgestellt, die ins Leben eines Menschen hineinleuchten, um mit ihm zusammen zu entdecken, wo sich bei ihm Lebendigkeit, Bedeutsames und Heilendes finden lässt. Die Fragen müssen nicht formuliert sein, sie können auch im Hintergrund die Wahrnehmung leiten und beispielsweise dabei helfen, Bemerkungen aufzugreifen oder bewusst ein Stück des Weges mitzugehen, den der andere bereits geht.

Drei Fragen, die sich aus unserer Sicht besonders eignen, um Ressourcen beim Gegenüber zu entdecken, stellen wir im Folgenden vor:

Eine erste Leitfrage ist die *Frage nach den Bedeutsamkeiten eines Lebens.*

Praxisbeispiel: Frau Huber – Am Morgen ganz früh rausschwimmen!

Im Akutspital begegne ich der an Demenz erkrankten Frau Huber; sie wirkt etwas verloren in ihrem Spitalbett, das irgendwie viel zu groß für sie erscheint. Neben ihrem Bett steht auf ihrer Augenhöhe eine große Tafel mit der Aufschrift: „Sie sind im Kantonsspital." Daneben hängt ein Kalender mit Wochentag und Datum. Trotz dieser Orientierungshilfen nehme ich eine große Verlorenheit wahr bei Frau Huber; auch dadurch, dass sie überfordert ist von meinen Fragen nach ihrem Befinden, nach ihrem Gesundheitszustand oder nach Gedanken, die sie gerade beschäftigen. „Ich weiß nicht ...", sagt sie mehrmals etwas ratlos und mit starrem Gesichtsausdruck.
Sie bestätigt meine Aussage, dass sie hier im Spital in guten Händen sei, man gut für sie sorge und bestimmt alles tun werde, dass sie bald gesund werde: „Ja, ja, sie schauen gut zu mir", sagt sie. „Ich sehe da die wunderschönen Blumen auf ihrem Nachttisch", bemerke ich. „Vermutlich sind da auch noch andere liebe Menschen, die um Sie besorgt sind und die Ihnen den wunderbaren Strauß gebracht haben. „Ja", sagt Frau Huber und löst sich etwas aus ihrer Starre: „Ja, die sind schön – die hat mein Sohn mitgebracht".
Schließlich frage ich Frau Huber: „Darf ich Ihnen für den Spitalaufenthalt hier einen guten Wunsch da lassen? Ich würde gerne einen Segen für uns beide lesen." „Ja, gerne", antwortet Frau Huber. „Schauen Sie", sage ich, indem ich eine Postkarte hervornehme und sie Frau Huber überreiche. „Ich habe Ihnen einen Segen mit einem schönen Bild dazu mitgebracht – ein Bild, das mir auch persönlich sehr gut gefällt. Es ist ein Foto von einem Strand in Südfrankreich. Mit ganz viel Himmel und Meer." „Ich liebe das Meer", sagt Frau Huber. Ihre bisher ausdruckslosen Augen zeigen plötzlich einen Glanz, als sie die Fotografie in Händen hält und anschaut. „Sind Sie auch viel ans Meer gefahren?", frage ich. „Ja", sagt Frau Huber, „wir sind immer nach Italien gefahren. Das Meer ist so schön." „Oh ja", nehme ich ihre Aussage auf: „Am Strand stehen, die Wellen rauschen hören, den Wind im Gesicht spüren; Sonnenlicht, Wärme und der weite Himmel – das ist wunderbar." – „Ja, das ist wunderschön", sagt Frau Huber versonnen und mit einem Strahlen im Gesicht. Und dann sagt sie plötzlich: „Und am Morgen ganz früh rausschwimmen ..." – „Ja genau, das ist auch für

mich etwas vom Schönsten", antworte ich. Dann ist noch alles still und das Meer ist spiegelglatt. Rausschwimmen und eintauchen in diese Morgenstimmung. Ein Teil werden von Himmel und Meer. Das ist ein ganz besonderer Moment." Während Frau Huber das Foto weiter anschaut, lese ich den aufgedruckten Segenswunsch vor:

„Der Himmel berühre dich im Kommen und Gehen
Der Himmel bewahre dich im Tun wie im Lassen
Der Himmel belebe dich im Schaffen wie im Träumen
Der Himmel behüte dich im Schlafen wie im Wachen
Der Himmel segne dich heute und morgen."
(Quelle unbekannt)

Nach einem Moment der Stille sage ich: „Das wünsche ich Ihnen, Frau Huber, für diesen Tag und für die kommende Zeit." „Das ist sehr schön", sagt Frau Huber und bedankt sich herzlich für meinen Besuch.

Wo zuerst nur Enge und Starre war, kommt Kommunikation in Gang und Begegnung findet statt. Der Raum scheint sich zu öffnen: von der Frau, die in sich versunken im Bett liegt hinaus ins Zimmer mit den Blumen auf dem Nachtisch, zur Familie, ins Leben außerhalb des Spitals bis in die Weite des Meeres – in eine tiefere Lebensdimension hinein.

Die Begegnung dokumentiert einen Glücksfall. Das Bild auf der Karte, welche die Seelsorgerin Frau Huber zeigt, passt offensichtlich zu einer für sie ganz wichtigen Ressource. Die Seelsorgerin hat mit der Karte einen Versuch gewagt, der viel in Bewegung gebracht hat. Der Blick auf das Meer versetzt Frau Huber in eine ganz andere Stimmung, sie wird lebendig, ihre Augen leuchten. Wir wissen nicht genau, was diese Lebendigkeit hervorruft. Die Erinnerung an schöne Erlebnisse, die blaue Farbe des Wassers, die Weite des Himmels ...? Dieser Wandel geschieht sehr rasch, ohne Worte, nur durch das Betrachten des Bildes. Es ist eine überraschende Erfahrung, weil sie in gewisser Weise nicht zu erwarten war, weil sie sich einstellt, ohne dass etwas getan werden musste. Und es ist eine sinnliche Erfahrung, sie entsteht beim Sehen. Dabei scheint das äußere Bild auf der Karte so etwas wie eine Brücke zu sein zu einer inneren Gestimmtheit, die sich ganz von selbst einstellt.

Eine zweite hilfreiche Leitfrage ist die *Frage nach dem Gefühl von Lebendigkeit.*

Praxisbeispiel: Frau Schellenberg – Im Dreitakt des Walzers

Die hochbetagte Frau Schellenberg ist in ihrem Haus, wo sie seit dem Tod ihres Mannes allein lebte, gestürzt und liegt nun mit einem Schenkelhalsbruch im Spital. Als ich sie hier besuche, erzählt sie mir niedergeschlagen, dass dieser Sturz den Ausschlag für den Umzug in ein Pflegeheim gebe. Diesen habe sie bis jetzt noch dank Spitex und Nachbarschaftshilfe hinauszögern können, nun komme einfach zu viel zusammen. Ich anerkenne, dass dies zweifellos einen großen Einschnitt in ihrem Leben mit sich bringe und dass sich damit vieles verändern werde. „Ich werde nie mehr nach Hause können", seufzt Frau Schellenberg und dabei kommen ihr die Tränen. „Ja", sage ich, „Sie werden bestimmt vieles vermissen." „Und wie ich das tue!", antwortet Frau Schellenberg. „Unser Haus, das wir miteinander gekauft haben, das muss ich jetzt verkaufen. Und dann all die Dinge, die ich so gerne habe und weggeben muss; all meine selbst geschneiderten Seidenkleider – ich bin ja Schneiderin von Beruf – und auch die Nähmaschine ... Und ganz besonders vermisse ich das Klavier; wissen Sie, ich habe früher sehr gut gespielt, man hat mich schon in der Schulzeit stark gefördert. Aber spielen konnte ich schon länger nicht mehr."
Frau Schellenberg, die bisher tief in ihren Kissen gelegen hat, richtet sich etwas auf

und streckt mir ihre von Arthrose verkrümmten Hände entgegen. „Sehen Sie, auch das geht nicht mehr", sagt sie frustriert. „Ich hätte Sie so gerne spielen gehört", sage ich. „Oh ja", antwortet Frau Schellenberg und beginnt zu erzählen: „Als junge Frau hatte ich viele Auftritte. Bei unserem Ausbildungsabschluss, das hätten Sie sehen sollen, da durfte ich eine Ballettaufführung begleiten, das war wunderschön." Während Frau Schellenberg erzählt, sehe ich sie vor mir, auf der Bühne am Flügel sitzend, daneben die wirbelnden Tänzerinnen in ihren wallenden Gewändern. Und auch Frau Schellenberg – zu Beginn nachdenklich, in sich gekehrt und traurig über so vieles, was vorbei ist – wird ob ihrem Erzählen zunehmend lebendig, setzt sich in ihrem Bett auf und gerät in Bewegung. Schließlich wiegt sie sich im Dreitakt des Walzers und summt dazu eine Melodie.

Das Fallbeispiel der hochbetagten Pianistin zeigt, wie es geschehen kann, dass allein das Erzählen einer früher erfahrenen inneren Lebendigkeit einen aufrichten kann, und dass man diese innere Bewegtheit auch körperlich erfahren kann. Dabei ist eindrücklich zu sehen, welche Kraft solch innere Ressourcen haben. Die Seelsorgerin stellt keine direkte Frage, sondern sie führt den Prozess einzig durch ihre Aufmerksamkeit und dadurch, dass sie eine Erfahrung wertschätzt, die Frau Schellenberg zu diesem Zeitpunkt nicht mehr machen kann. „Das geht auch nicht mehr", meint sie - und dann geht doch noch etwas: Sie findet, angeregt durch die Bemerkung der Seelsorgerin „ich hätte sie so gerne spielen gehört", eine innere Spur zu ihrer früheren Erfahrung, und diese innere Spur führt dazu, dass sie auch äußerlich in Bewegung kommt. Das Interesse, das die Seelsorgerin leitet, ist die Frage nach der Lebendigkeit, denn diese ist eine zentrale Dimension der Spiritualität.

Die Frage nach der Lebendigkeit entnehmen wir dem Repertoire der würdezentrierten Therapie nach Chochinov (2001): Es ist die zweite Frage im semistrukturierten Interview der von ihm entwickelten Dignity Therapie (einer Kurzzeitintervention am Lebensende): „Wann in ihrem Leben haben sie sich besonders lebendig gefühlt?" Oder noch kürzer: „Wann fühlten Sie sich am lebendigsten?" In diesem Interview, das zehn Fragen umfasst und das geschulte Gesundheitsfachpersonen mit sterbenden Menschen führen, soll durch gezieltes Nachfragen und Aufschreiben der Erinnerungen, Wünsche und Anliegen des Patienten die Wertschätzung für das eigene Leben erhöht werden. Das unterstützt Sinnfindung und hilft, die Bedeutung des eigenen Lebenswerkes zu erkennen. „Im weitesten Sinne ist Dignity Therapy also eine Form wertschätzender Biografie-Arbeit, die darauf abzielt, die Würde des Menschen bis zu seinem Ende zu erhalten oder sogar zu steigern." (Schramm, Berthold & Gramm, 2013, S. 1).

Als dritte Leitfrage schlagen wir *die Frage nach den inneren Quellen* vor.

Praxisbeispiel: Frau Aeberhard – Das hat alles eine Bedeutung

Es war am Ende einer Erstbegegnung kurz nach dem Pflegeheimeintritt, der für die hochbetagte Frau Aeberhard ein unglaublich schwerer Schritt war. Beim Abschied in ihrem Pflegezimmer sagte sie zu mir: „Kommen Sie bald wieder, Frau Pfarrer, und dann schauen wir miteinander dieses Album dort an." Und mit leuchtenden Augen und erhobenem Zeigefinger fügte sie hinzu: „Das hat nämlich alles eine Bedeutung – das hat nämlich alles eine Bedeutung."

Frau Aeberhard gibt den Blick vor, mit dem sie auf ihr Leben blicken will: Alles hat eine Bedeutung. Was für eine Kraft äußert sich in dieser Aussage! Was für eine Lebensverwurzelung, was für eine Tiefe der Erfahrung und was für eine Weisheit lassen sich darin ahnen! Es ist ein Satz, der Respekt einflößt vor einer Frau, die vielem in ihrem Leben eine Bedeutung zumessen kann. Und zugleich ist es ein Satz, der zu einem Dialog einlädt, zum Entdecken von all dem Wichtigen, tief Empfundenen, Erlittenen und Erlebten, was sich hinter dieser Bedeutung verbirgt. „Dann schauen wir miteinander dieses Album an."

Wir wissen aus Untersuchungen von Büssing, Lux, Janko und Kopf (2011), dass für viele Patientinnen ein wichtiges spirituelles Ziel am Lebensende mit „Generativität" in Verbindung steht. Patienten, die ja durch ihre Situation viel „(an)nehmen" müssen (Verrichtungen der Pflege, Zubereitung der Nahrung, Unterstützung im Alltag und vieles mehr), haben das Anliegen, auch etwas „geben" zu können. Frau Aeberhard möchte der Seelsorgerin Bedeutsames aus ihrem Leben weitergeben und erhofft sich wohl, dass ihrem Geben ein Nehmen begegnet, ein offenes Hören, ein Interesse, eine Präsenz.

Wegleitend beim Dabeisein in der Begleitung kann die Frage sein: „Aus welchen Quellen und inneren Reichtümern heraus lebt und gestaltet ein Mensch sein Leben? Aus welchen Quellen lebt er?" (Knipping, 2010).

Diese Fragen führen zu dem, „was dem eigenen Leben und Sterben einen letzten Sinn gibt, was hält und trägt in der Erfahrung der Angst und Einsamkeit, und hoffen lässt angesichts von Zweifel und Verzweiflung" (Heller & Heller, 2009, S. 9). Ähnlich setzt Erhard Weiher an:

„Jeder Mensch hat einen inneren Geist (spiritus), aus dem heraus er sein Leben entwirft und gestaltet – und damit spirituelle Ressourcen, die auch bei Krankheit und Sterben aktiviert werden können. [...] Hier geht es um Spiritualität in impliziter Form. [...] Viel öfter als in der reflektierten Form lassen PatientInnen ihre spirituellen Ressourcen als Alltagsspiritualität aufscheinen. Es ist die Weise, mit der sie sich mit dem Geheimnis des Lebens in Verbindung wissen. [...] Viele Identitätssymbole der Menschen sind Symbole ihrer Spiritualität. In ihnen stellt sich etwas vom Heiligen, von der Sinnerfahrung im Leben dar. Die Dinge selbst sind nicht „heilig", aber sie symbolisieren etwas vom heiligen Hintergrund – zwar auch und oft gerade dann, wenn der Inhalt zurzeit nicht (oder nie mehr) realisierbar ist. [...] Das Geheimnis dieses Menschen will dabei nur „berührt" werden. Es will aufmerksam wahrgenommen und durch die Resonanz der Begleitenden gewürdigt werden. So wird Spiritualität zur Ressource, zur Quelle, die durch die Begegnung besser sprudelt als vorher." (Weiher, 2009, S. 22)

Die dritte Aufgabe: Ressourcen stärken

Praxisbeispiel: Herr Sennhauser – Dem Himmel so nahe

Ein unvergessliches Erlebnis war es für mich, als mich der hochbetagte Herr Sennhauser im Akutspital Anteil haben ließ an seinen Erinnerungen an die vielen Stunden, die er auf seinem Maiensäß hoch über dem Tal verbracht hatte. Sein Erzählen versetzte uns auf die Bank vor der Berghütte mit dem traumhaften Ausblick. Mein Gegenüber beschrieb die wunderbare Stimmung eines vergehenden Sommertages, die warmen Farben des Abendhimmels und den Frieden der Kirchenglocken, die vom Tal heraufklingen. „Man ist hier dem Himmel so nahe", sagte ich – und in diesem Moment spürten wir etwas vom nahen Himmel und seiner Kraft.

Praxisbeispiel: Frau Pfister – Blausterne

Frau Pfister hat vor einem guten Jahr ihren Mann verloren, der ein leidenschaftlicher Botaniker war und vor dem Haus eine wunderbare kleine Gartenanlage mit besonderen Pflanzen aus aller Welt hinterlassen hat. Als ich sie wiederum besuche, schlägt sie mir vor, einen kleinen Spaziergang zu machen zu einem Platz, den sie immer im Frühjahr zusammen mit ihrem Mann aufgesucht habe. Dort angekommen, empfängt uns eine zauberhafte Waldlichtung, von Hunderten von kleinen Blausternen übersät und von der Frühlingssonne beschienen. Wir werden hineingenommen in diesen Zauber, und der Verstorbene, Herr Pfister, ist plötzlich sehr präsent und nahe: ein Stück gelebte Erinnerung.

Herr Sennhauser und Frau Pfister sind mit dem, was sie trägt, sehr verbunden. Die Seelsorgerin bringt nichts Neues dazu, in gewissem Sinn ist alles da. Und doch scheint die Seelsorgerin eine wichtige Rolle zu spielen: Sie ist Zeugin einer Kraft, die sich bei diesen beiden Personen zeigt. Dadurch anerkennt sie die Bedeutung der Szenen und des Erlebten. Und indem sie sich auf das Geschehen selbst einlässt, wird es möglich, eine Erfahrung, die aus den Ressourcen kommt, zu teilen und dadurch noch weiter zu vertiefen.

Praxisbeispiel: Frau Amsteg – Feuer in mir

Die MS-Patientin Frau Amsteg, von der oben die Rede war, hat in der Arbeit mit ihrer Ergotherapeutin ihre künstlerisch-kreative Begabung entdeckt und zu malen begonnen. In den Jahren, in denen es ihr noch möglich war, selbstständig den Pinsel zu führen, sind etliche wunderbare Bilder entstanden. Im Raucherzimmer der Pflegeinstitution hängt eines ihrer Feuer-Bilder.
Begeistert von diesen Bildern habe ich eines davon **(Abb. 3-23)** ins Zentrum einer der Feiern gestellt, die mehrmals jährlich in der Institution stattfinden. Das Thema lautete „Feuer und Flamme"; das Bild der Bewohnerin stand auf einer Staffelei zentral vorne im Saal, in dem die Feier stattfand. Frau Amsteg saß in ihrem Elektrorollstuhl daneben und sagte dazu: „Feuer ist Leben. Es wäre noch

Abbildung 3-23: „Feuer in mir."
(Quelle: Stiftung Scalottas)

viel Feuer in mir ..." Wir luden dann die gegen 100 teilnehmenden Gäste – Bewohnerinnen und Bewohner sowie Mitarbeitende – ein, ihrem inneren Feuer nachzuspüren. Wir ließen sie Antworten auf die Frage geben, wofür sie denn Feuer und Flamme seien und wofür sie sich begeistern könnten.

Individuelle spirituelle Ressourcen können ihre Kraft verstärkt entfalten, wenn sie bewusst wahrgenommen werden; wenn sie in der Beziehung zu anderen zum Tragen kommen, beim Gegenüber auf Resonanz stoßen, in ihm oder ihr anklingen (und nicht nur abgefragt werden); wenn sie Raum bekommen. Die spirituellen Begleitpersonen sind dabei vergleichbar mit dem Klangkörper eines Musikinstrumentes, der den erzeugten Klang aufnimmt, mitschwingt und verstärkt. Dabei gilt wiederum, dass wir uns – bildhaft gesprochen – auf die jeweilige „Stimmung" des Instrumentes einlassen, uns darauf einschwingen und mitschwingen, auf dass der Ton umso voller erklingt.

Literatur

Antonovsky, A. (1997). *Salutogenese. Zur Entmystifizierung der Gesundheit*. Tübingen: Dgvt.

Betz, O. (Hrsg.). (2009). *Schönheit spricht zu allen Herzen. Das Simone-Weil-Lesebuch*. München: Kösel.

Büssing, A., Lux, E.A., Janko, A. & Kopf, A. (2011). Psychosoziale und spirituelle Bedürfnisse bei Patienten mit chronischen Schmerz- und Krebserkrankungen. *Deutsche Zeitschrift für Onkologie, 41*, 68–73.

Chochinov, H. (2001). *Dignity Therapy. Final words for final days*. New York: Oxford University Press.

Heller B. & Heller A. (2009). Spiritualität und Spiritual Care. In B. Heller & A. Heller (Hrsg.), *Spiritualität und Spiritual Care. Das Jahresheft Praxis Palliative Care, 1*, S. 9–11.

Knipping, C. (2010). *Spirituell-religiöse Bedeutsamkeiten und Kompetenzen in Palliative Care*. Öffentlicher Vortrag in Zürich.

Odier, C., Neuenschwander, H., Pétremand, D. & Fuchs, C. (2010). BIGORIO 2008. Empfehlungen zu Palliative Care und Spiritualität. Konsens zur „best practice" für Palliative Care in der Schweiz. *palliative.ch, Zeitschrift der Schweizerischen Gesellschaft für Palliative Medizin, Pflege und Begleitung, 1*, 1.

Roy, L. (2014). *L'expérience de transcendance/phénoménologie et analyse critique*. Paris: Editions Médiaspaul.

Schramm, A., Berthold, D. & Gramm, J. (2013). *Dignity Therapy. Psychologische Kurzintervention für Würde am Lebensende*. Friedberg: Institut für Palliativpsychologie.

Schwing, R. & Fryszer, A. (2015). *Systemisches Handwerk*. Göttingen: Vandenhoeck & Ruprecht.

Vandecreek, L. & Lucas A.M. (Eds.). (2001). *The Discipline for Pastoral Care Giving: Foundations for Outcome Oriented Chaplaincy*. London: Routledge.

Weiher, E. (2009). Spirituelle Ressourcen der Patienten erschließen. *Praxis Palliative Care, 1* (Jahresheft Spiritualität und Spiritual Care), S. 22–23.

Fensterbeitrag Sozialpädagogin und Expertin für Unterstützte Kommunikation: „Schlüsselmomente“

Nicole Solèr

In meiner Arbeit in der Stiftung Scalottas in Scharans begleite ich Bewohnerinnen und Bewohner mit verschiedenen geistigen und/oder körperlichen Behinderungen, Autismus-Spektrum-Störungen und Hirnverletzungen. Der Leitsatz der Stiftung „Für mehr Lebensqualität“ motiviert mich in meiner täglichen Arbeit. Die Frage, was für den einzelnen Menschen Lebensqualität ausmacht, ist in keinem Fachbuch zu finden. Und wenn ich ehrlich bin, könnte ich diese Frage für mich persönlich auch nicht so einfach beantworten. Wie kann ich demnach meine Arbeit nach diesem Leitsatz ausführen?

Als Sozialpädagogin habe ich den Auftrag, die Bewohnerinnen und Bewohner in ihrer alltäglichen Lebensführung zu stabilisieren und zu unterstützen, damit sie handlungsfähig werden oder bleiben. Dafür gibt es keine Checklisten oder Rezepte. Mit meinem Fachwissen handle ich nach bestem Wissen und Gewissen und reflektiere mein Tun. Diese Selbstreflexion oder die Reflexion im Team geben mir Sicherheit und Orientierung in meinem Berufsalltag.

Sich mitteilen zu wollen, ist ein Grundbedürfnis der Menschen. Ich arbeite mit Bewohnerinnen und Bewohnern, die keine oder eine eingeschränkte Lautsprache haben. Hier setzt die Stiftung Scalottas auf die Methode der Unterstützten Kommunikation, welche die Lautsprache ergänzt oder ersetzt. Wir alle lesen Verkehrsschilder, verschicken Emojis und wenden kulturspezifische Gesten und Handzeichen an. Die Systeme der Unterstützten Kommunikation sind den Kommunikationsformen, die wir alle in unserem Alltag anwenden, sehr ähnlich. Zum einen sind das Handzeichen (Gebärden, Zeigebewegungen mit dem Finger oder den Augen) und zum anderen grafische Zeichen (Fotos, Bilder, Symbole, Schrift). Letztere sind zum Beispiel in Kommunikationsbüchern oder auch in elektronischen Kommunikationshilfen integriert.

Mit der Unterstützten Kommunikation wird Selbstbestimmung möglich. Gefühle, Vorlieben und Ängste können geäußert werden. Durch diesen Austausch kann ein soziales Zusammensein entstehen. Schwierigkeiten in der Kommunikation können vielfältige Folgen haben. Die Gefühle der Selbstständigkeit, Selbstachtung und des Selbstwerts sind eng mit der Fähigkeit verbunden, sich auszudrücken. Scheitert das Mitteilen von eigenen Bedürfnissen, Ideen, Gefühlen und Sorgen, scheitert die soziale Interaktion. Dies kann zu Passivität, Frustration und starker Abhängigkeit führen. Die Unterstützte Kommunikation ermöglicht eine gelingende Kommunikation, mit der ich besser herausfinden kann, was für mein jeweiliges Gegenüber Lebensqualität ausmacht.

Die Bewohnerinnen und Bewohner in ihrer alltäglichen Lebensführung zu begleiten, bedeutet auch, ihre existentiellen Bedürfnisse zu erkennen und sie in Krisen zu unterstützen. Was aber sind diese existentiellen Bedürfnisse? Hier kommt für mich der spirituelle Aspekt meiner Arbeit hinzu. Spiritualität ist etwas Persönliches, Individuelles. Anhand von Biografiearbeit und empathischen Begegnungen versuche ich mein Gegenüber kennen zu lernen. Was ist für diesen Menschen wichtig und bedeutungsvoll? Was bewegt ihn? Auf welche Normen innerhalb von Beziehungen legt er Wert? Welche Tätigkeiten ergeben für ihn Sinn? Was sind seine Sorgen, was seine Hoffnungen? Welche Werte sind ihm wichtig? Anhand dieser Fragen baue ich eine professionelle Beziehung auf, erkenne die spirituellen Ressourcen und kann dadurch die Lebensqualität unterstützend fördern.

Wenn es mir nicht gelingt, diese existentiellen Fragen zu beantworten, ich somit meinem Gegenüber nicht in seinen Interessen und Bedürfnissen folgen kann, wird der Aufbau einer gelingenden Kommunikation schwer sein. So schließt sich der Kreis. Die Unterstützte Kommunikation und die Spiritual Care unterstützen mich, dass ich mein sozialpädagogisches Wissen optimal umsetzen kann. Mit einem Praxisbeispiel möchte ich dies verdeutlichen.

Ein junger Mann mit Autismus-Spektrum-Störung trat in die Stiftung Scalottas in Scharans ein. Vor dem Eintritt lebte er bei seinen Eltern. In der Stiftung Scalottas verbrachte er die Tage von Montag bis Freitag, die Wochenenden bei seinen Eltern. Er fühlte sich zu Beginn sichtlich unwohl. Der Ablösungsprozess von seinem Elternhaus hatte ihn traurig und auch wütend gestimmt. Er zeigte verschiedene Verhaltensmuster, mit denen er erreichen wollte, dass wir ihn wieder nach Hause zu seinen Eltern gehen ließen. Es war sehr schwierig, in dieser Phase mit ihm in Kontakt zu kommen. Meist versteckte er sein Gesicht unter dem Pullover. Da er keine verbale Sprache hat, stellten wir ihm geschlossene Fragen, die er in seltenen Fällen mit Kopfnicken oder -schütteln beantwortete. Wir nahmen an, dass er über ein gutes allgemeines Sprachverständnis verfügt. Ich versuchte immer wieder, mit ihm in Kontakt zu kommen und seine Interessen zu erkunden. Dafür nahm ich das „Plauderbuch" zur Hand. In diesem Buch habe ich diverse Bilder zu verschiedenen Themen wie Kulturen, Landschaften, Emotionen, sozialem Austausch, Tieren, Fahrzeugen und noch vielem mehr eingeordnet. Ich nahm also das Plauderbuch hervor, blätterte es interessiert durch und kommentierte so spannend wie möglich. Dabei achtete ich auf Reaktionen des jungen Mannes. Nichts.

Als ich ihn im Frühling einmal auf der Wohngruppe abholte, sah ich, wie er im Garten stand und konzentriert eine Topfpflanze goss. Spontan sagte ich: „Oh, ihr habt schon angepflanzt, aber Achtung: Pflanze nie vor der kalten Sophie." Er sah mir unverzüglich in die Augen, was sonst nie vorkam. Ich freute mich sehr über diesen Augenkontakt und erklärte ihm, dass dies eine Bauernregel sei, und dass ich gerne mit ihm, wenn er wolle, im Internet weiter zu diesem Thema recherchieren würde. Er nickte begeistert und kam motiviert mit. Wir machten uns schlau über die Eisheiligen und suchten verschiedenste Bauernregeln heraus. Ein Schlüsselmoment. Ab diesem Moment kam ich mit ihm in Kontakt.

Das Interesse des jungen Mannes an Bauernregeln und Pflanzen wurde in der interdisziplinären Zusammenarbeit aufgenommen. So nahm die Wohngruppe mit ihm zusammen die Bepflanzung im Garten vor, und in der Beschäftigung kümmerte er sich zusammen mit einer Mitarbeiterin um den Kräutergarten des Küchenchefs. Zudem bekam er die theoretischen Hintergründe zu seinen Gartenarbeiten, den Pflanzen und Kräutern. Eine Aufgabe zu haben, verhalf ihm dazu, sich langsam wohl zu fühlen und stolz auf sich zu sein.

Mit der Zeit wurde es ihm möglich, mit Hilfe der Unterstützten Kommunikation seine

Sorgen und Ängste, aber auch seine Interessen mitzuteilen. So begann ich mit ihm den Ablösungsprozess von seinem Elternhaus zu bearbeiten und konnte ihn in seiner Trauer begleiten. Wir gestalteten zusammen ein Fotoalbum. Dahinein klebte er vor allem Fotografien und Bilder von seiner Familie, aber auch Fotografien und Bilder von sich selbst, zum Beispiel wie er in der Stiftung Scalottas seine Gartenarbeit erledigt. Dazu sammelte er Bauernregeln und getrocknete Kräuter und Blumen und ordnete sie ein. So konnte er seine positiven Erlebnisse sowie das, was für ihn bedeutungsvoll ist, immer wieder hervornehmen und sich daran erinnern.

Eines der Interessengebiete des jungen Mannes haben wir erkannt und ihm den Zugang dazu ermöglicht. Solche Interessen sind Ressourcen, spirituelle Ressourcen, die Lebensqualität ermöglichen und die ein starker Anker in Krisensituationen sein können. Ich bin überzeugt, dass ich die Methode der Unterstützten Kommunikation sowie mein pädagogisches Fachwissen erst dann effektiv anwenden kann, wenn ich die spirituellen Ressourcen, die Bedürfnisse und Interessen meines Gegenübers erkannt habe.

Abbildung 3-24: Der Kräutergarten als Ressource (Quelle: R. Aebi)

Fensterbeitrag Soziokultureller Animator und Musikgeragoge: „Musik und Erinnerung"

Nico Meier

Eine wichtige Dimension der Soziokulturellen Animation ist der Erhalt und die Förderung von intra- sowie interpersonellen Ressourcen. Integration, Partizipation und Vernetzung sind dabei Schlüsselbegriffe, die auch im Angebot „Music & Memory" einen wesentlichen Anteil an einer gelingenden Umsetzung haben. Dieses möchte ich im Folgenden kurz skizzieren und danach als imaginäre Brille für den Blick auf Spiritual Care beschreiben.

„Music & Memory" heißt das Angebot, das in den USA entwickelt und von der gleichnamigen Non-Profit-Organisation als Label und Netzwerk inzwischen weltweit vertreten wird. Im Kern geht es dabei darum, eine auf die Biografie abgestimmte, individuelle Wiedergabeliste bedeutsamer Lieder zusammenzustellen und diese den Bewohnerinnen und Bewohnern – meist in der Langzeitpflege – zum Anhören via MP3-Player und Kopfhörer zur Verfügung zu stellen. In der Umsetzung hat es sich dabei als sinnvoll erwiesen, die Musik in enger bis lockerer Begleitung gemeinsam zu hören. Ob dies in der Konstellation Bewohnerin – Pflege, Bewohner – Aktivierung, Bewohnerin – Angehörige oder mit einer anderen Begleitung stattfindet, ist dabei zweitrangig. Wichtig ist, dass erstens niemand beim Musikhören mit allfällig aufkommenden Affekten und Gefühlen allein gelassen wird und dass zweitens die durch die Musik meist gesteigerte Interaktionslust genutzt werden kann. Oft werden Erinnerungen geweckt, Gespräche können tiefgründiger geführt werden als ohne Musik, und manchmal hilft Musik, dass wir mit Bewohnerinnen und Bewohnern, die kaum oder gar nicht mehr sprechen, überhaupt wieder einmal verbal kommunizieren können. Das Domicil Kompetenzzentrum Demenz Bethlehemacker ist die erste Schweizer Institution, die sich von „Music & Memory" hat zertifizieren lassen. Ende 2016 wurde das Angebot eingeführt und adaptiert. Seither konnten wir viele Erfahrungen im Einsatz individualisierter Musik für Menschen mit mittlerer bis schwerer Demenz sammeln, die auch aus der Perspektive der Spiritual Care interessant sind.

Der Alltag ist für Frau Gruber zu einer speziellen Herausforderung geworden. Aufgrund ihrer fortgeschrittenen Demenz fühlt sie sich oft verloren und unsicher. Wo ist sie? Was sind das alles für Menschen an diesem Ort, die sie nicht kennt? Was soll sie tun? Der Identitätsverlust lässt sie zeitweise suchend auf und ab gehen. Oder sie sitzt mit hilfesuchendem Blick auf einem Stuhl; manchmal ängstlich, manchmal ärgerlich.
Die Einladung zum Musikhören nimmt sie skeptisch an. Die Skepsis vergeht schnell, als sie die Kopfhörer aufsetzen kann. Spätestens bei den ersten Klängen von Frank Sinatras „New York, New York" wird ihr Gesichtsausdruck klar, ihre Augen leuchten. Das sei ihr Lieblingssänger, sagt sie, sie habe

ihn so oft es nur ging auf Platte gehört. Dazu habe sie im familiären Betrieb geholfen und sogar bei der Hausarbeit getanzt. Sie erzählt von ihren Eltern, den Geschwistern und lacht viel. Auch Schicksalsschläge thematisiert sie. Im Austausch mit dem Begleiter und mit der Musik kann sie auch für sie schmerzhafte Themen wohlwollend ergründen. Meist ergänzt sie selber: „... aber wir hatten es trotzdem gut, wir haben einander immer geholfen." Am Schluss der Musiksitzung bedankt sie sich herzlich – „Vielen, vielen Dank, Sie haben mir viel gebracht!" – und entscheidet sich beim Passieren des Aufenthaltsraumes spontan dafür, sich zu anderen Bewohnerinnen zu setzen. Darauf verzichtet sie sonst meist bewusst und zieht es vor, an einem Tisch abseits für sich alleine Platz zu nehmen.

Frau Dräyer liegt im Bett. Sie ist nicht mehr ansprechbar, es gibt deutliche Anzeichen für ihren nahenden Tod. Gemeinsam mit den Kindern hatten wir bereits früher eine biografieorientierte, individuelle Wiedergabeliste zusammengestellt. Diese konnten sowohl die Pflegefachpersonen als auch die Angehörigen bei ihren Besuchen nutzen und damit die gemeinsame Zeit individuell gestalten. Alle beobachteten, wie Frau Dräyer ihre zuletzt stark ausgeprägte Unruhe, die sich unter anderem durch repetitives Klopfen mit den Fingern zeigte, beim gemeinsamen Musikhören ablegen und sich entspannen konnte. Nun steht der MP3-Player mit einem Lautsprecher am Bett von Frau Dräyer. Gezielt nutzen ihre Kinder die Musik während ihrer Begleitung in diesen letzten Tagen und Stunden. Sie lassen die ruhigen Lieder laufen, die auch für sie selbst mit Erinnerungen an die Familie und ihr Zuhause besetzt sind. Unter den persönlichen Lieblingsliedern befinden sich auch einige religiöse Lieder. Der Glaube war für Frau Dräyer ein wichtiger Bestandteil ihres Lebens.

Während eines Besuchs von einigen Familienangehörigen bei Frau Dräyer ist die schon früher wahrgenommene Entspannung beim Musikhören sichtbar. Einerseits bei Frau Dräyer selbst, die – wie die Angehörigen von sich aus betonen – viel ruhiger atmet. Andererseits bewirkt die Musik auch bei den Angehörigen eine spürbare Entspannung. Nach dem Tod ihrer Mutter bedanken sich diese in einem persönlichen Gespräch unter anderem speziell für die Musik, die in der Begleitung im Sterbeprozess auflockernd und tragend gewirkt habe. Sie fragen nach einigen Liedern und erhalten die komplette Wiedergabeliste als Erinnerungsstück.

„Music & Memory" hat das Potenzial, Menschen zu sich zurückzuführen, ihnen (wieder oder zumindest partiell) bewusst zu machen, wer sie sind und was ihnen wichtig ist. Die beste Wirkung entfaltet „Music & Memory" dabei in der Interaktion. Diese identitäts- und sinnstiftende sowie vernetzende Wirkung ist mit Spiritualität eng verbunden. Frau Gruber erlangt durch die Erinnerungen mit der Musik wieder mehr Sicherheit und wird dadurch ermächtigt, Beziehungen jeglicher Art zu pflegen. Frau Dräyer und ihre Angehörigen finden in der Musik Ruhe, Gelassenheit, Geborgenheit, aber auch ein Gefühl von Gemeinschaft und Kraft, um den Sterbeprozess zu bewältigen.

Anhand der beiden beschriebenen Situationen kann der Wert von Spiritual Care sichtbar gemacht werden. Schaffen es „Music & Memory" oder auch andere Methoden oder Verhaltensweisen, einem Menschen Sicherheit und Ruhe zu vermitteln und dadurch überhaupt erst Spiritualität zu (er)leben, können wir davon ausgehen, dass ihnen das mehr Wohlbefinden und Lebensqualität bietet. Und dies über eine einzelne Person hinaus; es profitieren davon letztlich alle im sozialen Umfeld der betreffenden Person.

Integration, Partizipation und Vernetzung sind eingangs als Schlüsselbegriffe der Soziokulturellen Animation wie auch von „Music & Memory“ genannt worden. Wird die Arbeit bei „Music & Memory“ ernst genommen, ist es nicht zwingend notwendig, jemanden bewusst spirituell begleiten zu wollen. Durch die integrative und partizipative Arbeit nahe an den Bewohnerinnen, Bewohnern und deren Angehörigen werden Prozesse angestoßen, die – wie in den Situationen oben beschrieben – von sich aus vernetzend wirken und die weitere positive Effekte hervorrufen, die Spiritualität überhaupt erst ermöglichen. In diesem Sinne ist „Music & Memory“ sowie andere Arbeit mit sorgsam ausgewählter Musik unweigerlich Teil von Spiritual Care, egal ob von Musiktherapeuten, Musikgeragoginnen, Aktivierungsfachpersonen, Pflege- und anderen Fachkräften oder auch von An- und Zugehörigen angewandt.

4 Erfolgsfaktoren

In diesem Kapitel tragen wir Elemente für eine gelingende praktische Umsetzung interprofessioneller Spiritual Care zusammen. Auf der Basis der in diesem Buch dokumentierten und reflektierten Praxiserfahrungen erläutern wir zentrale professionelle Faktoren; dies auf der individuellen Ebene, für die Zusammenarbeit im Team sowie in Bezug auf institutionelle Voraussetzungen. Dabei schließen wir den Kreis, indem wir bei der ersten Fallgeschichte aus Kapitel 2 anknüpfen – der Begleitung von Herrn Merz. Ausgehend von dieser Erzählung haben wir unser Verständnis von Spiritualität im Sinne der inneren Lebendigkeit entfaltet. Der Bericht über die Fortsetzung dieser Begleitung in diesem Kapitel dient als Hintergrundfolie für die Darstellung von Schlüsselmomenten in der Praxis interprofessioneller Spiritual Care. Die Erzählung hat nicht den Anspruch auf Modellhaftigkeit, sondern sie soll veranschaulichen, dass und in welcher Form die spirituelle Begleitung verschiedene Ebenen der Gesundheitsversorgung betrifft.

Praxisbeispiel: Herr Merz – I'm from Austria

Heute steht im kleinen Kreis im stimmungsvollen Musikatelier der Langzeitpflegeinstitution ein zusätzlicher Stuhl bereit: Die Schwester von Herrn Merz ist der Einladung in unsere Runde gerne gefolgt. Nun setzt sich die junge Frau neben ihren Bruder, der nach einem Arbeitsunfall mit Hirnverletzung teilgelähmt ist und im Rollstuhl sitzt. Auf seine andere Seite, ganz dicht neben ihn, setzt sich seine Bezugspflegende, sie sorgt für eine gute Sitzposition von Herrn Merz. Den Kreis vervollständigen die Musiktherapeutin und ich, die Seelsorgerin der Institution. Herr Merz, der sich aufgrund seiner Teilaphasie kaum verbal äußern kann, außer manchmal über einen vereinbarten Fingercode, hält seine Augen geschlossen. Er habe zugestimmt, uns hier im Klangatelier zu treffen, erzählt die Pflegefachfrau. Ich hatte angeregt, jemanden aus seiner Familie in unseren Prozess einzubeziehen, woraufhin die Pflegefachfrau, die in engem Kontakt mit dessen Schwester ist, diese einlud.

Vor unserem Treffen hatte ich mich mit der Musiktherapeutin besprochen und wir hatten uns – auf den bisherigen Prozess zurückschauend und mit Blick auf die heutige Begegnung – auf eine kleine Palette von möglichen Themen geeinigt, die wir in die Begegnung mit den Geschwistern mitbringen wollten. Wir beide hatten diese Themen eine Zeit lang mit uns mitgetragen und sie mit Blick auf die Situation von Herrn Merz gleichsam reifen lassen.

Ich bin schon etwas früher ins Atelier gekommen, um mich nochmals mit der Musiktherapeutin darüber zu verständigen. Wir entscheiden, dass wir beim Thema der letz-

ten Begegnung anknüpfen wollen: Damals waren wir über Bewegung, über äußeres und inneres Bewegt- und Lebendigsein ins Gespräch und eben auch in eine Begegnung gekommen. Wir beiden haben uns in der Zwischenzeit Gedanken zum Thema „Heimat" gemacht, und meine Kollegin ist dabei auf ein Musikstück gestoßen, das für Herrn Merz passen könnte und das sie heute vorschlagen könnte.
„Wir freuen uns, dass Sie bereit sind, uns dabei zu helfen, Ihren Bruder besser kennenzulernen und so besser zu verstehen. Und damit auch seinen Alltag möglichst ihm entsprechend zu gestalten", begrüßt die Pflegefachfrau die Angehörige von Herrn Merz. Ich erzähle, dass wir letztes Mal realisiert haben, wie wichtig körperliche Bewegung für Herrn Merz ist. In der Bewegung, so unsere Wahrnehmung, könne er sich selber besser spüren und mit sich in Kontakt sein. Dazu passt, was die Musiktherapeutin, die Herrn Merz auch als Kinaestethics-Trainerin begleitet, vom Vortag erzählt: Den ganzen, langen Weg durch die Gänge von seiner Wohngruppe bis hierher ins Atelier, habe sich Herr Merz erstmals selber fortbewegt; und zwar, indem seine Begleiterin ihn taktil und mit Worten angeleitet habe, sich am Handlauf voranzuziehen und das Rad an seinem Rollstuhl zu bewegen. Dies habe sehr viel Zeit benötigt und Herrn Merz enorme Anstrengung gekostet.
Es beeindruckte die Kinaesthetics-Trainerin sehr, welch unglaubliche Willenskraft der früher so sportliche junge Mann dabei zeigte. Ich nehme die Erzählung – an Herrn Merz gerichtet – auf: „Mein Eindruck ist, dass Sie, wenn Sie durch die Bewegung Präsenz zeigen können, auch für die anderen spürbar da sind, kraftvoll und entschieden", sage ich. „Mein Eindruck von Ihrer Person ist, dass Sie jemand sehr profilierter sind, sehr direkt, auch mit Ihrem manchmal beißenden Humor, der immer wieder aufblitzt. Sie zeigen damit deutlich: Ich bin da!" Meine beiden Kolleginnen bestätigen dies mit einem Schmunzeln, da das Verhalten von Herrn Merz für das Pflegeteam auch sehr herausfordernd sein kann. Herr Merz' Schwester zeigt sich erfreut, dass ihr Bruder so wahrgenommen wird: „Ja, so ist er", sagt sie. „Ich bin so froh, dass hier auf meinen Bruder eingegangen wird, so wie er ist. Und dass Sie alle interessiert sind daran, wer er ist. Darum ist es wohl doch gut, dass er eben hier ist." Die Musiktherapeutin antwortet ihr: „Mir fällt das ebenso auf, wenn Sie ihren Bruder besuchen: dass Sie so natürlich mit ihm umgehen. Ihn als den ansehen, der er immer war." Die junge Frau entgegnet: „Das schon. Nur ist es schade, dass mein Bruder die meiste Zeit im Rollstuhl schläft – so wie jetzt." Dies jedoch kann die Pflegefachfrau, die Herrn Merz und sein Verhalten sehr gut kennt, anders einordnen, was wiederum seiner Schwester hilft: „So, wie ich ihn wahrnehme, ist Herr Merz ganz dabei, auch wenn er die Augen nicht öffnet. Ich meine, er ist heute sehr präsent."
„Wir hatten schon immer ein enges Verhältnis", sagt seine Schwester nach kurzem Schweigen. „Wir haben sehr früh unsere Mutter verloren. Mein Bruder ist etwas älter als ich; er kam als junger Mann in die Schweiz. Ich war schon früher gekommen und habe ihn dann hierher geholt. Heute sage ich: Leider habe ich ihn geholt. Jetzt, wo alles so gekommen ist." Die Musiktherapeutin nickt. „Ja, dieser Unfall hält Ihren Bruder quasi hier in der Schweiz gefangen."
Ich frage: „Haben Sie Heimweh gehabt? Oder haben Sie es immer noch?" Die junge Frau antwortet: „Mein Bruder schon." Er habe auch nie Schweizerdeutsch gelernt, sei Österreicher geblieben, durch und durch. „Heimat hat mit Sprache zu tun", werfe ich ein. „Nicht von ungefähr redet man von der ‚Muttersprache'. Ein Thema, das wir uns für heute überlegt hatten und vorschlagen wollten,

war ja eben auch: die Sprache – Ihre Sprache", erkläre ich. „Ich hätte Lust, ein Musikstück in Ihrem Originalton zu hören. Unsere Musiktherapeutin hat sich extra schon mal umgeschaut in der Sammlung von Herrn Merz. Hätten Sie beide Lust, mit uns einen Song zu hören?" Die junge Frau meint, das würde bestimmt für sie beide passen und während meine Kollegin das Stück einlegt, nimmt sie die Hand Ihres Bruders. „I'm from Austria", singt sie sogleich spontan mit und schaut Herrn Merz an. Mit den ersten Klängen öffnet er seine Augen; seine Lippen bewegen sich tonlos mit den Worten des Leadsängers mit. Es ist für uns sehr bewegend, wie die beiden miteinander singen. Und wie Herr Merz dabei immer klarer präsent ist und mit der Musik, mit seiner Sprache und seiner Herkunft in Berührung zu kommen scheint. Es ist augenfällig, wie er dabei von der Musik und von dem, was ihn damit verbindet, bewegt und körperlich aufgerichtet wird.

Noch nie habe ich ihn in einer solch starken Präsenz gesehen, mit einem solch wachen, klaren und präsenten Blick. Als seine Augen die meinen treffen, ist dies ein Blick, der mir nahe geht. Plötzlich verzieht sich der ruhige Ausdruck auf dem Gesicht des jungen Mannes. Er lehnt den Kopf zurück und wird von heftigem Weinen erfasst. Während der Song verklingt, nimmt ihn seine Schwester in den Arm und streichelt sein Gesicht; die beiden weinen miteinander. Es wird eine unglaubliche Nähe zwischen den Geschwistern spürbar und darin auch der ganze Schmerz, der die beiden und uns alle in diesem Moment verbindet. Eine Zeitlang haben wir alle Tränen in den Augen und halten das einfach aus.

„Jetzt haben wir alle feuchte Augen bekommen", nehme ich die Situation auf. Dann wende ich mich an Herrn Merz: „Es hat mich sehr berührt und gefreut, dass ich Sie so wach und präsent erleben durfte wie noch nie. Sie waren so ganz da und das war sehr schön für mich."

Auch die Musiktherapeutin und Kinaesthetics-Trainerin beschreibt, wie es ihr ergangen ist: „Ich habe die intensive Nähe zwischen Ihnen beiden gespürt. Auch habe ich gestaunt darüber, dass Sie, Herr Merz soviel körperliche Nähe zugelassen haben; wie Sie Ihre Schwester wirklich gehalten haben. Es beeindruckt mich auch, wie Sie Ihre Schwester während dem ganzen Gespräch die Hand halten ließen. Eine solche totale Entspannung bei gleichzeitiger körperlicher Aufrichtung oder Zentrierung konnte ich bei Ihnen noch nie beobachten, Herr Merz." Und an seine Schwester gewandt: „Offenbar kann die Präsenz von Ihnen als Schwester eine Weichheit in Ihrem Bruder auslösen, wie es die professionellen Begleitpersonen nie können. Ich würde es begrüßen, wenn Sie vermehrt auch in die Pflegeabläufe oder auch in Abläufe in der Alltagsgestaltung einbezogen wären."

Die Pflegefachfrau unterstützt diesen Gedanken sehr und hat auch schon einen konkreten Vorschlag dazu: Man könnte den baldigen Geburtstag von Herrn Merz auf der Wohngruppe miteinander gestalten. Mit diesem Vorschlag ist die Schwester sofort einverstanden. In der Zwischenzeit ist Herr Merz ganz entspannt tief und fest in seinem Rollstuhl eingeschlafen. Er reagiert nicht mehr auf Ansprache, und wir beschließen, dass es für heute gut ist abzuschließen.

Welche Voraussetzungen und Rahmenbedingungen können dazu beitragen, dass die spirituelle Dimension bei der Begleitung von Bewohnerinnen und Patienten mit ihren Angehörigen, in der Zusammenarbeit im Team und innerhalb der Institution ihre tragende, inspirierende und integrierende Kraft entfalten kann? Hilfreich für die Beantwortung dieser Frage ist die Unterscheidung von drei Ebenen, die Traugott Roser (2017) vorschlägt:

„Spiritualität ist ein systemischer Begriff, der in verschiedene Ebenen der Wirklichkeitskonstruktion eingebettet ist und sich einer konkreten Festlegung entzieht. Es kommt zu einer Verschränkung der kulturellen, organisationalen, familiären und der individuellen Ebene, die sich jeweils zueinander verhalten wie Makro- zu Mikroebene." (S. 454)

Wichtig ist insbesondere der Begriff der „Verschränkung", das heißt die damit zum Ausdruck kommende Wahrnehmung, dass alle Ebenen aufeinander einwirken und man die Fragen nach der Bedeutung von Spiritualität somit auf verschiedenen Ebenen stellen muss. Die Kultur in einer Organisation hat ebenso Einfluss auf das Angebot der spirituellen Begleitung wie ihre organisatorische Einbettung, und die Spiritualität der Familie beziehungsweise der wichtigsten Angehörigen einer Patientin oder eines Bewohners beeinflussen deren Spiritualität. Obwohl der Patient selbst bestimmt, welche Spiritualität er leben möchte und welche spirituelle Begleitung er für sich in Anspruch nehmen möchte, ist er doch mannigfaltigen Einflüssen ausgesetzt, die auf ihn einwirken und das Feld mitprägen, in dem er seine Entscheidungen fällt und seinen Weg geht. Wir haben das Modell von Traugott Roser leicht angepasst und stellen es im Folgenden **(Abb. 4-1)** überblicksmäßig vor, bevor wir die Ebenen im Einzelnen erläutern.

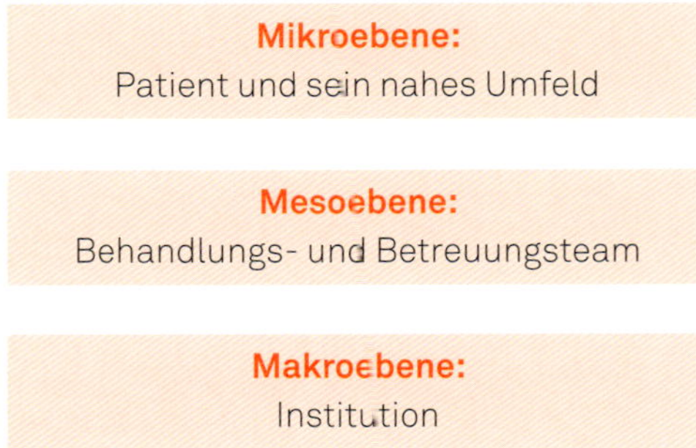

Abbildung 4-1: Spiritual Care auf den drei Ebenen der Gesundheitsversorgung
(Quelle: eigene Darstellung nach Roser, 2017)

Auf der Mikroebene fragen wir nach den Faktoren in der Haltung und im Handeln von Fachpersonen, die zu einer unterstützenden, spirituellen Begleitung von Patientinnen und ihren Angehörigen beitragen. Auf der Mesoebene sind wir an den interprofessionellen Faktoren interessiert, die ein Team befähigen, die spirituelle Begleitung möglichst gut zu reflektieren, nachhaltig zu organisieren und in die verschiedenen gesundheitlichen Themenfelder zu integrieren. Auf der Makroebene schließlich gehen wir den Faktoren nach, die als Voraussetzungen einer Institution gegeben sein sollten, damit die spirituelle Dimension in der Kultur und im Angebot eines Hauses integriert werden kann.

4.1 Mikroebene

Noch nie habe ich ihn in einer solch starken Präsenz gesehen, mit einem solch wachen, klaren und präsenten Blick. Als seine Augen die meinen treffen, ist dies ein Blick, der mir nahe geht. Plötzlich verzieht sich der ruhige Ausdruck auf dem Gesicht des jungen Mannes. Er lehnt den Kopf zurück und wird von heftigem Weinen erfasst. Während der Song verklingt, nimmt ihn seine Schwester in den Arm und streichelt sein Gesicht; die beiden weinen miteinander. Es wird eine unglaubliche Nähe zwischen den Geschwistern spürbar, und darin auch der ganze Schmerz, der die beiden und uns alle in diesem Moment verbindet. Eine Zeitlang haben wir alle Tränen in den Augen und halten das einfach aus.

4.1.1 Die drei Schlüsselfaktoren: Präsenz, Beziehung und offener Prozess

„Das Leben klopfte an meine Tür, aber ich war gerade mit etwas anderem beschäftigt." Dieses Bonmot wird John Lennon zugeschrieben und es beschreibt den ersten Schlüsselfaktor wie auch die Tendenz, ihn zu verpassen: Die *Präsenz* ist das A und O der spirituellen Begleitung: ganz präsent bei sich, ganz präsent beim anderen und präsent bei dem, was jetzt gerade geschieht. Die veränderte Präsenz bei Herrn Merz konnte nur wahrgenommen und anerkannt werden, weil die begleitenden Personen selbst ganz präsent waren. *Präsent bei sich zu sein,* bedeutet, wahrzunehmen, wenn ich mich unmerklich mit anderen Dingen beschäftige, wenn sich eine Stimmung meiner bemächtigt, wenn ich von Sorgen oder Ängsten weggezogen werde. Präsenz heißt also nicht, dass dies alles nicht sein dürfte, sondern dass ich all das bewusst wahrnehme. Genau dadurch entsteht ein innerer Freiraum. Und so kann ich wieder ganz da sein und präsent für die andere Person.

Präsent bei der anderen Person zu sein, heißt wiederum nicht, dass der Kontakt zu ihr ohne Hindernisse fließen müsste, sondern es bedeutet, dass ich bewusst wahrnehme, was sich zwischen uns abspielt und wie ich mich einzufühlen vermag in die Situation meines Gegenübers. So kann ein offener, urteilsfreier Raum entstehen, in dem die andere Person sich anerkannt und sicher fühlt und ausprobieren kann, was und wer in ihr steckt.

Präsent schließlich bei dem zu sein, was jetzt gerade geschieht, bedeutet, dass meine Wahrnehmung offen ist: offen für die Atmosphäre im Raum, für Geräusche und die Stille, für Bewegungen und Gerüche und für das, was auch noch in diesem Moment geschieht und Teil ist unserer Begegnung. Aus der Präsenz heraus, aus dem wachen und interessierten Dabeisein entstehen von selbst Verbindungen von mir zu der anderen Person. Diese Verbindungen können aufgenommen und verstärkt werden; im Dialog, den wir führen, in den Blicken, die wir austauschen, festigt sich unsere *Beziehung* – oder auch nicht. Das Vertrauen, das Teil ist unserer Beziehung, ist selbst wiederum Grundlage dafür, dass ein *Prozess* in Gang kommen kann. Ein Prozess, der etwas Neues, Lebendiges hervorbringt. Diesen Prozess muss ich nicht zu steuern versuchen, weil er sich von selbst entfaltet, aber ich kann ihn genau wahrnehmen, ihm nachfolgen und anerkennen, was er hervorbringt.

Wir gehen davon aus, dass die drei Faktoren ineinander spielen, Teil einer Bewegung sind, die sich in der Begleitung vollziehen kann. Auch ist klar, dass es um ein gemeinsames Geschehen geht zwischen Begleiterin und Begleitetem. Ein Geschehen ganz auf Augenhöhe, in dem die Positionen wechseln können und das Entdecken und Lernen ein gemeinsamer Prozess ist. Dieser Prozess hat einen offenen Ausgang: Der Begleiter führt die andere Person nicht an einen bestimmten Ort, sondern ist mit ihr gemeinsam unterwegs. Unterwegs an einen Ort, der sich der begleiteten Person zeigt, den sie selbst als *den* Ort anerkennen kann, wohin sie gehen möchte. Dieser Ort, so würden wir im Kontext der in Kapitel 2 beschriebenen spirituellen Dimension sagen, hat etwas zu tun mit Lebendigkeit, mit tiefer Verbindung, mit dem Erleben von Sinn und Sinnlichkeit. Bei Herrn Berger war es die innere Lebendigkeit, zu der er wieder Zugang fand (Kap. 3.2), bei Frau Peters war es die Verbindung zu ihrem Herzen (Kap. 3.4), bei Herrn Merz war es der Zugang zu seinen Gefühlen und das Erleben der tiefen Verbindung zu seiner Schwester (in diesem Kapitel).

4.1.2 Systemische Wahrnehmung und Kreativität

Es war in der Begleitung von Herrn Merz wesentlich, dass die Schwester dabei sein konnte; sie brachte all das Leben von früher mit in die Institution, die Erinnerungen daran, wer Herr Merz einmal gewesen war und daran, wer er heute auch noch ist. Ihre Präsenz berührte Herrn Merz, sie brachte seine Trauer zum Vorschein und darin seine Lebendigkeit. Die Menschen in ihren Verbindungen wahrzunehmen und diese Verbindungen in die Begleitung zu integrieren ist ein weiterer wichtiger Faktor für die Begleitung. Das kann ein nahestehender Mensch sein wie bei Herrn Merz – oder die Schönheit der Bergblumen wie bei Herrn Weber (vgl. Kapitel 3.5), das kann ein Tier sein oder die Musik. *Systemische Wahrnehmung* bedeutet, einen Blick zu haben für die wesentlichen Dinge und Lebewesen, welche die Augen eines Menschen zum Leuchten bringen. Aufgrund dieser Wahrnehmung können Vorschläge entstehen, wie diese Dinge und Lebewesen jetzt und hier anwesend sein können, real oder imaginiert, in Erzählungen oder Bildern.

Darum ist ein weiterer bedeutsamer Faktor die *Kreativität*. Jemand muss die Idee haben, etwas Neues zu tun, jemanden einzuladen, das Musikstück „I'm from Austria" aufzulegen. Es ist die Kreativität, die auf dem Nährboden der Präsenz und der Beziehung entsteht, die sich darin auszeichnet, dass sie den offenen Prozess unterstützt, in dem eine Person zu ihrer Lebendigkeit findet. Die Kreativität ist auch ein wichtiges Element im Dialog, den wir in Kapitel 3.1 als zentrale Methode des Gesprächs über spirituelle Anliegen beschrieben haben. Martin Buber (2009) nennt den Dialog das „echte Gespräch", das unter anderem dadurch zustande kommt, dass es „keinerlei vorgefertigte Redebeiträge" gibt. Der Dialog selbst ist also ein kreatives Geschehen, in dem die Gesprächsteilnehmenden Neues wagen, sich dadurch inspirieren, dass sie „sich selbst einbringen, den Schein überwinden und das authentische Sein anstreben" (S. 294).

Doch die Kreativität inspiriert nicht nur den Dialog, sie kann auf verschiedensten Wegen dabei helfen, den spirituellen Prozess als Ganzes zu unterstützen. Bei Herrn Keller brachte sie die Beteiligten auf die Idee der Scherbe und des Puzzles (vgl. Kapitel 3.3), bei Frau Peters führte sie zum Entstehen des Herzbildes und Finden von passenden Gedichten (vgl. Kapitel 3.4). Zugleich wird bei diesen Beispielen deutlich: Kreativität entsteht nicht nur bei der begleitenden Person, sie mäandert zwischen Begleitpersonen und Begleiteten hin und her. Sie ist Teil eines Prozesses, der sich selbst auszeichnet durch eine Offenheit, die überraschend und lebendig ist.

4.1.3 Wissen und Anfängergeist

Ein weiterer wichtiger Faktor ist das *Wissen* der Fachperson. Sie weiß um ihre eigene Spiritualität, ist sich bewusst, was sie selbst stärkt und was sie herausfordert, weil etwas für sie selbst noch nicht gelöst ist. Sie weiß um die Wirkung von Spiritualität, sie kennt spirituelle Ressourcen und Schmerzen (wie sie beispielsweise im Indikationen-Set in Kapitel 3.1 beschrieben sind). Und sie weiß, wie unterschiedlich sich die Spiritualität von verschiedenen Menschen zeigen kann, und dass diese Unterschiedlichkeit gerade kennzeichnend ist für die Spiritualität selbst.

Dieses Wissen, das eine Fachperson nicht nur kognitiv gelernt, sondern auch erfahren hat, ist Boden dafür, dass sie Verschiedenheit aushalten kann; dass sie respektieren kann, dass der andere *wirklich* anders ist, andere Verbindungen zu sich selbst und der Welt mit sich trägt als sie selbst. Ja, sie respektiert das nicht nur, sondern sie ist auch interessiert daran und neugierig darauf, bei ihrem Gegenüber eine andere Welt zu entdecken. Darum gesellt sich zum Wissen das Nichtwissen respektive das Wissen darum, dass man im Grunde vom anderen nichts wirklich weiß. Dieses Nichtwissen ist Quelle dafür, was im Zenbuddhismus *Anfängergeist*, „shoshin", genannt wird. Anfängergeist bedeutet, dass man ganz offen, ohne Vor-Urteil auf die Dinge und auf Menschen zugeht, mit einer Haltung, die sich dem Unbekannten ganz öffnet. Dass man sich darin der „Bodenlosigkeit" des Lebens selbst (Kap. 3.3) öffnet, das sich weder „wissen" noch kontrollieren lässt.

Als Programm würde uns der Anfängergeist wohl alle überfordern, weil wir uns immer wieder als die entdecken, die dem anderen voller vorgefasster Ideen, Meinungen und sogar Urteile begegnen. Als Perspektive, als Einladung klingt es jedoch anders. Wir können uns innerlich immer wieder mit dem Anfängergeist verbinden, oft braucht es dazu ein Erinnern. Christina Puchalski nannte diese Erinnerungsarbeit in einem öffentlichen Vortrag das „preparing of the healer". Bevor wir ein Zimmer betreten, kann uns die noch geschlossene Türe daran erinnern, dass dahinter jemand ist, der ganz anders ist als wir selbst. Während wir die Türe öffnen, können wir mit zwei, drei Atemzügen unseren Körper und uns selbst wahrnehmen. Diese kleine Erlaubnis – uns bewusst zu werden, was gerade in uns los ist, bewusst zu werden, wie wir atmen – lässt einen Freiraum entstehen, eine Präsenz, in welcher der Anfängergeist sich entfalten kann, damit wir dem Menschen im Zimmer offen und interessiert begegnen können. Und damit sind wir wieder beim ersten Schlüsselfaktor, der Präsenz, die wie die Luft ist, die wir selbst brauchen, die der andere braucht, damit wir einander wirklich begegnen können.

4.2 Mesoebene

Heute steht im kleinen Kreis im stimmungsvollen Musikatelier der Langzeitpflegeinstitution ein zusätzlicher Stuhl bereit: Die Schwester von Herrn Merz ist der Einladung in unsere Runde gerne gefolgt. Nun setzt sich die junge Frau neben ihren Bruder, der nach einem Arbeitsunfall mit Hirnverletzung teilgelähmt ist und im Rollstuhl sitzt. Auf seine andere Seite, ganz dicht neben ihn, setzt sich seine Bezugspflegerin, sie sorgt für eine gute Sitzposition von Herrn Merz. Den Kreis vervollständigen die Musiktherapeutin und ich, die Seelsorgerin der Institution. Herr Merz, der sich aufgrund seiner Teilaphasie kaum verbal äußern kann, außer manchmal über einen vereinbarten Fingercode, hält seine Augen geschlossen. Er habe zugestimmt, uns hier im Klangatelier zu treffen, erzählt die Pflegefachfrau.

4.2.1 Erster Faktor: Gemeinsames Spiritualitätsverständnis, gemeinsame Sprache für Spiritualität

Damit eine Bewohnerin in ihren spirituellen Anliegen wahrgenommen werden kann, braucht es jemanden, der in ihren Äußerungen und in ihrem Verhalten diese Dimension erkennen kann. Es braucht eine geschulte Wahrnehmung und eine Sprache, um diese Dimension erfassen und ansprechen zu können. Das Indikationen-Set, das wir in Kapitel 3.1 vorgestellt haben, dient genau dieser Schulung und der Findung einer gemeinsamen Sprache im interprofessionellen Behandlungsteam. So ist einerseits gewährleistet, dass spirituelle Anliegen von allen wahrgenommen werden können. Dies wiederum ist eine Voraussetzung dafür, dass ein Patient verschiedene Möglichkeiten erhält, seine Anliegen anzubringen. Andererseits ist damit auch der nächste Schritt vorbereitet, dass nämlich das Anliegen auch im Team als gesundheitsrelevantes Thema aufgenommen und in der Begleitung berücksichtigt werden kann.

4.2.2 Zweiter Faktor: Klarheit über Aufgaben und Rollen

Spiritual Care, so unsere Überzeugung, funktioniert nur als Zusammenspiel der verschiedenen Berufsgruppen, die sich um das Wohlergehen von Patientinnen und Bewohnern kümmern. In den Leitlinien Spiritual Care (palliative ch, 2018) wird die Leitunterscheidung von allgemeiner gesundheitsberuflicher und seelsorglich-spezialisierter Spiritual Care als zweier sich ergänzender, sich befruchtender, unterstützender und sich gegenseitig komplementierender Facetten oder Ausgestaltungen von Spiritual Care erfasst. Die Rollen und die besonderen Aufgaben wurden in Kapitel 3.1 aufgezeigt.

Die Seelsorgefachperson hält dabei oft die Rolle als Prozessverantwortliche inne. Sie übernimmt außerdem häufig Moderation und Koordination zu spirituellen Aspekten und Prozessen und sucht dabei immer wieder die interprofessionelle Zusammenarbeit. Damit sichert sie auch die Kontinuität der spirituellen Begleitung.

4.2.3 Dritter Faktor: Verbindliche Strukturen und Prozesse

Spiritual Care als interprofessionelle Aufgabe (Kap. 2) bedingt neben der Wahrnehmung von spirituellen Aspekten verbindliche, in die Betreuungs- und Pflegeabläufe integrierte Gefäße und Strukturen der Zusammenarbeit einerseits und einen kreativen Gestaltungsfreiraum anderseits.

Gefäße und Prozesse für die Zusammenarbeit können sein:

- kontinuierliches interprofessionelles Gespräch: in Rapporten [Übergabegesprächen Anm. d. Lek.] wird regelmäßig das spirituelle Wohlbefinden der Patientinnen oder Bewohner thematisiert
- spontane bilaterale Austauschgefäße: fallweiser, patientenbezogener Austausch der am spirituellen Prozess beteiligten Professionen
- gemeinsames und kontinuierliches Entwickeln eines Konzeptes für die spirituelle Begleitung in einer suchenden Grundhaltung.

Grundlage ist die *kontinuierliche* Wahrnehmung von Belastungen, Bedürfnissen und Symptomen im Gegensatz zu einem einmaligen Abfragen von spirituellen Einstellungen. Die Fragestellungen zur Spiritualität sind in die interprofessionellen Begleitprozesse eingebunden: Bei welchen Patienten erkennen wir spirituellen Bedarf? Welche spirituellen Themen sind wichtig? Wo könnten wir anknüpfen? Welche Äußerungen von persönlicher Spiritualität haben wir wahrgenommen? Wie könnten wir sie aufnehmen? Wie verläuft der spirituelle Prozess bei der Patientin? Verändert sich die persönliche Spiritualität?

4.3 Makroebene

Interprofessionelle Zusammenarbeit gelingt jedoch nur auf dem Boden des Auftrags einer Institution, die Spiritualität als wichtige Dimension von Gesundheit und Lebensqualität anerkennt. Die Institution muss entsprechend auch die Ressourcen für die spirituelle Begleitung und Zusammenarbeit zur Verfügung stellen.

4.3.1 Erstes Kriterium: Spiritualität ist Teil des institutionellen Betreuungsauftrages

Die Institution muss *wollen*, dass die spirituelle Dimension berücksichtigt wird. Diese Absicht muss sich in den Grundlagendokumenten der Institution niederschlagen. Wenn der Auftrag der Institution nicht klar ist, wird sich das in der Umsetzung zeigen. Dieser Auftrag und das damit verbundene Selbstverständnis der Institution kann sich im Leitbild niederschlagen oder in der Kommunikation gegenüber den Klientinnen und Klienten. Wichtig ist das öffentlich zur Sprache gebrachte Commitment der Institution, dass die spirituelle Dimension für die Leitung selbst wesentlich ist. Wesentlich ist dabei, dass die Institution:

- das vierdimensionale WHO-Verständnis von Gesundheit vertritt (siehe Vorwort)
- ein offenes Verständnis von Spiritualität teilt
- Spiritualität als integrale Dimension des Betreuungsauftrages anerkennt
- den interprofessionellen Ansatz von Spiritual Care unterstützt.

4.3.2
Zweites Kriterium: Die Institution stellt Ressourcen zur Verfügung

Das Commitment der Institution wird konkret dadurch erkennbar, dass Ressourcen für die spirituelle Begleitung sowie Ressourcen für die interprofessionelle Zusammenarbeit zur Verfügung gestellt werden. Es geht also einerseits um Ressourcen für seelsorglich-spezialisierte Spiritual Care und andererseits um die Gewährung von Zeit und finanziellen Mitteln für die interprofessionelle Zusammenarbeit im Kontext der Spiritual Care (Bildung, Supervision, Zusammenarbeitsgefäße).

Im oben gezeigten Beispiel heißt das:

- Eine Fachperson der Seelsorge ist als Expertin für Spiritual Care angestellt, zu deren Auftrag es gehört, Bewohnerinnen in spirituellen und religiösen Fragen und Anliegen zu begleiten und die interprofessionelle Zusammenarbeit darin zu fördern. Außerdem bietet sie über Feiern und Rituale einen Raum, in dem Bewohner und Mitarbeitende in offener Weise Zugang zur spirituellen Dimension finden können.
- Die Institution stellt bewusst Zeit- und Personalressourcen für Spiritual Care und die interprofessionelle Zusammenarbeit zur Verfügung.
- Alle Mitarbeitenden der Institution werden regelmäßig bei Inhouse-Schulungen in das Palliative Care-Konzept der Stiftung eingeführt und entwickeln ein Grundverständnis für die Rolle von Spiritualität und Religiosität in Bezug auf Lebensqualität und Wohlbefinden der Bewohnerinnen und Bewohner.

4.3.3
Drittes Kriterium: Es besteht ein gesundheitspolitischer Auftrag für Spiritual Care

Spiritual Care geschieht in gesellschaftlich-gesundheitspolitischen Zusammenhängen. Die Verankerung von Spiritual Care in der (staatlichen) Gesetzgebung trägt wesentlich dazu bei, dass Spiritual Care als Teil der Qualität der Gesundheitsversorgung verstanden, umgesetzt und finanziert wird. Dies entspricht dem erweiterten Gesundheitsverständnis der WHO.

Literatur

Buber, M. (2009). *Das dialogische Prinzip* (11. Aufl.). Gütersloh: Gütersloher Verlagshaus.

palliative ch. (2018). *Spiritual Care in Palliative Care. Leitlinien zur interprofessionellen Praxis.* Bern: palliative.ch.

Roser, T. (2017). *Spiritual Care. Ethische, organisationale und spirituelle Aspekte der Krankenhausseelsorge. Ein praktisch-theologischer Zugang* (Münchner Reihe Palliative Care, Bd. 3, 2., überarbeitete Aufl.). Stuttgart: Kohlhammer.

Fensterbeitrag Geschäftlsleiterin Stiftung Scalottas – Kompetenzzentrum für Menschen mit Behinderung: „Mitten im Leben"

Andrea Simeon

„Für mehr Lebensqualität" – unser Motto passt ausgezeichnet zur Palliative Care. Im ersten Moment mutet es vielleicht etwas eigenartig an, dass wir bei uns von Palliative Care sprechen. Oft wird Palliative Care mit der letzten Lebensphase in Verbindung gebracht. Bei uns geschieht nämlich Palliative Care mitten im Leben. Das ergibt Sinn: Zentrale Aufgabe von Palliative Care ist die Verbesserung der Lebensqualität – in jedem Alter, in jeder Lebensphase.

Palliative Care ist in der Stiftung Scalottas keine Methode oder ein spezialisiertes Angebot. Sie ist gelebte Grundhaltung – sie stellt den Menschen ins Zentrum. Das setzt einen bewussten Entscheid voraus. Den Entscheid der obersten Leitung, Palliative Care in den Betreuungsalltag zu integrieren und die entsprechenden Voraussetzungen zu schaffen. Das ist eine organisatorische und konzeptionelle Aufgabe. Es müssen die erforderlichen Ressourcen und Strukturen zur Verfügung gestellt werden.

Das Motto „Für mehr Lebensqualität" konsequent umzusetzen, ist eine Herausforderung – einzelne Professionen alleine kommen da schnell an ihre Grenzen. Die Vision, Palliative Care mit allen Dimensionen in der Stiftung Scalottas zu leben, nahm Gestalt an. Eine Handvoll Menschen begann, die Idee umzusetzen. Über Versuch und Irrtum machten wir Erfahrungen und erhielten so die Grundlagen für unser Konzept. Die Theorie entstand sozusagen aus der reflektierten Praxis – das Konzept als Teil des Prozesses.

Palliative Care vergleichen wir mit einem Orchester. Jede Profession spielt ihr Instrument, die Bewohnerin oder der Bewohner dirigiert. So erklingt die passende Musik, die Lebensmelodie für diesen Menschen. Im interprofessionellen Team wirken die verschiedenen Kompetenzen zusammen. Gemeinsam bilden sie den Reichtum, über den ein Team verfügt und in dem auch die spirituelle Dimension beachtet wird.

Spiritual Care muss im interprofessionellen Team geschehen. Unsere Seelsorgerin als Expertin übernimmt die koordinierende und moderierende Rolle. Spiritualität gehört zum innersten Wesen des Menschen. Jeder Mensch hat spirituelle Bedürfnisse – bewusst oder unbewusst. Spiritualität kann eine wichtige Ressource sein oder werden. Spiritualität lässt sich nicht auf Religion reduzieren.

Spiritual Care heißt, die Bewohnerin und den Bewohner bei der Auseinandersetzung mit existenziellen Fragen zu unterstützen: Auseinandersetzung mit der Lebensgeschichte, mit den Lebensüberzeugungen, dem persönlichen Glauben oder den Gedanken zu Sterben und Tod. Die Bewohnerinnen und Bewohner sind Experten für das, was ihrem Leben Qualität verleiht, was ihr Wohlbefinden und ihre Lebensfreude stärkt. Das subjektive Erleben ist dabei der Maßstab für die individuelle Lebensqualität. Für Menschen ohne oder mit geringen verbalen Ausdrucksmöglichkeiten sind das gemeinsame Beobachten und das Erkennen von Bedürfnissen entscheidend. Spiritualität lässt sich nicht rein kognitiv erfassen. Darum sind Rituale wichtig und wertvoll - auch oder besonders für schwer beeinträchtigte Menschen.

Begegnungen auf der spirituellen Ebene sind etwas sehr Persönliches. So fällt es oft schwer, spirituelle Fragen auf die berufliche Ebene zu übertragen. Teams, welche die spirituelle Dimension in ihr gemeinsames Arbeiten integrieren, erfahren allerdings viel Bereicherung. Der Austausch im Team wird angestoßen, gemeinsam werden Haltungen und Werte definiert. Dadurch wird eine spirituelle Sensibilität möglich.

Anfänglich lag es wohl tatsächlich an einzelnen Personen, die bereit waren, sich einzusetzen und daran zu bleiben. Mittlerweile hat sich eine Kultur entwickelt, die von Einzelnen unabhängig wird und als gelebte Grundhaltung trägt - „Für mehr Lebensqualität“.

5 Ausblick und Perspektiven

Die in unserer Publikation geschilderten Praxiserfahrungen zeigen, dass Spiritual Care als interprofessionelle Praxis funktionieren kann – wenn ein bewusster Wille dafür vorhanden ist und strukturelle sowie konzeptionelle Rahmenbedingungen gewährleistet sind. Der Weg, bis eine so gestaltete Praxis spirituellen Begleitens zu einer Selbstverständlichkeit wird, ist allerdings noch weit, und die Herausforderungen sind groß.

Die Aufgabe ist allerdings lohnend im Hinblick auf die erhöhte Lebensqualität und Zufriedenheit von Patientinnen und Patienten, die spirituell unterstützt werden. Lebensqualität und Patientenzufriedenheit sind wichtige Kriterien einer ergebnisorientierten Gesundheitsversorgung, die von ökonomischen Zielvorgaben bestimmt wird und sich an Qualitätszielen orientiert. In deren Zentrum aber stehen immer die erkrankten Menschen mit ihren vielfältigen, auch spirituellen Bedürfnissen, Ressourcen und Nöten.

Was Lebensqualität, Wohlbefinden und Patientenzufriedenheit in Bezug auf die spirituelle Dimension von Behandlung, Pflege und Begleitung heißen kann, veranschaulicht nochmals eine letzte Geschichte, die wir – unser Handbuch abrundend – erzählen möchten: Es ist die Geschichte der Hospizbewohnerin Frau Mayer. Es ist nochmals eine ganz besondere Geschichte dadurch, dass Frau Mayer wenige Tage vor ihrem Versterben die Aufzeichnung eigenhändig redigiert und sich damit einverstanden erklärt hat, dass wir sie in dieser Publikation abdrucken.

Praxisbeispiel: Frau Mayer – Ein großes Glück

Wir sitzen am Tischchen von Frau Mayers hellem Zimmer im Hospiz unmittelbar am großen Fenster mit wunderbarem Blick auf die verschneiten Berge und den weiten winterlichen Himmel. „Wissen Sie", erzählt mir die an Krebs erkrankte, zerbrechlich wirkende Frau, „wissen Sie, wir legten zu Hause immer ein Stück Brot beiseite. Meine Eltern gehörten der Kriegsgeneration in Deutschland an und sie waren geprägt durch die traumatischen Erfahrungen von Unsicherheit und Gefahr, von Mangel, rationalisierten Lebensmitteln und existentieller Not. Die Sorge ums Lebensnotwendigste, ums Versorgt-Sein mit Nahrungsmitteln hat mich von klein auf begleitet." Frau Mayers Erinnerungen bewegen sie sichtlich. Sie holt Luft, dann erzählt sie weiter:

„Hinzu kam das Wissen um die Internierungslager verschiedener Mächte in unmittelbarer Nähe unseres Heimatdorfes. Das waren Lager, in denen Menschen Essen vorenthalten wurde. Uns Kindern wurde sogar damit gedroht, bei Ungehorsam kämen wir ‚ins Lager', wo es kein Essen gebe.

Ich wuchs auf mit dem tiefen Bewusstsein, dass das ‚täglich Brot' nichts Selbstverständliches ist und dass es darüber, ob man mit Lebensmitteln versorgt wird, keine Gewissheit gibt. Darum hatten wir auch stets einen Sack Erbsen vorrätig – die sind am längsten haltbar.

Die Furcht, andere könnten durch das Zuteilen von Lebensmitteln Macht über mein Leben und Überleben haben, war allgegenwärtig und hat mich zutiefst geprägt."

Frau Mayer zeigt auf eine Mandarine auf ihrem Tisch: „Sehen Sie da – ich habe mir eine Mandarine aufgehoben. Den Gedanken, dass nichts mehr zu essen da ist, könnte ich nicht ertragen."

Im weiteren Gespräch kommen wir darauf, dass es gerade diese frühen Prägungen Frau Mayer erschweren, Vertrauen in die Fürsorge anderer zu finden beziehungsweise darauf zu vertrauen, dass es überhaupt einen Ort gibt, an dem bedingungslos für einen gesorgt wird. Die Tatsache, dass Frau Mayer es auch und gerade jetzt in der Situation zunehmender Abhängigkeit im Hospiz immer noch nicht als selbstverständlich ansehen kann, Brot zu bekommen, berührt mich und zeigt mir die Tiefe dieser Prägungen.

„Darum", erzählt Frau Mayer, „habe ich es immer als besonders berührend empfunden, dass es in der christlichen Kommunion Brot umsonst gibt." – „Ich wünsche Ihnen", sage ich, „dass Sie hier im Hospiz viele solche ‚Gegenerfahrungen' machen dürfen wie in der Kommunion. Dass Sie erleben können, dass da Menschen sind, die für Sie sorgen, auch übers ‚täglich Brot' hinaus. Und ich wünsche mir auch, dass darüber Vertrauen bei Ihnen wachsen darf. Vertrauen in das Pflegeteam hier; Vertrauen, dass da Menschen sind, die sich um Sie sorgen und die für Sie sorgen – bis zuletzt."

Frau Mayer antwortet: „Doch, ja, es gibt so vieles, was mir dies zeigt und mich dazu ermutigt." Und sie beginnt aufzuzählen, was ihr dazu einfällt: Die eine Pflegefachfrau, die ihr ein kleines Schutz-Engel-Licht für die langen frühen Abende geschenkt hat: ‚Für Dich' stand darauf. Jene andere Pflegende, die keine Scheu davor hatte, sie mit Ihrer kleinen Tochter zu besuchen. Die junge Pflegefachfrau, welche die Hospizbewohnerinnen und -bewohner mit selbstgemachtem Weihnachtsgebäck – schön arrangiert auf einem Teller – überraschte. Die Musiktherapeutin, die ihr auf einem Klangbett Momente der Entspannung und von geringeren Schmerzen ermöglicht. Die Tischgemeinschaft beim gemeinsamen Essen am einladenden Holztisch, den sie anfänglich noch selbst aufgedeckt hatte. Der Duft des Apfelkuchens, den sie mit Besucherinnen der freiwilligen Hospizgruppe zusammen gebacken hatte. Und der wunderschöne Blumenstrauß mit den roten Rosen neben uns am Boden, den die Reinigungskraft ihr geschenkt hat. „Das sind doch wunderbare kleine ‚Gegenerfahrungen'", sage ich zu Frau Mayer. Darauf antwortet sie mit strahlendem Gesicht: „Ach, so klein sind die gar nicht – eigentlich ist das ein großes Glück."

Drei Wochen später stirbt Frau Mayer friedlich. Als man mir erzählt dass sie wenige Tage zuvor noch erklärt hatte, sie habe im Hospiz ihr schönstes Weihnachten erlebt, gewinne ich den Eindruck, dass sie hier „Brot umsonst" auf vielfache Weise empfangen konnte.

Frau Meyers Geschichte zeigt Spiritual Care als selbstverständlichen Teil einer gemeinsamen Sorge-Kultur und damit als Teil der Qualität der Gesundheitsversorgung.

Im vorausgehenden Kapitel haben wir auf verschiedenen Ebenen Erfolgsfaktoren benannt, die hierfür unterstützende Rahmenbedingungen schaffen. Im Sinne eines Ausblicks und als Grundlagen für die Schaffung und Förderung einer solchen Sorge-Kultur, möchten wir noch einmal die aus unserer Sicht zentralen Punkte aufzählen:

- Zuallererst braucht es Menschen – professionell und freiwillig im Gesundheitswesen tätige –, die sich offen und kreativ auf die spirituelle Dimension und die ihr innewohnende Dynamik einlassen und sie bewusst in ihr berufliches oder ehrenamtliches Handeln integrieren.
- Als zentralen Punkt erachten wir die Aus- und Weiterbildung für Spiritual Care, auch im interprofessionellen Rahmen, sodass ein gemeinsames Verständnis gefunden werden kann. Wichtig ist darum die Integration von Spiritual Care in gesundheits- und sozialberufliche Ausbildungscurricula sowie in die Aus- und Weiterbildung der Seelsorge.
- Ein konsequentes Dokumentieren von spirituellen Aspekten und deren Integration in die interprofessionellen Zusammenarbeitsgefäße hilft dabei, die spirituelle Dimension in die Behandlungspfade einzubeziehen.
- Forschung, welche die Wirkung von spiritueller Begleitung dokumentiert beziehungsweise dem Dreischritt von Indikation, Intervention und Ergebnis folgend den Nachweis von Ergebnissen spiritueller Begleitung und Unterstützung erbringt, bildet die Grundlage für die Qualitätsentwicklung.
- Grundlegend ist schließlich der politische Wille der jeweiligen Institution beziehungsweise der gesellschaftlichen und kirchlichen Akteure, Spiritual Care als Teil der Versorgungsqualität zu begreifen und zu fördern.

Wegleitend in alledem aber sind die Erfahrungen von Patientinnen wie Frau Mayer, von Bewohnern, Gesundheitsfachpersonen, Seelsorgenden und Freiwilligen – diese Erfahrungen von ungeahnten Freiräumen, von Erlebnis- und Ermöglichungsräumen, von überraschenden und überwältigenden Momenten in Situationen von Erkrankung und Leiden und angesichts der Begrenztheit und Zerbrechlichkeit des Lebens. Solche Erfahrungen können manchmal entdeckt, manchmal ermöglicht, manchmal unterstützt werden, wenn die spirituelle Dimension im Miteinander der verschiedenen Professionen Raum bekommt. Dazu möge unser Buch inspirieren.

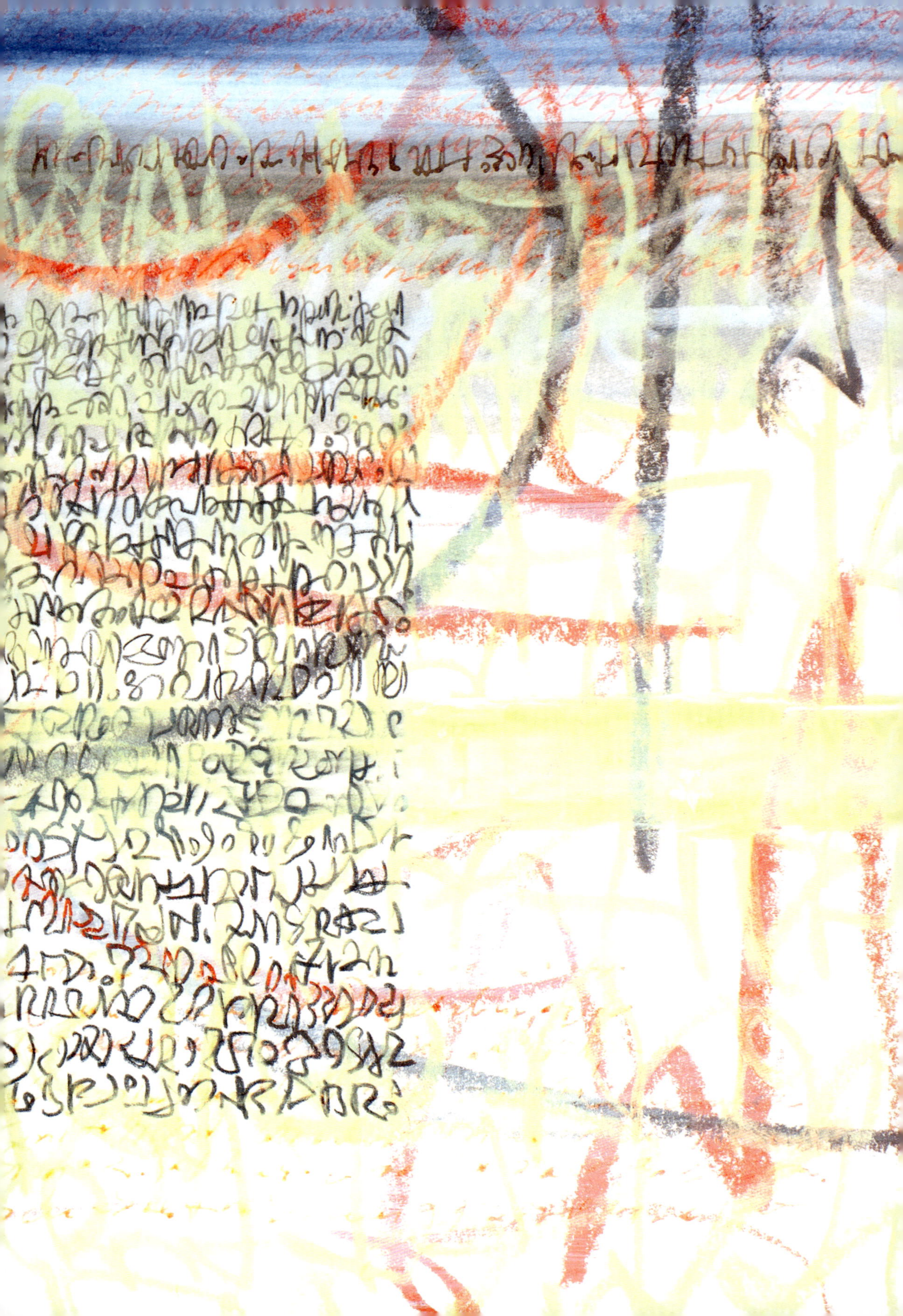

Zu den Illustrationen: Eine poetische Annäherung

Andrea Franziska Thali

Ich begegne meinen Bildern wie einem Menschen, mit dem ich ins Gespräch komme: hinhören. Mich dem Gegenüber öffnen.

In den Bildern und in den Menschen nehme ich Klänge wahr. Sehen und hören durchdringen einander – es ist dieses innere, sensitive Hören, in Schwingung sein, in Resonanz kommen.

Die Schriften auf meinen Bildern sind eine Art Geheim- oder Fremdsprache. Sie sind (für unseren Verstand) nicht lesbar. Sie entfalten Bedeutung, wenn sie im Innern des Betrachters, im Herzen bewegt werden.

Menschen, die Natur, unsere Welt, Universen kommunizieren auf so vielen Ebenen und in unendlich vielen Zeichen und Sprachen miteinander. Alles klingt und singt und schwingt immerwährend. Pulsierendes Leben, Herzschlag, Rhythmen ...

Dieser Klangteppich belebt und bevölkert Raum und Zeit. In der Begegnung kann es zu diesen wunderbaren Momenten kommen, wo sich Einklang und Ankommen ereignet.

Beglückende, berührende Erfahrungen. Obwohl wir nicht die gleiche Sprache sprechen, aus so unterschiedlichen Welten kommen, so vielschichtig und vielfältig miteinander in Beziehung sind, findet Begreifen, Verstehen, Erkennen statt. Hören und gehört werden haben etwas Geheimnisvolles, Mystisches. Es ist ein komplexes, wunderbares Geschehen.

Ich komponiere, wenn ich male. Ich stimme mich ein. Ich höre hin. Ein Versuch, Gleichzeitigkeit einzufangen. Welcher Klang versetzt mich in Schwingung? Welche Botschaft kommt an, welche verliert sich wieder in Raum und Zeit? Und bleibt doch irgendwo da. Wird von einem anderen „Ort" her wahrgenommen, von einer anderen Betrachterin gesehen.

So erlebe ich mich selbst. So erfahre ich das Miteinander. So empfinde ich „das in der Welt sein." Ich liebe die Klänge der Natur, Menschenstimmen, Musik. Immer verorte ich Hören und Sehen in mir. Es geschieht in meiner Empfänglichkeit, meiner Fähigkeit Innen-Raum zu haben.

Woher betrachte ich, woher frage ich, von welchem Ort in mir aus gehe ich in die Begegnung, in die Malerei? So finde ich im Gegenüber, im Hören immer auch mich selbst.

Und: Alles ist in Bewegung. Ich fange im Malen einen Augenblick ein. Zwei Atemzüge, ein Augenzwinkern weiter – schon hat sich das Bild verändert. Vorbei. Bewegung ist zentral in meinen Bildern. Deshalb male ich Serien. Es geht und dreht immer weiter. Es hört nie auf. Es entfaltet sich unablässig neu.

So viele Dimensionen. So viel Leben. So viele Geschichten. Nur ein Gedanke, ein Fokus, ein Funke Achtsamkeit hält ES für einen Augenblick im JETZT. Ein Pinselstrich. Ein Wort.

Nie klingt ein Bild gleich. Niemals klingt es aus. Es erwacht jeden Moment im Inneren des Betrachters zu neuem Leben. Erhält Bedeutung. Interpretation. Maßstab. Standpunkt. So sagt es immer auch etwas über die „Hörerin" aus. Es wird in ihr und durch sie lebendig und mehrdimensional.

Und zum Schluss – um es auf den Punkt zu bringen: Stille. Wenn Stille da ist, wenn das Herz diesen Klang freigibt, dann ist Hören ein Fest der Sinne.

Die Zwischenräume, die Frei- oder Leerräume in den Bildern sind maßgebend. Auf dem Hintergrund der Stille erwachen die Geschichten, Lebensklänge, Sprachen und Lieder zum Leben.

Stille ist der Tonträger.

Autorenverzeichnis

Autoren

Renata Aebi lebt in Sargans. Sie ist Theologin mit Zusatzausbildung in Spezialseelsorge und Spiritual Care. Über viele Jahre war sie in verschiedenen Pflegeinstitutionen als Seelsorgerin tätig, u.a. in der Stiftung Scalottas. Zurzeit arbeitet sie als Spitalseelsorgerin am Kantonsspital Graubünden in Chur. Seit mehreren Jahren engagiert sie sich in verschiedenen kirchlichen Beauftragungen für Seelsorge in Palliative Care und für die Integration von Spiritual Care in Gesundheitsinstitutionen. Gemeinsam mit Pascal Mösli initiierte sie die Entwicklung des „Indikationen-Set für Spiritual Care und Seelsorge".
Kontakt: aebirenata@gmail.com
www.spiritualcare-interprofessionell.ch

Pascal Mösli lebt in Bern. Er ist Theologe mit Zusatzausbildungen in Psychologie und Supervision. Er war 6 Jahre Co-Leiter der Seelsorge am Inselspital in Bern und arbeitete in verschiedenen Einrichtungen des Gesundheitswesens. Heute ist er tätig als Verantwortlicher für Palliative Care und Spezialseelsorge der Reformierten Kirchen Bern-Jura-Solothurn, er ist Mitglied des Forschungsteams Spiritual Care in Zürich und ist freiberuflicher Dozent, Projektleiter und Publizist im Bereich Spiritual Care. Gemeinsam mit Renata Aebi initiierte er die Entwicklung des „Indikationen-Set für Spiritual Care und Seelsorge".
Kontakt: contact@pascalmoesli.ch
www.spiritualcare-interprofessionell.ch

MitautorInnen

Dr. med. Daniel Büche lebt in Speicher AR. Er ist Arzt, Palliativmediziner, Psychosomatiker und hat einen Master of Science in Palliative Care und Schmerzmedizin. Er arbeitet als Palliativmediziner im Palliativzentrum des Kantonsspitals St. Gallen. Er verfasste für dieses Buch den Fensterbeitrag zu Spiritual Care aus der Perspektive eines Arztes und Palliativmediziners.
Kontakt: daniel.bueche@kssg.ch

Katharina Fedier Schwitter lebt in Thusis. Sie ist Pantomimin, Tanz-Bewegungspädagogin und Kinaesthetics-Trainerin und arbeitet als „Begegnungsmimin". Sie verfasste für dieses Buch den Fensterbeitrag zu Spiritual Care aus der Perspektive einer Begegnungsmimin und Pantomimin.
Kontakt: kschwitter@hotmail.com

Irene Hardegger lebt in Gams. Sie ist Reinigungsfachkraft und arbeitet als Reinigungsfachkraft in einem Hospiz. Sie verfasste für dieses Buch den Fensterbeitrag zu Spiritual Care aus der Perspektive einer Reinigungsfachkraft.
Kontakt: heinzhardegger@bluewin.ch

Elisabeth Kollbrunner-Hergert lebt in Mamishaus. Sie ist pensionierte Logopädin und arbeitet als freiwillige Begleiterin im Palliativzentrum Inselspital. Sie verfasste für dieses Buch den Fensterbeitrag zu Spiritual Care aus der Perspektive einer freiwilligen Begleiterin.
Kontakt: ekollbrunner@bluewin.ch

Nico Meier lebt in Strengelbach. Er ist Soziokultureller Animator und Musikgeragoge und arbeitet als solcher im Domicil Kompetenzzentrum Demenz Bethlehemacker. Er verfasste für dieses Buch den Fensterbeitrag zu Spiritual Care aus der Perspektive eines Soziokulturellen Animators und Musikgeragogen.
Kontakt: meier_n@hispeed.ch

Noemi Lehmann lebt in Bern. Sie ist Pflegefachfrau und arbeitet im Team für Onkologie und Palliative Care der Spitex Genossenschaft in Bern. Für dieses Buch verfasste sie den Fensterbeitrag zu Spiritual Care aus der Perspektive einer Pflegefachfrau in der Spitex.
Kontakt: noemileh@hotmail.com

Dr. theol. Traugott Roser lebt in der Nähe von Münster, Westfalen (Deutschland). Er ist evangelischer Pfarrer und Professor für Praktische Theologie an der Westfälischen Wilhelms Universität Münster. Er war Seelsorger am Universitätsklinikum München-Großhadern und in Einrichtungen der Altenpflege, wo er ein Projekt zur Implementierung von Palliativversorgung durchführte. Er ist Herausgeber des Handbuchs der Krankenhausseelsorge und Autor zahlreicher Veröffentlichungen zu Palliative Care, Trauer und Spiritual Care. Er verfasste das Geleitwort zu diesem Buch.
Kontakt: traugott.roser@uni-muenster.de

Sandra Roth lebt in Niederbipp. Sie arbeitet als Aktivierungsfachfrau im Basler Alters- und Pflegeheim Johanniter, einer Ökumenischen Stiftung. Für dieses Buch verfasste sie den Fensterbeitrag zu Spiritual Care aus der Perspektive einer Aktivierungsfachfrau HF in einem Alters- und Pflegeheim.
Kontakt: sa.roth@outlook.com

Ruprecht Schmidt lebt in Hamburg. Er ist Koch und arbeitet als Koch in einem Hospiz. Er verfasste für dieses Buch den Fensterbeitrag zu Spiritual Care aus der Perspektive eines Kochs im Hospiz.
Kontakt: r.schmidt@hamburg-leuchtfeuer.de

Sandra Sieber lebt in Naters. Sie ist Psychoonkologische Psychotherapeutin und arbeitet in dieser Funktion im Spitalzentrum Oberwallis. Für dieses Buch verfasste sie den Fensterbeitrag zu Spiritual Care aus der Perspektive einer Psychoonkologin.
Kontakt: sandra.sieber@hopitalvs.ch

Andrea Simeon lebt in Rhäzüns. Sie ist Hauswirtschaftliche Betriebsleiterin und diplomierte Qualitätsmanagerin NDS HF und arbeitet als Geschäftsleiterin in der Stiftung Scalottas. Sie verfasste für dieses Buch den Fensterbeitrag zu Spiritual Care aus der Perspektive einer Geschäftsleiterin.
Kontakt: andrea.simeon@scalottas.ch

Nicole Solèr lebt in Domat/Ems. Sie ist Sozialpädagogin und Expertin für Unterstützte Kommunikation und arbeitet als Pädagogische Leiterin in der Stiftung Scalottas. Sie verfasste für dieses Buch den Fensterbeitrag zu Spiritual Care aus der Perspektive einer Sozialpädagogin und Expertin für Unterstützte Kommunikation.
Kontakt: nicole.soler@scalottas.ch

Andrea Franziska Thali lebt in Bülach. Sie ist Theologin, Künstlerin und arbeitete als Spital- und seit 20 Jahren als Flughafenseelsorgerin. Sie leitet Achtsamkeitstrainings in Firmen und bietet außerhalb ihres Arbeitsumfeldes regelmäßige Meditationen an. Für dieses Buch illustrierte sie das Titelbild, die Kapiteltrenner auf den Seiten 16, 24, 42, 130, 142 und 146 und verfasste einen Kommentar zu diesen.
Kontakt: athali@bluewin.ch

Miriam Wüst lebt in Lenzerheide. Sie ist eidgenössisch diplomierte Kunsttherapeutin und arbeitet als Kunsttherapeutin der Fachrichtung Mal- und Gestaltungstherapie. Für dieses Buch verfasste sie den Fensterbeitrag zu Spiritual Care aus der Perspektive einer Kunsttherapeutin.
Kontakt: fotomi@bluewin.ch

Stefanie Zimmermann lebt in Göfis, Österreich. Sie ist Pflegefachfrau HF sowie Master of Science in Palliative Care und arbeitet als Pflegeexpertin auf der Palliativabteilung am Landeskrankenhaus Hohenems, Österreich. Sie verfasste für dieses Buch den Fensterbeitrag zu Spiritual Care aus der Perspektive einer Pflegefachfrau und Pflegeexpertin für Palliative Care.
Kontakt: zimmermann_stefanie@outlook.com

Sachwortverzeichnis